Bull, Prozeßkunst

PROZESSKUNST

Beratungen zum Prozeßerfolg

von

DR. JUR. HANS-JOACHIM BULL

Hamburg

2., neubearbeitete Auflage

C. H. BECK'SCHE VERLAGSBUCHHANDLUNG
MÜNCHEN 1975

ISBN 3 406 04383 6
Druck der C.H.Beck'schen Buchdruckerei Nördlingen

Vorwort zur 1. Auflage (1964)

Die Zivilprozeßordnung und ihre Nebengesetze sind ausgezeichnete Kodifikationen, die uns bei Wahrung aller Erfordernisse der Rechtssicherheit ein handliches, elastisches, intensives Verfahren und ein schnelles und brauchbares, vor allem aber ein gerechtes Ergebnis eines Prozesses ermöglichen.

Ein reichlich fließendes hochstehendes Schrifttum hellt das Dikicht beständig weiter auf und gewährt der Praxis zuverlässige Hilfe. Daran sind insbesondere viele pädagogisch befähigte Praktiker beteiligt, die den Stoff zu gestalten wissen.

Und dennoch stehen nicht nur junge Juristen ihm durchaus hilflos gegenüber. Und dennoch haben wir unterhalb der höchsten Gerichte eine Praxis, ob deren man auf Schritt und Tritt die Hände ringen möchte; eine Praxis, die in geradezu kindlicher Unbefangenheit tappt, die das Instrument Zivilprozeß handhabt, ohne sein Wesen erfaßt zu haben. Welch eine Gefahr für die Parteien (deren Schaden durch solche Laschheit und Unkenntnis oft erst nach Jahren bemerkbar wird) und welch eine Einbuße an Zuverlässigkeit, Sicherheit, Achtungswürdigkeit bei einem Vorgang, bei dem es darum geht, vollstreckbare, der Rechtskraft fähige Entscheidungen zu treffen in Fragen, die oft genug Existenzfragen sind, an denen aber – auch wenn sie nicht Existenzfragen sind – in jedem Falle das Recht und damit die ganze Person der streitenden Parteien hängt, die der Jurist zu respektieren hat! (Weshalb mir der Rat, die Ausbildung zu kürzen, um dem Richtermangel abzuhelfen, wie das Rezept eines Kochs vorkommt, der, um wachsenden Anforderungen zu genügen, seine Gerichte ungar, verdünnt serviert.)

Wie kommt das?

Wer dieses Buch gelesen hat, sollte die Antwort kennen. Er hat erkannt, welchen bedeutenden, in Geld ausdrückbaren Wert Formen und Fristen und ihre Beachtung oder ihre Vernachlässigung haben – und mit Recht haben! Er hat Verständnis vor der Ordnung des Zivilprozesses gewonnen. Er weiß, daß nichts unwichtig ist, daß es keine „Nebenpunkte" gibt (weshalb er öfter zu dem nützlichen Buch von Egon Schneider: „Die Kostenentscheidung im Zivilurteil" greifen wird). Er weiß, was alles schon vor der Klage geschehen kann, um den Prozeß zu gewinnen. Er weiß um die Bedeutung dessen, auf das es bei der Anlage des Rechtsstreits ankommt – die auf Vollstreckung abgestellten Anträge. Er weiß, daß ein theoretisch einwandfrei geführter Prozeß ein glatter und vollständiger Fehlschlag sein kann, wenn beim Antrag, bei der Urteilsformel nicht an die Vollstreckung gedacht wurde, usw., usw. Ihm steht Prozeßrecht plastisch vor Augen als Vorbereitung einer Prozedur, die man einleitet, um bare Münze herauszuholen, eine Sache, einen Wert einzubringen, eine Räumung zu erwirken, eine Ehrenerklärung, vollständige Genugtuung und dergleichen mehr nicht nur zugesprochen, sondern durchgesetzt zu erhalten. Wer als Anwalt, als Richter und demzufolge auch als Student und Referendar nicht an diese realen Zwecke des Prozesses denkt, sie nur vernachlässigt, betreibt Denksport im luftleeren Raum. Der Jurist ist der Arzt im gesellschaftlichen, im sozialen Raum, in ihm muß er **wirken**, nicht tändeln.

Dies alles kann man an **jedem** Falle lernen. Fern ist uns der Versuch, „den Zivilprozeß" von A bis Z, von § 1 bis § 1048 in schöner geschlossener Systematik auszubreiten – kein Prüfer beginnt bei § 1, und das Leben schon gar nicht. Am Einzelfall enthüllt sich dem aufmerksamen Betrachter das Ganze des Rechts, er erlaubt uns, diese Gesamtheit in alle Verästelungen zu verfolgen, in der Angewiesenheit jedes Teilchens auf das andere – Kosten- und Gebührenrecht, Zustellungsformen und Protokollvorschriften, Rubrum, Vollmacht, Stempel und Unterschrift: Alles und jedes kann einmal ohne Ankündigung unerhört wichtig werden oder einfach – einen schweren, folgenreichen Fehler kennzeichnen. **Respekt** vor dem Prozeß tut not und soll ein Ergebnis unserer Unterhaltungen sein – Respekt vor seinen Forderungen und seiner Leistungsfähigkeit. Denn zugleich wird sich ergeben, daß unser altes Gesetz in der Lage ist, den Anforderungen einer modernen, rasend dahinstürmenden Welt gerecht zu werden, d. h. auch in ihr einen wirksamen Schutz des einzelnen in seinen privaten Belangen zu gewährleisten.[1]

Die im Fachschrifttum ungewohnte Form des Gesprächs wird – so hoffe ich – den Leser nicht nur ansprechen, sondern ihm auch deutlich machen, wie zweckmäßig, sinnvoll, natürlich im Grunde die Regeln sind, aus denen der angeblich so trockene Prozeß lebt. Sie wird zugleich jene „Atmosphäre der Kommunikation" entstehen lassen, aus der ein Gewinn an „juristischer Eloquenz" hervorzugehen vermag, den wir nur wünschen können, da nun einmal auch „Rechtsmeinungen, um sich durchzusetzen, wirksam formuliert, überzeugend begründet und mit Geschick vertreten werden müssen" (Wassermann, JR 1963, S. 324).

---

[1] „Die Notwendigkeit zu Reformen auf dem Gebiete des Zivilprozesses ist bisher nicht erwiesen. Unsere ZPO in der geltenden Fassung ist auch heute noch ein taugliches Instrument in der Hand des fähigen Richters und des verantwortungsbewußten Anwalts" (RA Dr. Dr. Deuchler auf dem Anwaltstag zu Goslar, AnwBl. 1963, S. 251 (259). Dem ist nichts hinzuzufügen.

Vorwort zur 2. Auflage

Der seit zehn Jahren anhaltende Erfolg der Schrift verbot wesentliche Eingriffe in den Stoff. Was fallen konnte um Neuem Platz zu machen, wurde ersetzt durch die Behandlung einiger Fälle „von heute". Während der Benutzer der **Prozeßhilfen** ein Depot an Erfahrungen und Warnungen aus mehr als vierzig Jahren bewußter Pflege des Zivilprozesses betritt, ist der Leser der **Prozeßkunst** eingeladen, sich unter meiner Leitung an den Beratungen einer forensischen Intensivstation zu beteiligen, in der lehrreiche – darum keineswegs absonderliche – Fälle aus der Praxis unserer Tage behandelt werden.[1] Der gewandelte Untertitel unterstreicht den bedeutenden Wert der gemeinsamen Beratung, die ein schöpferischer Prozeß sein kann, der zum Kunstwerk gedeiht. Daß manche das Kollegialprinzip für die Erste Instanz abschaffen wollen, stört uns nicht.

Hamburg, im November 1974   H. J. B.

---

[1] Fühlt er sich dazu nicht stark genug, so versorge er sich aus dem „Depot"!

Hinweis

Nicht alle Teile der 1. Auflage 1964 sind in die vorliegende 2. Auflage übernommen, die übernommenen sind mit den neuen auf vier Abteilungen verteilt und in eine neue Reihenfolge gebracht worden.

Zur Erleichterung für die Leser, die irgendwo die 1. Auflage erwähnt finden, sei im Folgenden aufgeführt, wo jetzt die übernommenen Stücke aus der Ersten Auflage zu finden sind:

Es findet sich aus der

1. Auflage	hier unter
I. Kapitel	IX
II. Kapitel	I
III. Kapitel	I
IV. Kapitel	VI
V. Kapitel	II
VII. Kapitel	VIII
VIII. B	X
VIII. C	V
IX. Kapitel	VII
XIII. Kapitel	XI
S. 14	S. 187
S. 189	S. 190

Inhaltsverzeichnis

Vorwort zur Ersten Auflage 5
Vorwort zur Zweiten Auflage 7

Erste Abteilung

Sachliches Recht und Verfahrensrecht, von der Vollstreckung her durchleuchtet

I. Keine Vollstreckung unklarer Titel! 13
   1. „Abschaffung eines Haustieres" 13
   2. Lieferung von 20° Wärme 18
   3. Beteiligte ohne Anteil? 23
   4. Exkurs: Das schwere Amt des Gerichtsvollziehers (Vollstreckung in Schiffsladung; Zwangsräumung, „mitten im tiefsten Winter", Zwangsräumung einer Familie, „Entfernung" einer Baracke) 40

II. Auseinandersetzung als Prozeßgegenstand 45

III. Lärmschutz durch Zivilprozeß 57

IV. Rücknahme eines Strafantrages als Prozeßziel 75

Zweite Abteilung

Grundrechte im Schutz des Zivilprozesses

V. Friedrichsruh 1898 85

VI. Ein Presseorgan als Gegner 88

VII. Auskunftspflicht und Geschäftsgeheimnisse 105

Dritte Abteilung

Der unbekannte Zivilprozeß

VIII. „Der unbekannte Zivilprozeß" 115
   1. Entschließungen im Termin (Verweisung an LG, Wiedereinsetzung, ausschl. Zuständigkeit für Klage oder Widerklage, Aussetzung?) . . 115
   2. Leerlauf (Teilverzicht „aus Entgegenkommen", Einschränkung, Erhöhung d. Antrags in 2. Instanz, Klage und Armenrechtsgesuch, Kostenvorschuß, Nicht-Zulassung zur Verhandlung) 123

IX. Formalien von Gewicht (Klage und AR-Gesuch, Rubrum, Vollmacht, Zuständigkeit, Einstw. Verfügg und § 802 ZPO, Zustellung durch Aufgabe zur Post) 135

X. Eine Sache von drei Minuten – Konkurs greift in 3. Instanz ein. . . 150

Vierte Abteilung

XI. Die Grundsätze des Zivilprozesses 155

Fünfte Abteilung

Tafeln

1. Der Umfang der Prozeßvollmacht und der der Pflicht des Gerichts aus § 176 ZPO 187
2. Fristen (Arten, Abkürzung, Verlängerung) 188
3. Fristbeginn für sofortige Beschwerden 189
4. Unheilbare Verfahrensmängel, unverzichtbare Rügen 190

Schlußwort 192

Register 195

Erste Abteilung

Sachliches Recht und Prozeßrecht – von der Vollstreckung her durchleuchtet

I. Keine Vollstreckung unklarer Titel!

Wir sprechen von wesentlichen Grundsätzen des Verfahrensrechts, von „Maximen", und wissen, wie wichtig sie sind, um dem Einzelfall gerecht werden zu können. Wir sollten aber auch von **Maximen der Prozeßpraxis** sprechen, deren Beachtung uns erst ermöglicht, jenen wesentlichen Grundsätzen gemäß zu verfahren, deren Beachtung also notwendig ist, wenn wir richtig prozedieren und damit dem sachlichen Recht am schnellsten und wirkungsvollsten zur Verwirklichung verhelfen wollen.

Zu diesen „Maximen der Prozeßpraxis" gehört als erster und wichtigster Satz, daß

jeder Schritt im Verfahren geprüft sein sollte an der Frage seiner Brauchbarkeit in der Vollstreckung.

Kein Antrag, keine Urteils- oder Beschlußformel ohne den Gedanken an die Zwangsvollstreckung!

Wer sich das zur unabdingbaren, in keinem einzigen Falle ausgelassenen Regel macht, verfährt richtig, und er wird den Lohn sehr bald selbst in die Scheuer fahren – seine Akten bleiben schmal, seine Entscheidungen fallen schnell und sind ohne Zweifel, sie gebären keine neuen Streitigkeiten, sie stellen Leistungen (für die Parteien und die Allgemeinheit) dar, keine bloßen Nummern in der Statistik. Dafür gibt jeder Tag Beispiele.

1. Wir benötigen zum Beweise dessen nicht die großen, komplizierten Fälle. Beschäftigen wir uns einmal mit einem Urteil, das den Beklagten

zur Abschaffung der von ihm in der Wohnung ... straße Nr. ... gehaltenen Hauskatze.

verurteilt: wie würden Sie es vollstrecken?

Ich würde prüfen, ob es sich um eine vertretbare Leistung handelt, oder um eine unvertretbare.

Hm. – Sie sind Gerichtsvollzieher. Der Kläger schickt Ihnen das Urteil zu und schreibt, er bitte um Vollstreckung. „Das Tier stinkt, es gehört nicht ins Haus, es vertreibt mir die Singvögel aus dem Garten – kurz, setzen Sie es raus!" Was tun Sie?

Ich denke an § 883, Herausgabe beweglicher Sachen.

Interessant: Herausgabe!

Davon steht doch nichts im Urteil! „Abschaffung" ist etwas anderes als Herausgabe!

Stimmt, ich muß mich wohl berichtigen. Also muß wohl nach § 887 vorgegangen werden, die Beseitigung der Katze kann ja jeder Dritte auch vornehmen!

Bleiben Sie bei Ihrer Aufgabe! Sie sind Gerichtsvollzieher, Ihnen hat der Gläubiger das Urteil geschickt, er erwartet Ihre Maßnahmen.

Ich würde also nach § 887 vorgehen.

Sie, als Gerichtsvollzieher?

Nein, für den Gerichtsvollzieher wäre im Fall des § 887 nichts zu tun.

Und wenn man die Vollstreckung nur nach § 888 für möglich halten sollte?

Dann auch nicht.

Mit anderen Worten, Sie würden dem Gläubiger ...?

das Urteil zurückschicken und ihm mitteilen, daß für eine Tätigkeit des Gerichtsvollziehers kein Raum sei.

Schön. Dagegen beschwert sich der Gläubiger mit der ...

mit der Erinnerung.

Sie sind nach der vernünftigen Geschäftsverteilung dieses Gerichts zugleich der Vollstreckungsrichter in dieser Sache. Zu Ihnen kommt also die Erinnerung, und nun ist der Gläubiger schon ein wenig böse, er schreibt: „Sie, Herr Rat, haben ja dieses Urteil gemacht, und nun soll es nicht mal vollstreckbar sein! Was haben Sie sich denn vorgestellt, als sie es verkündeten? Ich will das Biest endlich aus dem Hause haben – es steht kurz vor dem Jungen." (Denken Sie an das hübsche Gedicht unseres Kollegen Theodor Storm: Von Katzen, mit der Frage: Was fang' ich an mit sechsundfünfzig Katzen?)

Ich würde ihm sagen oder schreiben, er möge auf der Rechtsantragsstelle den notwendigen Antrag aufnehmen lassen. Natürlich sei das Urteil vollstreckbar.

Sie hätten auf diese Weise Gelegenheit, die Brauchbarkeit Ihrer eigenen Hoheitsakte, sprich Urteile einmal zu überprüfen – und was ergäbe diese Prüfung hier?

Mir scheint, ich müßte einsehen, daß ich bei der Formulierung dieser Entscheidung leider nicht an die Vollstreckung gedacht habe. Denn – was heißt „Abschaffung"?

Sehr richtig!

„Abschaffung" kann vielerlei bedeuten – Verkauf, Verschenken, Aus-dem-Hause-geben, also z. B. beim tierlieben Nachbarn in Pension geben, kann schließlich Ablieferung im Tierheim sein oder gar die Tötung des Tieres.

Ja – und wenn Sie nun einmal das sachliche Recht bedenken und sich überlegen, ob denn der Gläubiger (hier also doch gewiß der tierfeindliche Hausbesitzer) wirklich Anspruch auf „Abschaffung" im engeren Sinne, also Tötung oder Verkauf, hat, so ...

... so wird mir auch die sachliche Richtigkeit des erwähnten Urteils zweifelhaft. Den Belangen des Gläubigers ist doch wohl in aller Regel mit der **Entfernung** *des Tieres aus dem Hause gedient, Anspruch auf mehr wird er kaum jemals haben.*

Woran wir erkennen, daß Sie als Prozeßrichter in diesem Falle ebenso fehlerhaft entschieden wie tenoriert haben. Wie würde der sachlich-rechtlich zutreffende und hinsichtlich seiner Vollstreckbarkeit eindeutige Entscheid aussehen?

Man würde haben verurteilen müssen zur Entfernung der Katze aus dem Hause ...

Einverstanden! Wie würde dieser Titel zu vollstrecken sein?

Nach § 888 ZPO mit Beugestrafen.

Ja, so auch LG Köln, MDR 1963, 228 Nr. 74. OLG Hamm (MDR 1966, 934 = NJW. 1966, 2415) denkt anders – ZV nach § 887 ZPO! Wem geben Sie den Vorzug?

Ich möchte mich für § 888 entscheiden. § 887 würde eine ZV sein, die sich in dem einmaligen Akt des Ergreifens des Hundes und des Herausschaffens aus dem Hause erschöpfte und uns vor die Frage stellte, was

> dann mit dem Tier geschehen soll? Soll/darf man es dann einfach laufen lassen, sagen wir hundert Meter vom Hause entfernt?

Ein Hund läuft dann sofort ins Haus zurück!

> *Auch das!*
> *Ich meine aber vor allem, eine solche „Entfernung aus dem Hause" wäre das nicht, was Kläger und Gericht sich darunter vorgestellt haben. Sie denken doch an einen Dauerzustand der absentia des Tieres, und den erzwingt man mit § 888.*

So gern ich Ihnen folgen möchte – Ihre Auslegung wird den Absichten des Klägers gerecht –, so sehr muß ich doch bezweifeln, ob man **so weit auslegen darf**? Eine ständig wiederholte Entfernung aus dem Hause ist aus dem so gefaßten Titel doch wohl auch nicht als angeordnet herauszulesen! „Entfernen" im Sinne von „fern halten"?

> *Dann ist die Fassung „Entfernen" eben **auch** falsch!*

Zumindest unvollständig, wie vervollständigt man?

> *Wenn man in die Formel (des Klageantrages und des Urteils) zu der „Entfernung" auch noch ein Verbot der Wiederaufnahme des Hundes oder vielleicht gar das Gebot der Unterlassung der Tierhaltung aufgenommen hätte.*

Richtig! Wir kommen sogleich darauf zurück, daß es sich häufig als richtig erweisen kann, neben der Verurteilung zu einmaliger Handlung das Verbot für die Zukunft, bezw. das Gebot von Unterlassungen durchzusetzen.

Für unseren Gerichtsvollzieher jedenfalls war nichts zu tun, im Augenblick wenigstens. Wann schlug seine Stunde in unserem Fall?

> *Wenn der Gläubiger gemäß § 887 ZPO einen Beschluß des Prozeßgerichts erwirkt hat, der ihn selbst ermächtigt, den Hund zu entfernen, und der weiterhin den Beklagten in die Vorauszahlung der dadurch entstehenden Kosten verurteilt, dann muß er den Gerichtsvollzieher beauftragen, diese „Entfernung" vorzunehmen und die Kosten beizutreiben.*

Das gilt, sofern man sich dem OLG Hamm anschließt, und praktisch ist es überhaupt erst, wenn man neben diesem Titel auf (den einmaligen Akt der) Entfernung ...

> *den eben erwähnten Unterlassungs- oder Duldungstitel erwirkt hat, andernfalls würde sich – bei renitentem Schuldner – das ganze Unternehmen, also der Prozeß, nicht lohnen.*

I. Keine Vollstreckung unklarer Titel –1–

Mir gefällt das Ergebnis noch nicht so recht – machen wir uns nicht zu sehr abhängig von der Frage, ob gem. § 887 oder gem. § 888 zu vollstrecken ist? Es kann doch nicht darauf ankommen, wie zufällig der Amtsrichter denkt, zu dem wir in der Vollstreckung kommen! Wir verwenden doch nun wirklich genügend Sorgfalt auf die Formulierung eines vollstreckungsfähigen Titels und wissen doch nicht, welche Vorschrift uns schließlich zur Durchsetzung unseres Urteils verhilft. Das ist doch unerfreulich!

Ich denke ebenso. Aber Sie machen diese Ihre Bemerkungen ja gewiß nicht, ohne uns auch das Ergebnis Ihres Nachdenkens über eine Lösung anzubieten ...

Gewiß nicht! Ich meine folgendes: In jedem Falle, ob § 887, ob § 888, müssen wir den Antrag an das erstinstanzliche Prozeßgericht richten. Vielleicht könnte man also schon im Prozeß mit Hilfe des § 139 ZPO ermitteln, wie der Richter darüber denkt, denn er vor allen muß sich doch Gedanken machen, wie er sich die Vollstreckung seines Urteils vorstellt. Aber auch, wenn wir ihn zu einer (bindenden) Äußerung darüber nicht veranlassen können ...

und weil es ja auch durchaus nicht sicher ist, ob später sein Beschwerdegericht ebenso denkt, ...

deshalb müßten wir eine Möglichkeit finden, die Ungewißheiten auszuräumen, bzw. ihre Schädlichkeit für unseren Mandanten zu mindern; ich denke daran, ob man nicht beide Anträge an das Prozeßgericht im Verhältnis von Haupt- und Hilfsantrag stellen könnte und sollte? Also etwa so:

In ... beantrage ich namens des Gläubigers, zu beschließen:

1. Der Gläubiger wird ermächtigt, auf Kosten des Schuldners die Entfernung des Hundes „Ajax" aus dem Hause gemäß dem Urteil v. ... selbst vornehmen zu lassen.

2. Der Schuldner wird verurteilt, an den Gläubiger 45.– DM als Kostenvorschuß dafür zu zahlen.

Hilfsweise beantrage ich, zu beschließen:

Gegen den Schuldner wird zur Erzwingung der ihm mit Urteil v. ... auferlegten Entfernung des oben genannten Hundes eine Geldstrafe von fünfzig DM festgesetzt, hilfsweise 5 Tage Haft.

Auch ich frage mich, warum das nicht zulässig sein sollte, und empfehle, die Möglichkeit zu erproben. Sie enthebt Parteien und Anwälte der

Notwendigkeit, viel Zeit auf das Zerbrechen der Köpfe der Richter zu verwenden. – Die von Ihnen vorgeschlagene „Festsetzung" der Strafe wäre, das sollte klar gestellt werden, rechtlich erst die Androhung, die § 891 vorschreibt; entfernt der Schuldner den Hund freiwillig in angemessener Zeit, so entfällt die Strafe.

Nachdem wir nun also erarbeitet haben, mit welchen Anträgen wir in der Zwangsvollstreckung am sichersten zum Erfolg kommen, möchte ich doch von Ihnen – musterhaft formuliert, knapp und präzise – die Klageanträge hören:

> Ich würde klagen mit den Anträgen,
>
> *1. den Beklagten zu verurteilen, den Hund Ajax (dreijähriger ungarischer Hirtenhund) aus dem Hause zu entfernen;*
> *2. ihm bei Vermeidung von Geld- oder Haftstrafe zu verbieten, den Hund wieder in das Haus aufzunehmen.*

Einverstanden.

2. Fall: Ein Mieter hat gegen den Hauseigentümer ein Urteil dahin erzielt, daß der

> Beklagte verurteilt wird, die Wohnung des Klägers im Hause ... straße Nr. ... in der Zeit vom 1. November bis zum 31. März tagsüber (von 8 bis 22 Uhr) mit mindestens 20° Celsius zu beheizen.

Wie vollstrecken Sie dieses Urteil?

> *Nach § 887 ZPO.*

Sie sind der Anwalt des Mieters. Ihr Mandant kommt zu Ihnen und klagt laut: „Nun haben wir nach vielen Monaten endlich dieses Urteil, und der Kerl denkt nicht daran, 20° Wärme zu liefern, es bleibt immer darunter, mal 18 oder 19, mal auch 16 Grad. Es ist reine Schikane. Meine Frau hat schon seit Wochen einen Husten, der nicht besser wird, und ich stehe kurz vor einer Grippe. Nun sehen Sie doch endlich zu, daß wir zu unserem Recht kommen!" – Was sagen Sie zu Ihrem Mandanten?

> *Ich würde ihm sagen, daß ich mir erst einmal überlegen möchte, wie das Urteil vollstreckt werden könne.*

Ich fürchte, dann wird er sehr böse werden und Ihnen Akten und Mandat entziehen. „Das wollen Sie jetzt erst prüfen, Herr Rechtsanwalt?" wird er fragen, und doch wohl mit Recht, Herr Kollege, oder ...?

> *Ja, natürlich mit Recht. Man muß sich das vorher überlegen.*

Genauer – wann?

> *Vor Klageerhebung.*

Richtig. – Sie als Anwalt hätten das natürlich getan, und so wären Sie also in der Lage, sofort die richtige Antwort zu geben, nämlich ...

Ich würde mit ihm besprechen, wie wir den Antrag nach § 887 formulieren wollen.

Hm. Also kommt § 887 Ihrer Meinung nach in Betracht?

Ja, bestimmt! Das Heizen einer Wohnung ist doch eine Sache, die jeder beliebige Mensch erledigen kann!

Mir scheint, Ihre Überlegungen vor Klageerhebung waren doch nicht gründlich genug. Aber ich will Ihnen einmal folgen; ich bin also jetzt Ihr Mandant, und Sie haben mir erklärt, Sie wollten die Vollstreckung nach § 887 betreiben. Ich antworte:

Darunter kann ich mir als Laie nichts vorstellen, Herr Rechtsanwalt. Ich will Wärme, nicht Paragraphen! Also was muß ich nach Ihrem § 887 tun?

Sie müssen mir sagen, ob Sie jemanden haben, der das Heizen übernimmt, was der wohl für den Monat verlangen wird. Ferner brauchen wir eine Berechnung der Kosten des Heizmaterials, das für Ihre Wohnung gebraucht wird ...

und wozu das alles?

Damit wir beim Gericht einen Beschluß erwirken können, der Sie ermächtigt, die Heizung in eigene Regie zu nehmen, und der den Beklagten zur Vorauszahlung der Kosten verurteilt.

Und dann beginnt also glücklicherweise die Vollstreckung? Bis dahin ist der Winter vorbei. Und wie komme ich eigentlich dazu, dem Hauswirt die Arbeit und die Kosten abzunehmen? Ja, und dann – er hat doch schon für alle anderen Wohnungen im Hause seinen Heizer und das Material, er läßt mich oder meinen Extra-Heizer doch gar nicht da heran! So geht es doch ganz bestimmt nicht, selbst wenn es gesetzlich so vorgeschrieben sein sollte! Das sagt mir mein laienhafter gesunder Menschenverstand! Wenn Sie nichts Besseres wissen?

Doch – wir können vielleicht auch mit § 888 zum Ziel kommen.

Lassen Sie doch die §§ aus dem Spiel! Die sind mir nicht so wichtig – ich will 20° Wärme, ob mit § 887 oder § 888 oder § 1001, das ist mir vollkommen gleichgültig! Was steht denn in § 888?

Danach kann man den Schuldner bei unvertretbaren Pflichten durch Beugestrafe zur Pflichterfüllung anhalten.

Das klingt schon besser! Aber was heißt „unvertretbar"? Sie hatten doch eben gesagt, die Heizerei sei vertretbar?

> *Stimmt. Aber wenn ich mir durch den Kopf gehen lasse, was Sie eben alles darüber gesagt haben – daß der Hauswirt ja schon für die Heizung aller anderen Wohnungen zu sorgen hat, dann ist eigentlich klar, daß wir da wegen Ihrer einzelnen Wohnung nicht mit Extrawürsten dazwischentreten können. Dann ist das, was für Sie getan werden muß, doch wohl eine unvertretbare Handlung, und die kann eben nur auf diese Weise durchgesetzt werden.*[1]

Na schön. Dann bestrafen Sie also den Mann mal gleich, ich sagte Ihnen ja schon, es war bisher noch niemals 20°!

> *Hm – so schnell geht das mit der Strafe ja nun auch wieder nicht. Sie muß ihm erst angedroht werden.*

Das kann doch aber keine Schwierigkeiten machen?

> *Nein, das geht schnell.*

Und was dann? Er hat doch schon bisher nicht 20° geheizt, das sagte ich doch schon ein paarmal!

> *Wegen dieser Unterlassung ist leider nichts mehr zu machen.*

Schöne Strafe und schöne Vollstreckung, das muß ich sagen! Der Mann kennt seit Wochen das Urteil, aber er denkt nicht daran, ihm zu entsprechen, und dafür kann man ihn nicht einmal fassen! Und Sie, Herr Rechtsanwalt, Sie kennen doch die Verhältnisse, kennen den Gegner, kennen meine Wohnung – Sie sollten doch eigentlich von vornherein genau gewußt haben, wie wir die Sache durchzufechten hatten!

> *Dazu sind wir Juristen leider nicht erzogen.*

Na, dann muß nun also für die Zukunft sichergestellt sein, daß wir immer 20° haben. Lassen Sie also die Strafandrohung los!
Und nun nur noch eine Frage! Wenn er nun aber trotz Strafandrohung nicht 20° erreicht, was dann?

> *Dann kommen Sie sofort zu mir oder rufen an, und dann lassen wir die Strafe festsetzen.*

---

[1] Mit § 888 hat das OLG Düsseldorf – JMBl. NRW. 1963, 32 – in einem sehr merkwürdigen Fall geholfen: Urteil auf Herausgabe der Ehefrau des Klägers an jedem 1. und 3. Mittwoch des Monats für die Zeit von 14–18 Uhr! Nicht Vollstreckung nach § 883 (die an sich für die Herausgabe von Personen maßgeblich ist), sondern hier (als Dauerpflicht für jeweils kurze Zeiträume) nach § 888!

Na, endlich, dann wird es ja wohl werden. Wie hoch wird denn diese Strafe so etwa sein?

Das ist sehr schwer vorauszusagen – vielleicht 15,– DM für jeden Tag der weniger als 20° hatte, vielleicht auch mehr, z. B. wenn Sie sich deswegen eine Lungenentzündung geholt haben.

... oder gestorben bin. Wunderbar! Aber 15,– DM pro Tag zahlt er vielleicht gern, um mir einen Tort anzutun.

Dann wird die Strafe wiederholt, die Geldstrafe ist unbeschränkt hoch im Falle des § 888.

Das ist dann aber doch eine sehr sympathische Vorschrift!

Übrigens, Herr Meyer, ich muß Ihnen dazu noch etwas erklären – es handelt sich um eine sogenannte Beugestrafe. Das heißt, wenn der Schuldner die geforderte Leistung dann doch vornimmt, entfällt sie und kann nicht mehr vollstreckt werden.

Wie bitte? Kann nicht vollstreckt werden? Strafe, und dann doch keine Strafe, bestenfalls ein Angstmachen, das bei demjenigen, der sich nicht einschüchtern läßt, nicht wirkt? Daß ich nicht lache! Das ist gerade die richtige Art, mit diesem Mann umzugehen, d e r läßt sich nicht bangemachen. Ergebnis also – ich werde es n i e in meiner Wohnung auf 20° bringen und sehe mich am besten nach einer anderen um. –
Soweit hat den guten Mann sein tüchtiger Anwalt also gebracht, und wir wollen nun die Szene beenden, sie wird für die Juristenschaft nachgerade peinlich. Freilich – die Lösung dürfen wir uns nicht sparen. Wer weiß sie?

Wenn Vollstreckung nach § 887 undurchführbar und wohl auch unzulässig wäre, und wenn § 888 auch nicht zum Ziele führen kann, bleibt ja nur § 890 ZPO. Er ist zuständig, wenn der Schuldner eine Handlung d u l d e n oder wenn er etwas u n t e r l a s s e n soll.

Hier soll er etwas t u n – täglich von 8–22 Uhr mindestens 20° Wärme liefern – paßt das unter § 890?

Dem Sinne nach ja. Wer etwas unterlassen soll und dennoch tut, hat den verbotenen Schaden eintreten lassen, und das kann nicht ungeschehen gemacht werden, daher als Folge echte Strafe. Wer eine Dauerleistung erbringen soll, aber damit aussetzt, hat ebenfalls den Schaden geschehen lassen ...

... stimmt: Die Lungenentzündung Ihres Mandanten! –

und muß nun die Folgen tragen, also ist auch hier echte Strafe das Zwangsmittel.

Einverstanden. Lesen Sie nach bei OLG Hamm, im JMBl. NRW 1962, S. 196 unter Bezugnahme auf KG.

Können wir nun aber diesen Fall auch für unsere Überlegungen zum sachlichen Recht, oder sagen wir besser: zur richtigen Urteilsformel nutzbar machen? Sehen Sie – dieser Fall mußte mit widersprechenden Entscheidungen durch drei Instanzen laufen – darüber konnte der Winter vergehen. Wäre es nicht denkbar, schon als Spruchrichter so zu formulieren, daß in der Vollstreckung nicht erst drei Instanzen behelligt werden müssen, um den Rechtserfolg zu erzielen, den der Gläubiger verlangen kann?

> *Vielleicht könnte man dahin formulieren, daß der Beklagte verurteilt wird, das Absinken der Wärme in der Wohnung des Klägers auf weniger als 20° Celsius in der Zeit vom . . . usw zu verhindern – bei Vermeidung von Geld- oder Haftstrafe.*

Besser, aber noch nicht gut! Man sollte noch besser so formulieren:

> Es wird dem Beklagten bei Meidung von Geld- oder Haftstrafe für jeden Fall der Zuwiderhandlung verboten, die Temperatur in der Wohnung des Klägers . . . usw auf weniger als 20° Celsius absinken zu lassen.

Beide Formeln haben den unschätzbaren Vorzug, daß sie selbst schon die Strafandrohung enthalten, die bei § 888 keinesfalls in das Urteil gehört, sondern erst in der Vollstreckung möglich ist. Beide Formeln zeigen, wie man bei einigem Nachdenken und praktischem Vorstellungsvermögen sachlich und förmlich genau das zu treffen vermag, was rechtens und praktikabel ist. Und werden wir Juristen dazu auch weder von unseren Ausbildern, noch von der Masse der Lehrbücher, noch durch Zeitschriften, Entscheidungsabdrucke usw. erzogen, so müssen wir uns eben selbst diese Art juristischen Denkens, juristischer Arbeit anerziehen.[1]

> *Muß man nicht aber auch sagen, daß hier*
> *auch schon der Spruchrichter versagt hat – § 139?*

Die Frage ist berechtigt. Der veröffentlichte Teil der Entscheidung gibt zwar für einen Vorwurf in dieser Richtung nichts her. Sie müssen auch bedenken, daß ja die Parteien einander kennen, während der Richter von ihnen gewöhnlich nichts weiß, als was in den Akten steht. Es kann nun aber sehr wohl sein, daß unser Beklagter eine Persönlichkeit ist, die sich einem – auch unvollkommenen, was die Vollstreckbarkeit anbelangt – Urteil beugt, wie es natürlich auch ebensogut sein konnte, daß man von

---

[1] Siehe dazu „Die Kunst der Einstweiligen Verfügung", Prozeßhilfen, VI. Kap.

ihm Streit und Schwierigkeiten bis zur letzten Möglichkeit zu erwarten hat. Der Kläger muß das wissen, er muß seine Pappenheimer kennen und seinen Anwalt entsprechend unterrichten, damit dieser diesen wichtigen Umstand in seine Planung einbezieht. Freilich – das Gericht hätte hier schon einmal ganz allgemein die Frage der Brauchbarkeit des Klageantrages erörtern können, um dem Kläger notfalls auf die Sprünge zu helfen.

3. Fall, ebenfalls ganz unscheinbar: Dem Gerichtsvollzieher geht ein Versäumnisurteil zu, nach dem die beiden Beklagten, meinetwegen Eheleute XY, an den Kläger 1000,– DM zahlen sollen. Er soll es vollstrecken.

Welche Fragen würden Sie als Gerichtsvollzieher sich vorlegen?

> *Ich würde mich fragen, ob nun*
> *a) entweder jeder 500,– DM zahlen muß, oder*
> *b) ob beide Gesamtschuldner hinsichtlich 1000,– DM sind? – § 420 oder § 421 BGB! –*

Gibt es noch andere Möglichkeiten?

> *Ja – sie könnten zur gesamten Hand verpflichtet sein?*

Kommt das vor?

> *Ja, etwa bei gebundenen Vermögensmassen, wie der Gesellschaft, der Erbengemeinschaft – siehe Pal. Überblick 4 b, bb vor § 420 BGB.*

Noch andere Möglichkeiten in unserem Falle?

> *Nein.*

Sie haben noch nicht daran gedacht, daß der Titel vielleicht auch dahin ausgelegt werden könnte, daß jeder der beiden Schuldner 1000,– DM zahlen soll ...

> *Diese Möglichkeit scheidet doch aber nach der Fassung ganz aus! Das hätte das Amtsgericht wohl zum Ausdruck gebracht, wenn es zu „je 1000,– DM" verurteilen wollte! Ich glaube, mit dieser Möglichkeit brauchen wir uns hier nicht zu beschäftigen.*

Und doch ist es die Auslegung, die das Landgericht Hamburg dem Titel gegeben hat!
Der Gerichtsvollzieher ist hier nicht beschäftigt worden, das Gericht selbst hatte sich mit seinem Urteil auseinanderzusetzen – der Rechtspfleger hat einen Pfändungs- und Überweisungsbeschluß erlassen, und zwar gegen einen der Schuldner und über nur 500,– DM.

> *Er hat sich also an die Auslegungsregel des § 420 BGB gehalten.*

Der Schuldner – nicht etwa der Gläubiger! – hat dagegen ... was gibt es da für den Schuldner?

> *die Erinnerung.*

Ja, er hat also Erinnerung eingelegt – weshalb wohl? Will er überhaupt nicht zahlen oder lieber 1000,– DM?

> *Er wird wohl der Meinung sein, er brauche überhaupt nicht auf Grund dieses Titels zu zahlen, weil dieser für die Vollstreckung ungeeignet sei.*

Richtig! Und das Amtsgericht hat ihm recht gegeben, den Pfändungs- und Überweisungsbeschluß also aufgehoben. Dagegen ... was wohl?

> *Sofortige Beschwerde des Gläubigers.*

Ja, und mit Erfolg: LG Hamburg hebt den amtsgerichtlichen Beschluß auf, weil der Titel ausreiche, er sei klar: Jeder Schuldner sei zu 1000,– DM verurteilt.

> *Das ist doch aber kaum glaubhaft – wie sollte solches Ergebnis denkbar sein? Sind etwa auch die Kosten nach einem Wert von 2000,– DM berechnet? Wie wäre überhaupt das Amtsgericht zuständig gewesen, wenn es um 2000,– DM gegangen wäre?*

Lesen Sie nach in Rechtspfleger 1962, 382 und DGVZ 1963, 26, OLG Hamburg v. 19. Febr. 1960 – das OLG wird ja wohl richtig zitieren!

> *Hat diese Entscheidung denn Zustimmung gefunden?*

Welche – die des Landgerichts? Soweit sind wir noch nicht. Sie wurde angefochten ...

> *von dem Schuldner mit sofortiger weiterer Beschwerde.*

War die zulässig?

> *Ja, die beiden vorangegangenen Beschlüsse sind ja nicht duae conformes, § 568 II.*

Und sie war auch erfolgreich – OLG Hamburg hebt den landgerichtlichen Beschluß auf und stellt den des Amtsgerichts wieder her – der Titel sei unbrauchbar.

> *Dann erübrigt sich meine Frage nach der Aufnahme der Entscheidung im Schrifttum. Ich trete dem OLG bei.*

Sie sollten die Frage ruhig wiederholen – an beiden Stellen, wo der Beschluß des OLG abgedruckt ist, finden sich nämlich ablehnende Besprechungen!

Und warum das nun? Treten die Kritiker etwa dem Landgericht bei?

Nein, davon kann keine Rede sein. Aber man verweist auf § 420 BGB und sagt, im Zweifel sei der eben maßgebend, der Titel also in Verbindung eben mit diesem § 420 zur Vollstreckung ausreichend.

Dabei liegt doch aber auf der Hand, daß hier lediglich ein Versehen, eine Unaufmerksamkeit obgewaltet hat, die schon den Klageantrag und dann das Versäumnisurteil beeinflußt hat ...

... der Amtsrichter hat eben nicht die „Prozeßhilfen" gelesen, jedenfalls nicht nach ihnen gehandelt, sonst hätte er nämlich schon bei der Terminsanberaumung auf jenen Zweifel hingewiesen und den Kläger zur Klarstellung veranlaßt. Sicherlich ist auch hier, wie meistens, an Gesamtschuld gedacht, man hat nur vergessen, es zu sagen. – Ja, und was halten Sie nun von § 420?

Ich meine, der möge im Erkenntnisverfahren seine Rolle spielen – in der Vollstreckung aber wird ein Titel benötigt, der dem Vollstreckungsorgan klare Weisungen gibt. Der erkennende Richter, im Mahnverfahren der Rechtspfleger müssen sich darüber schlüssig werden, ob denn überhaupt jener Zweifel, von dem § 420 spricht, vorliegen kann oder ob die Art der Schuldbeteiligung der beiden Beklagten klar ist. Und erst, wenn sie die erstere Frage bejahen, müssen sie auf § 420 zurückgreifen, aber eben – sie, und nicht etwa der Gerichtsvollzieher!

Ich bin ganz Ihrer Meinung. Dafür, daß wir in der Vollstreckung zweifelsfreie Ergebnisse der erkennenden Justiz fordern müssen, liefert doch dieser Fall ein eindrucksvolles Beispiel dadurch, daß er die von Ihnen ja schon hinlänglich gekennzeichnete Auslegung des Landgerichts zutage gefördert hat – jeder Beklagte soll 1000,– DM zahlen! Schon, weil solche, doch wohl vollkommen fernliegenden Auslegungen möglich sind, muß der Titel sagen, wie die mehreren Schuldner beteiligt sind – ganz zu schweigen von den von Ihnen eingangs als möglich bezeichneten Gestaltungen der Teil-, der Gesamt- und der Gesamthandschuld.

Die letztere wird sich ja wohl meist schon irgendwie aus dem Passivrubrum ersehen lassen.

Ja, aber sicher ist auch das nicht immer, es kann ja vom erkennenden Gericht auch in diesem Punkte des Rubrums nachlässig gearbeitet sein (wie oft ist das der Fall!).

Gilt das Gesagte auch, wenn der Titel von mehreren Gläubigern erwirkt ist und nichts darüber aussagt, wie sie beteiligt sind?

Ja.[1]

Gibt die GVGA keine Richtlinien für diese Fälle?

Gute Frage! Ich habe Ihnen schon oft gesagt, die GVGA sei eine höchst wichtige Lektüre für jeden, der mit Prozeß und Vollstreckung zu tun hat, man kann sie nicht gründlich genug studieren! Aber hier bedarf sie der Berichtigung – § 130 empfiehlt in Nr. 6 dem Gerichtsvollzieher, gegen jeden Schuldner wegen des auf ihn nach § 420 entfallenden Anteils zu vollstrecken. Das wird man – auch im Interesse der Gerichtsvollzieher und ihrer Sicherheit selbst – nicht beibehalten können.

Übrigens haben wir unseren Fall noch nicht ausgeschöpft:

Aus der Besprechung des oberlandesgerichtlichen Beschlusses von *Berner* im Rechtspfleger erfahren wir, daß nicht nur das Landgericht (als Vollstreckungs-Beschwerdekammer) angenommen hat, der Titel verpflichte jeden der beiden Schuldner zu je 1000,– DM, sondern daß dies auch die Absicht der Gläubigerin gewesen ist! Aber leider erfahren wir von niemandem etwas in diesem Falle doch sehr naheliegendes – nämlich, ob denn für diese Klage an Gerichtskostenvorschuß 36,– oder 63,– DM entrichtet worden sind, eine Feststellung, die sofort alle Zweifel behoben hätte!

Des weiteren: Nachdem die für unser übereinstimmendes Empfinden unmöglichste aller Auslegungen nun von zwei Stellen vertreten worden ist, vom Gläubiger und vom Landgericht, ist wohl ganz unbezweifelbar, daß ein Titel dieser Lückenhaftigkeit eben doch nicht für die Vollstreckung geeignet ist. Es wundert mich daher besonders, daß ein so gewichtiger und ernstzunehmender Rezensent wie Herr *Berner* anderer Meinung als das OLG ist.

Aber er stellt uns in einem Punkte doch noch ein Problem, das wir erörtern sollten – er meint, da der Rechtspfleger jedem Schuldner jedenfalls das Mindeste aufgegeben hat, was bei allen Auslegungen des Titels in Frage kommt, nämlich die ziffernmäßige Hälfte von 500,– DM, so hätte es dabei jedenfalls bleiben können. Und das scheint mir ein sehr erwägenswerter Gedanke, der den unendlichen, höchst beklagenswerten Leerlauf, den *Berner* mit Recht bedauert, in etwa hätte vermeiden lassen. Durch einen richtigstellenden Beschluß hätte dann immer noch die Pfändung ins rechte Gleis kommen können. Aber man tat ganze Arbeit und hob auch den Pfändungs- und Überweisungsbeschluß auf. Und bei dieser Überschärfe passierten dann weitere Fehler, Fehler verfahrensrechtlicher Art, über die wir uns einmal in anderem Zusammen-

---

[1] Prozeßhilfen, Fünft. Kap., IV, S. 176. Bei einem Vertretungsauftrag an eine Anwaltssozietät hat BGH – BB 1963 (17) 711 – angenommen, daß jeder Sozius befugt sei, die vollen Gebührenansprüche im eigenen Namen geltend zu machen.

hang zu unterhalten haben. Ein Unglück kommt selten allein! Laschheit im Prozeß macht Fehler in der Vollstreckung möglich.
Übrigens soll die Gläubigerin in einem späteren Schriftsatz ihre Schuldner als Gesamtschuldner bezeichnet haben – totale Verwirrung beim Gläubiger – was konnte da schon richtig verlaufen?

> *Könnten wir nicht einmal ermitteln, welche unnötigen Kosten dem Gläubiger – damals – durch diesen Fehler entstanden sind?*

Guter Gedanke! Fangen Sie selbst an!

> *Ich will einmal unterstellen, der Gläubiger habe keinen Anwalt beauftragt gehabt und sich mit einem Zahlungsbefehl begnügt. Dann sind ihm damals durch das Mahnverfahren 18,– DM an Gerichtskosten entstanden, § 38 GKG.*
>
> *Für den Pfändungs- und Überweisungsbeschluß erhält das Gericht ein Viertel der vollen Gebühr, das wären 9,– DM.*

Stimmt das?

> *Ich glaube, nein. Der Streitwert für diese Vollstreckungsmaßnahme ist doch 1018,– DM, ein Viertel der Gebühr von 39,– ist = 9,80 DM.*

Richtig! Das ergibt sich aus den §§ 17 ff. GKG, besonders § 20 II. Weiter – die Erinnerung ...

> *ist gerichtskostenfrei, § 1 GKG.*

Die Beschwerde ...

> *ist es hier auch, weil sie Erfolg hatte, § 46.*

Demgemäß ist hier auch die weitere Beschwerde ...

> *kostenfrei, denn auch sie war erfolgreich.*

Na – stimmt das wirklich? Haben Sie sich irreführen lassen?

> *Die weitere Beschwerde hatte doch Erfolg – so, wie Sie den Fall geschildert haben! Also greift doch § 46 ein!?*

Was meinen die anderen Teilnehmer? Anscheinend keine Gegenmeinung – wollen Sie mir einmal sagen, wie das Oberlandesgericht seinen Beschluß im Hauptpunkt tenoriert haben muß?

> *Es wird hier ebenso sein wie bei Berufung und Revision – sind sie erfolgreich, so muß die Entscheidung der unteren Instanz aufgehoben und an ihre Stelle die richtige gesetzt werden (Baumbach-Lauterbach, 2 B zu § 537 und 1 zu § 564 und die Erl. zu § 565). Die richtige Entscheidung, die hier das Landgericht hätte treffen sollen, würde aber gelautet haben:*

> *Die sofortige Beschwerde des Gläubigers gegen den Beschluß des Amtsgerichts vom ... wird auf seine Kosten zurückgewiesen.*

Und damit war dann § 46 Abs. II angewendet ...

> *so daß dem Gläubiger bei Gericht eine weitere volle Gebühr erwachsen ist!*

Nennen Sie den Betrag dieser Gerichtsgebühr damals!

> *39,- DM!*

Falsch! Sie vergessen, daß Erinnerung und Beschwerden den Pfändungs- und Überweisungsbeschluß über 500,- DM betreffen, zu denen wir die Hälfte der 18,- DM Mahngebühr rechnen wollen, Streitwert also 509,- DM. Volle Gebühr?

> *24,- DM.*

Ja. Das wäre also die billigste Gestaltung der Sache – unnötige Kosten insgesamt 51,80 DM.

Nun wollen wir annehmen, der Gläubiger hätte einen Anwalt eingeschaltet – berechnen Sie dessen Gebühren!

> *Im Mahnverfahren entstehen ihm eine $^{10}/_{10}$- und eine $^{5}/_{10}$-Gebühr, zusammen 82,50 DM (§ 43).*
>
> *Für den Pfändungs- und Überweisungsbeschluß ist wieder von einem höheren Wert auszugehen, auch hier sind die Kosten einzurechnen, Wert also:*
>
> > *1000,— DM plus*
> > *18,— DM Gerichtskosten plus*
> > *82,50 DM Anwaltsgebühren*
>
> *Wert: 1100,50 DM. Von diesem Wert erhält der Anwalt eine $^{3}/_{10}$-Gebühr = 18,90 DM.*

Die 50 Pfennige über 1100,- DM erhöhen also seine Gebühren!

> *Erinnerung, sof. Beschwerde und weitere sof. Beschwerde lassen dem Anwalt je eine weitere $^{3}/_{10}$-Gebühr erwachsen, §§ 57, 58, 61 BRAGO, und zwar hier nach einem Wert von 500,- bis 600,- DM, da ja der Pfändungs- und Überweisungsbeschluß diesen Wert hat, also dreimal 10,50 DM.*

Kosten des Anwalts sonach insgesamt?

> *82,50 plus 18,90 plus 31,50 = 132,90 DM.*

... Auslagen, Umsatzsteuer nicht gerechnet!
Haben wir nun alles?

Es scheint. Was halten Sie aber von dieser Überlegung: Wenn ein Anwalt beteiligt ist, wenn – wie wir gesehen haben – dessen Gebühren den Streitwert für die Vollstreckungsakte erhöhen, dann ...
sind vielleicht auch die Gerichtsgebühren für diese Akte höher!
Jawohl! Daran muß gedacht werden! Wenn etwa unser Gläubiger einen Pfändungs- und Überweisungsbeschluß wegen der ganzen 1000,- DM beantragt hat, so würden die Gerichtskosten dafür zu berechnen gewesen sein nach 1000,- plus 18,- plus 82,50 DM = insges. 1100,50 DM, die ¼ Gerichtsgebühr wäre dann 10,50 DM!
Und alles umsonst!

Schlimme Gedankenlosigkeiten sind das Kennzeichen des folgenden Falles:
Der beklagte Ehemann – Bekl. zu 1 – hatte verschiedene Verpflichtungen gegenüber der Klägerin. Als er mit ihrer Erledigung in Verzug geriet, nahm die Klägerin mit ihm und seiner Frau – der späteren Beklagten zu 2 – Verhandlungen auf, bei deren Abschluß die Frau sich nach Behauptung der Klägerin für alle Verpflichtungen ihres Mannes mit verpflichtet hat. Aber auch jetzt erhielt die Klägerin nicht, was ihr zustand, und so klagte sie,
gegen den Mann – zu 1 – auf Herausgabe irgendwelcher Aktien,
gegen beide gesamtschuldnerisch wegen der Kosten des Rechtsstreits.

Mit diesen einfachen Vorgängen ist das Oberlandesgericht nicht fertiggeworden, es hat – ohne sich an dem Antrage zu stoßen – den Anspruch gegen die Frau – wegen der Kosten – abgewiesen, weil es nach Beweisaufnahme zu der Meinung gelangt ist, ihre Mitverpflichtung habe sich auf die anderen Verbindlichkeiten ihres Mannes erstreckt, nicht aber auf die wegen der Aktien.
Revision der Klägerin, gestützt auf formelle Gründe, auf die es aber nicht ankommt.
Warum wird es wohl nach Meinung des BGH auf die von der Klägerin zur Begründung dieser Revision vorgetragenen Gründe nicht ankommen?
Weil nach § 308 Abs. 2 ZPO das Gericht über den Kostenpunkt ohne Rücksicht auf Anträge von Amts wegen erkennen muß.
Richtig! Aber sehen wir uns diesen „Kostenpunkt" hier doch einmal genauer an!
Zunächst – an welche Vorschrift denken Sie, wenn die Rede von mehreren Personen auf einer Seite des Rechtsstreits ist, ich meine: bezüglich der Kosten?
An § 100 ZPO.

Und was sagt der?

> *In Abs. 1 bestimmt er für die Kostentragung die Haftung der unterlegenen Partei nach Kopfteilen und in Abs. 4 für den Fall gesamtschuldnerischer Verurteilung zur Hauptsache, daß dann auch die Kosten von den Beklagten als Gesamtschuldnern zu erstatten sind.*

Daraus ergibt sich, meine Damen und Herren, daß das amtliche Formular für Urteilsköpfe, das in manchen Bezirken eingeführt ist, falsch ist – es druckt bei der Kostenentscheidung vor: „... als Gesamtschuldner ..." aber das kann immer fehlen! Denn werden die Beklagten zur Hauptsache als Gesamtschuldner verurteilt, so haften sie ohne weiteres – § 100 IV – auch für die Kosten als Gesamtschuldner, und der Kostenbeamte weiß das, er kann ja lesen. Sind sie aber nicht zur Hauptsache Gesamtschuldner, so sind sie es auch nicht bezüglich der Kosten, und der Zusatz „als Gesamtschuldner" wäre hier natürlich geradezu ein schwerer Fehler. Und da solche Vordrucke eben zur Laschheit verführen, da der Zusatz leicht einmal stehen bleibt, wo er gar nicht hingehört, aus diesen Gründen ist er eben durchaus verfehlt.

Denken Sie z. B. an die vielen Fälle, wo Schuldner und Bürge gleichzeitig verklagt werden, – sind sie Gesamtschuldner?

> *Nein, sie sind es nicht.*

Und wie verurteilen Sie, wenn die Klage gegen beide begründet ist? Formulieren Sie einmal dieses Urteil!

> *Ich würde formulieren:*
>
> *Die Beklagten werden verurteilt, an den Kläger 500,– DM zu zahlen, und zwar der Beklagte zu 2 als Bürge für den Beklagten zu 1.[1]*

Unterschlagen Sie nicht die Kostenentscheidung!

> *Es müßte nach dem, was Sie eben gesagt haben, doch genügen, wenn man formulierte:*
>
> *„Die Beklagten tragen die Kosten des Rechtsstreits."*
>
> *Das genügt meiner Meinung nach nicht nur, sondern es ist allein richtig so.*

Ja, und wenn nun bei der Kostenentscheidung das „als Gesamtschuldner" stehen geblieben ist, dann ist der Fehler gemacht und ohne Angriff im Hauptpunkt auch nicht mehr zu reparieren, – woraus ergibt sich das?

> *Aus § 99 ZPO. Für den Kläger würde es sich auch daraus ergeben, daß er durch diesen Fehler nicht beschwert wäre.*

---

[1] Prozeßhilfen, 3. Aufl., S. 60.

Einverstanden. Weiter im Text! Was hat Ihrer Meinung nach der BGH getan, nachdem er sich darüber klar geworden war, daß er über den Kostenpunkt ohne Rücksicht auf die Anträge und Revisionsangriffe zu entscheiden hatte?

Dann hat er wohl die Revision zurückgewiesen. Denn da das OLG, an dessen tatsächliche Feststellungen er ja gebunden ist, festgestellt hat, daß die Frau sich für die Aktien nicht mitverpflichtet hat, blieb dem BGH doch nichts anderes übrig!

Meiner Meinung nach ist ein wichtiger Gesichtspunkt noch gar nicht angesprochen, – es gibt doch nicht nur den prozeßrechtlichen Kostenerstattungsanspruch aus den §§ 91ff. ZPO, sondern auch den sachlich-rechtlichen, der sich etwa als Verzugsschaden aus § 286 BGB darstellt oder – wie hier – auf besonderer vertraglicher Grundlage beruht.

Sehr richtig, und damit haben Sie die wahre Schwierigkeit dieses Falles angesprochen. Lassen Sie uns doch einmal gleich hören, welche weiteren Überlegungen Sie an diesen von Ihnen aufgezeigten Gegensatz knüpfen! Es liegt doch auf der Hand, daß solche weiteren Überlegungen geboten sind.

Man müßte wohl zunächst prüfen, ob für diesen sachlich-rechtlichen Kostenanspruch § 308 Abs. 2 ZPO ebenfalls gilt?

Dafür gilt er ganz sicher nicht! Es besteht für das Gesetz doch keinerlei Grund, einen Anspruch auf Ersatz von Verzugsschaden oder aus Vertrag genauso zu behandeln, wie den von ihm als Nebensache betrachteten prozessualen Kostenerstattungsanspruch.

Richtig! Folgerung?

Die Klägerin mußte diesen ihren sachlich-rechtlichen Kostenanspruch beziffern, § 253 II 2 ZPO!

Jawohl, das ist es, Sie haben es getroffen. Und wie hat der BGH nun also entscheiden?

Es wird das Urteil des Oberlandesgerichts gegenüber der Frau aufgehoben und die Sache zurückverwiesen haben, denn nun mußte die Klägerin doch erst einmal nach § 139 ZPO Gelegenheit bekommen, den bezifferten Antrag zu stellen, an den ja offenbar die gesamten, bis dahin mit der Sache befaßten mindestens 8 Volljuristen überhaupt nicht gedacht haben.

Ich bin Ihrer Meinung. Leider hat der BGH nicht so entschieden. Können Sie sich vorstellen, warum wohl nicht?

Möglicherweise ist die Verletzung des § 139 ZPO von der Revision nicht ausdrücklich gerügt worden, und dann war der BGH dieser Nachprüfung enthoben, §§ 554 II Nr. 2b und 559.

Wenn er sein Urteil so begründet hätte, könnte man es hinnehmen, obwohl natürlich ohne Befriedigung. Aber er hat es ganz anders gemacht – er hat die Revision zurückgewiesen mit dem Hinzufügen, daß die Klage insoweit als unzulässig zu verwerfen gewesen wäre, weil nämlich die Klägerin insoweit einen Anspruch geltend mache, der unbestimmt und unbestimmbar sei.

Das ist kaum zu glauben ...

Ja, mir ist es auch so gegangen, als ich das Urteil zum erstenmal las. Aber Sie können es schwarz auf weiß nachlesen in NJW 1957, S. 303.

Da muß doch aber auch der Anwalt der Klägerin versagt haben!

Natürlich! Er mußte doch ohne Mühe ermitteln können, welcher Betrag seiner Mandantin in der Sache bisher – d. h. bis zur letzten Verhandlung vor dem OLG – entstanden war, da waren doch die Gerichts- und Anwaltsgebühren fast sämtlich schon fällig und vielleicht auch schon von ihr bezahlt worden, zumindest die der 1. Instanz!

Richtig! Und damit haben Sie schon die merkwürdige Formulierung des BGH von der „Unbestimmbarkeit" des Kostenanspruchs widerlegt. Man muß sich einmal vergegenwärtigen, in welchen Fällen die Rechtsprechung unter Führung des BGH unbezifferte Klageanträge zuläßt ...

Das Gesetz selbst läßt das im Falle der Stufenklage zu, § 254. Beim Schmerzensgeld ...

.. was von mir lebhaft bekämpft wird, Prozeßhilfen, 3. Aufl., S. 75 und Abhandlungen S. 60.[1]

Unbezifferte Anträge werden auch beim Schadensersatzprozeß zugelassen, wenn dem Kläger die Bezifferung nicht zuzumuten ist oder wenn die Ermittlung der Höhe des Schadens von dem Gutachten von Sachverständigen abhängt.

Stimmt leider. Leider läßt man in allen diesen Fällen unbezifferte Anträge zu, *Rosenberg-Schwab*, ZPRecht, 11. Aufl. § 98, II 3b β, und RG 140, 213 (Antrag auf Ersatz „allen durch den Bergbau des Beklagten dem Kläger

---

[1] Hierzu *Lieberwirth*, Das Schmerzensgeld, 2. Aufl. 1961, S. 103.

erwachsenen, der Höhe nach durch Sachverständige festzustellenden Schadens"). S. aber neuerdings die sehr zurückhaltende Äußerung d. BGH, NJW 1967, 1420.
Bedenken Sie nur einmal kurz, welche Fülle von Zweifeln durch solche Praxis zugelassen wird – angefangen bei der Frage der sachlichen Zuständigkeit bis hin zur Frage nach dem Umfang der objektiven Rechtskraft eines Erkenntnisses in solcher Sache, ich habe das ja alles in meinem Aufsatz in der JR (1958, 95 = Abhandlungen zum Zivilprozeß, S. 60) angedeutet.

> *Wenn also in diesen Fällen ein unbezifferter Antrag zulässig sein soll, so durfte der Kostenanspruch der Klägerin in unserem Fall doch nicht an der Tatsache scheitern, daß ihr Anwalt die Berechnung, die Bezifferung versäumt hat! Denn dieser Anspruch war doch gar nicht „unbestimmbar", es war doch leicht festzustellen, wieviel Auslagen die Klägerin durch den Prozeß bisher gehabt hat, und den Betrag mußte sie doch fordern können.*

Das meine ich auch und halte daher die Begründung des BGH für verfehlt. Wir sind uns also einig, daß diese Begründung die Abweisung der Klage insoweit nicht trägt. Unterstellen wir nun einmal, das OLG hätte § 139 beachtet, die Klägerin hätte den bezifferten Antrag gestellt, und das OLG hielte ihn für begründet – wie wäre zu tenorieren?
Ich sehe, Sie kommen nicht darauf, und das ist Ihnen auch nicht zu verübeln. Ich habe den Fall in den Prozeßhilfen erörtert und am Schlusse gesagt, die Lösung ließe ich ungenannt, um dem eigenen Nachdenken des Lesers nicht vorzugreifen[1] – worin liegt die besondere Schwierigkeit der Formulierung hier?

> *Hier müßte doch eine gesamtschuldnerische Verpflichtung zweier Schuldner hinsichtlich nicht eines einheitlichen Anspruchs ausgesprochen werden, sondern hinsichtlich zweier verschiedener, die nur im zahlenmäßigen Ergebnis überstimmen – also Gesamtschuldnerschaft des Mannes (wegen seiner Kostenpflicht aus § 91 ZPO) und der Frau (wegen ihrer vertraglichen Mitverpflichtung für diese Kosten).*

Und wenn wir das irgendwie in einem Urteil aussprächen, würden sich sämtliche Professoren des Bürgerlichen Rechts die Haare raufen.[2]

> *Das wäre ja vielleicht hinzunehmen, wenn das Ergebnis richtig und praktikabel wäre.*

---

[1] Prozeßhilfen, 2. Aufl. 1960, S. 43 3. Aufl. 1974 S. 68.
[2] Siehe jed. 3. Aufl., 1974, S. 69: BGH könnte den Weg weisen – jetzt!

> *Der Anwalt der Klägerin hätte doch einfach beide Eheleute auch bezüglich der Aktien als Gesamtschuldner verklagen sollen, dann hätte er sich und den Gerichten alle diese Schwierigkeiten erspart und vor allem seiner Mandantin die Kosten dreier Instanzen!*

Schlechter Rat!

> *Wie werden denn hier überhaupt die Kosten berechnet? Wir müßten wohl mal Zahlen einsetzen:*
>
> *Wenn man den Anspruch gegen den Mann wegen der Aktien mit 1000,- DM bewertet, dann konnten der Klägerin in 1. Instanz damals etwa 300,- DM Kosten entstehen. Nach § 5 ZPO müßte nun der Wert des gegen die Frau erhobenen Anspruchs – eben 300,- DM – dem Wert von 1000,- DM zugerechnet werden, Gesamtstreitwert also 1300,- DM. Bei einem Streitwert von 1300,- DM aber würden damals die erstinstanzlichen Kosten etwas höher sein, sagen wir 380,- DM.*

Sehr gut, das ist unsere Grundlage. Wir wollen berücksichtigen, daß 1380,- DM Streitwert wiederum eine kleine Erhöhung der Kosten bedingen. Man könnte also bei den Kosten mit Vierteln arbeiten (300,- zu 100,-) ...

> *... dem Mann müßten also ¾ auferlegt werden. Aber nun die Kostenentscjeidung gegen die Frau! Ich würde sagen, man verurteilt sie zur Zahlung der 300,- DM – das sind ja die Kosten, die ¾, die den Mann treffen –, was aber wird mit den restlichen 80,- DM, und was wird mit der Gesamtschuld beider Beklagter hinsichtlich der ¾? Wie bringt man das alles zum Ausdruck?*

Vielleicht machen wir einmal einen Umweg. Nehmen wir einmal an, die Klägerin hätte zunächst nur den Mann wegen der Aktien verklagt, dann hätte sie sich die Kosten festsetzen lassen, sagen wir auf 300,- DM, und jetzt strengte sie um diese Kostenschuld den Prozeß gegen die Frau an ...

> *... also ganz so, wie der BGH es für richtig gehalten hat.*

Ja. Würde man nun in solchem Falle in dem Tenor gegen die Frau auch zum Ausdruck bringen, daß sie wegen der Hauptschuld in dieser ihrer eigenen Sache – 300,- DM – Gesamtschuldnerin neben dem Mann in dem Kostenpunkt von dessen Sache sei?

> *Wohl kaum.*

Weiter: Nehmen wir an, die Beklagte sei nicht mit-verpflichtet, sondern ihre Erklärung sei dahin auszulegen, daß sie der Klägerin für die Kosten bürge oder sich verpflichte, ihr etwa durch Verzug des Mannes entstehende Kosten zu ersetzen – dann würde nach materiellem Recht doch wohl auch der Prozeß gegen sie erst stattfinden können, nachdem der gegen den Mann erledigt wäre. Auch dann würde also das Urteil gegen die Frau alle diese Dinge zwar erwähnen, aber nur in den Gründen, die Formel würde nichts über Gesamtshuld sagen. Was ich damit sagen will, ist dieses: Es sind Fälle denkbar wo zwei Kostenansprüche nebeneinander bestehen und tituliert werden, ohne daß die Formeln aufeinander Bezug nehmen. Viel passieren kann ja auch nicht, denn wenn in allen diesen Fällen der Kostenbetrag von einem der Ehegatten bezahlt wird, könnte der andere einer etwaigen nochmaligen Beitreibung ja mit der Klage aus § 767 begegnen. Diese Überlegungen dürfen uns aber nicht hindern, zu versuchen, das Notwendige schon in den Urteilstenor aufzunehmen. Wer schafft den Kunstgriff?

Ich denke, daß ich jetzt die Formel unseres Falles zustandebringen kann:
„I. Der Beklagte zu 1 wird verurteilt, an die Klägerin drei Aktien des Volkswagenwerkes Nr. . . . . herauszugeben.
II. Er hat ¾ der Kosten des Rechtsstreits zu tragen.

Zusatz! „Seine eigenen außergerichtlichen Kosten aber in voller Höhe"!

Ich würde weiter formulieren:
III. Die Beklagte zu 2 wird verurteilt, an die Klägerin 300,– DM zu zahlen.
IV. Ihr fällt ¼ der Kosten des Rechtsstreits zur Last, ihre eigenen außergerichtlichen aber in voller Höhe.
V. Vorläufig vollstreckbar gegen 1450,– DM Sicherheit."

Diese Formel sei zur Diskussion gestellt. Wer hat an ihr etwas auszusetzen?

Es fehlt die Erwähnung der Gesamtschuld zwischen dem Beklagten zu 1 und der Beklagten zu 2 betreffs der Kosten. Ich würde daher die Formel zu III ergänzen durch den Zusatz nach „300,– DM zu zahlen":
„und zwar als Gesamtschuldnerin neben dem zu II verurteilten Beklagten zu 1".

Das läßt sich hören, ich halte es für praktisch und für möglich. Aber man braucht wohl nicht unnötig das Entsetzen der BGB-Professoren hervorzurufen, und wir hatten ja gesehen, daß es in manchen Fällen, die – vom Ergebnis her gesehen – ebenso liegen, auch ohne den Zusatz geht, ja gehen muß. Freilich – das muß festgehalten werden –, in diesen anderen Fällen ist eben die materiellrechtliche Lage so, daß die Beklagten zu 2 erst nach Durchführung des Verfahrens gegen ihren Ehemann zur Erstat-

tung der dadurch entstandenen Kosten gehalten ist, während sie in unserem Falle sich ja mit-verpflichtet hat, also die Klägerin nicht darauf verwiesen war, vielleicht mehrere Jahre mit ihrem Kostenanspruch zu warten, sondern einen sofortigen Anspruch auf die Kosten hatte. Und das muß ihr doch auch irgendwie zugebilligt werden können. Der BGH wird also der sachlich-rechtlichen Seite der Sache auch nicht gerecht und gibt der Klägerin Steine statt Brot.[1] Meine Damen und Herren! Ich wollte sie mit diesem Fall davor warnen, kritiklos die Floskel „als Gesamtschuldner" nachzusprechen. Im Kostenrecht kann das sehr schädlich werden. Wir haben jetzt das wertvolle Buch von Egon Schneider: Die Kostenentscheidung im Zivilurteil (1962), das ich Ihnen dringend empfehle. Ich will Ihnen einmal vorhalten, was er auf S. 85 schreibt: Es werden verbunden die Klage des A über 2000,- DM und die des B über 20000,- DM. Werden sie abgewiesen und bei der Kostenentscheidung nicht die verschiedene Beteiligung der Kläger beachtet, lautet sie ganz einfach so:
„Die Kosten fallen den Klägern zur Last", so kann der Beklagte von jedem der Kläger die Hälfte der nach einem Streitwert von 22000,- DM zu berechnenden Kosten erstattet verlangen.
Und werden sie gar „als Gesamtschuldner" in die Kosten verurteilt, so ist es noch ärger, man kann dann schon von einer Katastrophe sprechen . . .

. . . die irreparabel wäre, § 99!

Jawohl, sehr richtig!

Damit Sie gegen das „als Gesamtschuldner" ganz mißtrauisch werden, noch einen kleinen Fall!

Sie sitzen im Amtsgericht als Eilrichter und langweilen sich. Da erscheint ein Wachtmeister mit einer schmalen Akte, roter Umschlag, Einstellungsantrag. Die Antragstellerin begehrt Vollstreckungsschutz für die Räumung ihrer Wohnung. Sie ist als Gesamtschuldnerin neben ihrem Mann dazu verurteilt, hat aber trotz eifrigen Bemühens noch keinen Ersatzraum. Der Mann hat sich inzwischen von der Familie getrennt und ist ausgezogen, aber sie und die Kinder brauchen die Wohnung leider noch. Woran denken Sie nun?

Ich finde an den Fall nichts Besonderes.

---

[1] Vielleicht hilft der wissenschaftl. Begründung eines GesSch-Verhältnisses jetzt die neue Judikatur zu der (von mir so genannten) faktischen Gesamtschuld weiter: BGH, JZ 1973, 216 (die eine „echte Gesamtschuld" sein soll und auf gewollter Zweckgemeinschaft beruht, wie z. B. beim Bauherrn und dem Architekten, auch beim Dieb und seinem Abnehmer).

Das ist es ja gerade. Was halten Sie von § 422 BGB?

Das ist doch ... ich finde, das ist doch nicht ernst zu nehmen, man kann doch nicht sagen ...

Sie lachen alle, aber weisen Sie doch bitte den Ausweg! § 422 sagt doch wohl klar, daß der Gläubiger befriedigt ist, wenn einer der Gesamtschuldner geleistet hat. Hier hat der Mann geräumt, also wäre das Urteil verbraucht! Oder ...?

Sie schweigen alle? Wenn Sie Gerichtsvollzieher wären, und es würde Ihnen das Urteil zur Vollstreckung zugesandt, und Sie wüßten – da Sie ja Ihre Leute im Bezirk kennen –, daß der Mann inzwischen geräumt hat, würden Sie das Urteil unerledigt zurückgeben?

Es ist noch von keinem Schuldner „erfüllt." Erfüllt wäre nur, wenn der Gläubiger inzwischen die vollständig geräumte Wohnung zurückerhalten hätte. Daß nur der Mann formlos verschwindet, ist keine Erfüllung. Und außerdem ist der Titel natürlich so verstehen, daß die ganze Wohnung geräumt zurückzugeben sei.

Und das hätte man vielleicht sogar zweifelsfrei in der Urteilsformel sagen können, z. B. so:

„ ... werden als Gesamtschuldner verurteilt, ihre Wohnung im Hause ... geräumt an den Kläger herauszugeben."

Nochmals: Vorsicht bei „Gesamtschuld"! Hier war sie sachrechtlich richtig, BGB § 431, aber der Titel konnte dem besser gerecht werden.

Ich bin noch nicht zufrieden. Das Ergebnis wäre also, daß dieser Räumungstitel, auf den hin zwar der Titel-Schuldner bereits freiwillig geräumt hat, aber unter Zurücklassung seiner ganzen Familie, doch noch vollstreckt werden könnte – gegen wen denn, gegen denjenigen, der den Besitz an der Wohnung schon aufgegeben hat?

Warum nicht? Der Gerichtsvollzieher hätte sich freilich gegen ihn auf eine sog. „symbolische Räumung"[1] zu beschränken, die praktisch in der „Einweisung" des Gläubigers in den Besitz bestünde, § 885 ZPO.

Schon gut, Herr Kollege, aber wenn der Mann wie in unserem Fall auf und davon ist, mit seinem Hab und Gut, dann hat er doch den Besitz aufgegeben, und die Frau ist nun Besitzerin der Räume. Liegt gegen sie kein Titel vor, kann gegen sie nicht mehr vollstreckt werden.

---

[1] Die aber nirgend vorgesehen ist! *Noack*, Vollstreckungspraxis, 5./1970, S. 164 zu V e, u. S. 331, zu a).

Diese Meinung wird tatsächlich auch vertreten – das Amtsgericht Berlin-Neukölln hat folgenden Fall entschieden: Räumungsurteil gegen eine Frau, die – allein – Mieterin ihrer Wohnung war. Diese Frau ist einen Monat vor dem Räumungstermin mit ihren Sachen ausgezogen. Ihr Ehemann ist dageblieben. Der Gerichtsvollzieher hat gegen die Frau nur symbolisch vollstreckt, die Zwangsräumung des Mannes aber abgelehnt. Die dagegen vom Gläubiger erhobene Erinnerung hat das Amtsgericht zurückgewiesen. Es sagt, die Frau habe mit ihrem Auszug die eheliche Lebensgemeinschaft, aus der auch ein etwaiger Besitz des Mannes an den Räumen folgen mag, gelöst. Damit sei der zurückgelassene Mann nunmehr hinsichtlich der Rechtsbeziehungen der Vollstreckungsparteien wegen der Wohnung Dritter. Der Gläubiger müsse gegen ihn erst einen Titel beschaffen: DGVZ 1962, 128.[1]

Man denkt bei diesem Sachverhalt natürlich auch an verbotene Eigenmacht – wenn der Mann dadurch – und nur dadurch – Besitz an den Räumen erlant, daß die alleinige Mieterin, seine Frau, sie ihm überläßt, so hat er Besitz doch „ohne den Willen" des Eigentümers erlangt. Und in diesem Besitz wird er nun durch das Vollstreckungsrecht geschützt!

Die Sache liegt vielleicht doch etwas anders! Schließlich war die Frau Mieterin und Besitzerin. Sie hat den Besitz weitergegeben.

Dadurch ist doch aber der Besitz des Eigentümers und Vermieters, sein mittelbarer Besitz, nicht berührt worden! Verbotene Eigenmacht liegt nicht vor. Wie dem aber auch sei – der Gerichtsvollzieher, der zwangsräumen soll, sieht vor sich eine Wohnungsinhaberin, gegen die kein Räumungstitel vorliegt, – da kann er nicht mehr vollstrecken.

Aber der Eigentümer wird es nicht schwer haben, den Titel gegen die Frau zu erwirken, denn die ist und war ja nicht seine Mieterin.

Braucht er überhaupt einen neuen Titel – könnte man nicht daran denken, einfach die Vollstreckungsklausel umzuschreiben gegen den zurückgebliebenen Ehegatten?

Richtig! So wird es denn auch empfohlen, siehe beispielsweise LG Darmstadt, MDR 1960, 407. Baumb.-L., zu § 727. LG Mannheim aaO. und DGVZ 1963, 104. Bruns, § 9, I 2.

Diese ganzen Überlegungen und Entscheidungen sind aber vielleicht noch nicht als ausdiskutiert zu betrachten – sie müßten doch wohl der Frage gegenübergestellt werden, ob die Meinung richtig ist, daß kraft der ehelichen Gemeinschaft auch derjenige Gatte, der nicht offiziell Mit-

---

[1] Vgl. auch den Parallelfall LG Mannheim, DGVZ 1962, 187.

Mieter der Ehewohnung ist, an ihr doch einen Gewahrsam hat, der ihm unbedingten Schutz gegen die Zwangsräumung ohne besonderen Titel gewährt? Dies wird nun aber vom OLG Hamburg angenommen, MDR 1960, 769 (vgl. auch Noack, Vollstreckungspraxis, 5. Aufl., S. 260 und 331, zu a, und DGVZ 1962, S. 101). Die herrsch. Meinung verneint die Frage jedoch.

Ich möchte sie auch verneinen. Die Auffassung des OLG Hamburg (die sich übrigens beträchtlich gewandelt hat! Das OLG erwähnt selbst seine frühere anderslautende Meinung) leidet daran, daß das OLG nicht sagen kann, mit welchem Zeitpunkt denn nun während des Bestehens der Ehe der Mitbesitz an der Wohnung auf den anderen Gatten übergegangen ist – wenn aber für irgend etwas eine eindeutige Feststellung darüber, wann es sich vollzogen hat, vonnöten ist, dann wohl für den Zeitpunkt, mit dem das tatsächliche Gewaltverhältnis des Besitzes begründet wurde 7 Jahre Gleichberechtigung ersetzen solche Feststellung nicht. Entscheidend ist aber folgendes:

Wenn beide Ehegatten mieten, so erwerben beide die Rechte des Mieters, aber sie übernehmen auch dessen Pflichten. Der Vermieter aber, der darauf besteht, daß beide mieten, erwirbt zwar ebenfalls mehr Rechte, nämlich Mietrechte gegenüber zwei anderen, er braucht die Zahlungsunfähigkeit des einen nicht zu befürchten, ihm haftet in gleichem Umfange der andere. Aber der Vermieter begründet damit auch für sich doppelte Notwendigkeiten, wenn es an die Lösung des Vertrages geht – er muß beide verklagen. Es bedingt das eine also das andere, und daß man den Vertrag so schließt und nicht anders, das beruht auf wirtschaftlichen und rechtlichen (mitunter auch steuerrechtlichen!) Überlegungen. Es ist daher m. E. durchaus gerecht, wenn man auch im Prozeß, in der Vollstreckung die Beteiligten an den eigenen Entscheidungen festhält. Haben die Ehegatten seinerzeit es sich erspart, beide für die Miete und die Erfüllung der sonstigen Mieterpflichten einzutreten, so mögen sie auch die daraus folgende Ersparnis des Vermieters hinnehmen, d. h. sie mögen räumen, wenn nur der mietende Gatte dazu verurteilt ist.

Aber es wäre unpraktisch, diesen Meinungsstreit endlos weiterzustreiten. Möge sich jeder seine Meinung bilden! Meine Auffassung geht dahin, daß der bloß mitwohnende Gatte dem zur Räumung verurteilten Mieter-Gatten folgen muß, ohne besonderen Titel (und natürlich auch die übrigen Angehörigen des Mieters).[1]

Gleichwohl könnte natürlich der Vermieter als Herr der Vollstreckung sich mit der Räumung des einen Gatten einverstanden und befriedigt

---

[1] Zu dem Komplex dieser Fragen finden Sie in der DGVZ 1963, 150 einen zusammenfassenden Aufsatz eines bis zuletzt unermüdlich forschenden Seniors der Juristenschaft, Adolf Schumachers.

erklären und dem anderen die Wohnung neu vermieten. Er würde dann den Gerichtsvollzieher entsprechend anweisen.

Übrigens läßt uns die Entscheidung des OLG Hamburg im Stich, wenn es um die Frage geht, was der Gerichtsvollzieher denn mit der übrigen Familie des Vollstreckungsschuldners macht – setzt er z. B. die minderjährigen Kinder mit dem Vater/Mieter hinaus oder beläßt er sie in der Wohnung mit der Mutter/Nicht-Mieterin?

4. Der **Gerichtsvollzieher hat überhaupt eine schwierige Stellung** und ist keineswegs zu beneiden. Er steht immer zwischen zwei Gegnern und oft auch noch unter dem Beschuß seitens eines Dritten. Er hat zwar ausführliche Richtlinien und Geschäftsanweisungen, aber das Leben stellt ihn dennoch täglich vor neue und gefahrvolle Aufgaben, beständig droht der Regreß! Wir sollten die Gelegenheit benutzen, uns einmal ein wenig darüber zu unterrichten:
Über sein Verfahren bei **Zwangsräumung** verhalten sich die §§ 180, 181 der bundeseinheitlichen Geschäftsanweisung für Gerichtsvollzieher – GVGA –. Solche Anweisungen gab es auch früher schon. Und obwohl sie mitunter Selbstverständliches anordnen, hat es viele Ersatzklagen wegen Amtspflichtverletzungen der Gerichtsvollzieher gegeben:

a) RG. v. 21. 12. 1926 – SeuffArch. 81 (1927), S. 114, Nr. 73: Pfändung bei Drittem, § 809 ZPO.

Am 21. 6. 1923 pfändete GV W im Auftrage der Fa. XY auf einem der Kl. gehörigen Leichter, der auf der Fahrt von Schweden nach Antwerpen in Holtenau vorübergehend angelegt hatte, das an Bord befindliche, einer schwedischen Firma gehörige Holz wegen der Forderung der Fa. XY ./. Eigentümerin. – Erinnerung der Klägerin. AG erklärt Pfdg. für unzulässig. Die Herausgabe des Holzes verzögert sich gleichwohl.
SchErsKl. aus § 839 ./. Land Pr. In drei Inst. für dem Grunde nach gerechtfertigt erklärt.
RG.: Das Holz stand in Gewahrsam nicht der Schuldnerin, sondern eines Dritten. Also § 809 zu beachten. „Dritter" war hier der Schiffer H, mag er auch im Verhältnis zu der Reederei Besitzdiener gewesen sein. H. war nicht „zur Herausgabe bereit". Er hat nur geglaubt, sich der Autorität des GV beugen zu müssen. Der GV hat sich hier „mit unklaren, wohl gar absichtlich undeutlichen Redewendungen begnügt". Zwar war es „eine heikle Sachlage – aus einem reisefertigen Schleppzug eine Ladung herauszupfänden", aber er mußte sich informieren. Der Schiffer H. hat zwar das Protokoll unterzeichnet, auch sonst keinen Widerspruch erhoben, aber er war eben unzureichend belehrt. Im übrigen ist das Einverständnis mit der Pfändung noch nicht gleichbedeutend mit dem zur Herausgabe.

b) RG v. 18. 1. 1924 – LeipzZ 1924, Sp. 468, Nr. 8: Pflicht zur Benachrichtigung der Ortspolizei von bevorst. Räumung – pr. GVGA § 94 –.
Dazu hat die Revision des bekl. Landes ausgeführt, § 94 stehe im Widerspruch zu § 721 ZPO.
RG: Diese Meinung ist unhaltbar. Bei § 94 handele es sich um nach § 154 GVG zulässige Anordnung.

GV hat, indem er die Ortspolizeibeh. nicht unterrichtete, schuldhaft gehandelt.

c) RG 147, 136 v. 22. 2. 1935:
Klägerin war Pächterin eines Grundstücks, dessen Ersteher gegen sie mit dem Zuschlagsbeschluß die Zwangsräumung betrieb. Ohne sie von der bevorst. Räumung zu unterrichten, führte der GV diese Räumung durch, und zwar „mitten im strengsten Winter", eine aus 4, 5 Köpfen best. Familie, mit der Wohnungseinrichtung für fünf Räume, die er aufs freie Feld fahren und unverpackt im Schnee abstellen ließ, ohne auch mit der Ortspolizei Verbindung aufzunehmen.
§ 59 pr. GVGA schreibt vor, daß auf die Belange d. Part. billige Rücksicht zu nehmen sei. § 95 macht Benachrichtigung v. Räumungstermin zur Pflicht (wenn auch nicht ausdrücklich angeordnet). OLG hat allerdings Verschulden des GV verneint, weil ihm diese Auslegung nicht zuzumuten gew. sei, das ist aber falsch: Die Auslegung ist nicht so fernliegend, daß sie dem GV nicht hätte angesonnen w. k. („für einen verständigen, mitten im Leben stehenden Beamten, wie es der GV sein muß"). Er hat hier also schuldhaft gehandelt.
Nicht eingewendet w. k. dagegen, daß die Sch. mit dem Titel Kenntnis v. d. bevorst. Räumung gehabt haben und Vorkehrungen habe treffen müssen. Hierzu ist wichtig BGH 35, 27 v. 10. 4. 1961: PolBeh. muß, wenn sie zwangsweise einweist, noch am selben Tage geeignete Maßnahmen einleiten, um den Obdachlosen alsbald in andere Räume unterzubringen, längstens binnen 6 Monaten (als „äußerste Grenze für den Regelfall").
Hier war Einweisung am 3. 6. 1955,
Aufhebung der Einwsg. am 24. 12. 1955,
tatsächl. Räumung 29. 12. 1955.
Zu lange eingewiesen, SchErsAnspr. gerechtf.

d) BGH v. 2. 10. 1961 – DGVZ 1962, 11:
Räumungstitel wegen gepachteten Grundstücks. Auf diesem hatte sich d. Kl. eine Gartenlaube als Wohnraum eingerichtet, dazu zwei Holzschuppen gebaut. Im Räumungstermin vermochte der GV den Schuldner nicht zu veranlassen, die Sachen zu übernehmen – man kann sich das gut vorstellen: Ein renitenter Schuldner; gegen den Titel kann oder will er nichts mehr unternehmen. Aber er macht Schwierigkeiten und Kosten – er legt die Hände in den Schoß und sieht zu, wie der Gerichtsvollzieher eine Baufirma heranholt und die Baulichkeiten abreißen läßt – wer zahlt die Kosten? Natürlich der Gläubiger! Jener sieht auch zu, wie eine Transportfirma herbeieilt und die Trümmer abfährt – wer zahlt deren Rechnung – natürlich der Gläubiger. Der Schuldner empfiehlt sich und läßt die anderen Beteiligten allein mit seinem Kram fertigwerden. Der Gerichtsvollzieher muß also noch für die Unterbringung des Plunders sorgen; er läßt ihn auf eine Wiese im locker bebauten Randgebiet der Stadt schaffen, die nur ein behelfsmäßiger Zaun umgibt. Der größte Teil der Sachen kann dem Schuldner jedoch schon am selben Nachmittag in einer Notunterkunft ausgehändigt werden. Nun aber wird er tätig – er klagt Schadensersatz vom Staate ein, weil auf jener Wiese Sachen abhanden gekommen seien. Der GV habe nicht ordentlich für ihre Unterbringung gesorgt.

Wie beurteilen Sie den Fall?

Mir scheint bei aller Würdigung der Renitenz des Schuldners, daß der Gerichtsvollzieher nicht korrekt gehandelt hat, nicht vorschriftsgemäß – er hätte sich als Lagerplatz nicht jene Wiese aussuchen sollen.

Das ist auch die Meinung des BGH, der dafür auf ZPO § 885 Abs. 2 und 3 und auf § 180 GVGA verweist.

e) Dazu ein letzter Fall!

> Rechtskr. Urteil auf
> a) Räumung e. Grundstücks,
> b) Entfernung d. dort v. Sch. errichteten Baracke,
> c) Herausgabe d. geräumten Gr.
> Schuldner weigert sich, die Baracke zu verlassen und sie zu entfernen. Wie wird das Urteil vollstreckt?

Wegen der Räumung nach § 885 durch den Gerichtsvollzieher, wegen der Baracke nach § 883, denn sie ist bewegliche Sache.

Dies letztere ist mir nicht sicher – das Urteil geht nicht auf Herausgabe der Baracke (an den Gl.), sondern auf Wegschaffung d. Baracke, weg vom Grundstück, der Gläubiger will sie nicht behalten, nicht herausgegeben bekommen.

Wie also erreicht der Gläubiger die Durchführung dieses Bestandteiles seines Titels?

Ich denke an § 887 – er muß sich zur Selbstvornahme ermächtigen lassen.

Und wenn der Schuldner nicht mitmacht, also in der Baracke wohnen bleibt? Soll der Gläubiger ihm die über dem Kopf abreißen lassen?

Der Widerstand des Schuldners müßte nach § 892 gebrochen werden.

Schön. Der Gläubiger hat den Beschluß aus § 887 erwirkt – formulieren Sie mal bitte seinen Wortlaut![1]

„Der Gläubiger wird ermächtigt, die dem Schuldner in dem Urteil des ... vom ... auferlegte Entfernung der Baracke von dem Grundstück Hamburg...-straße Nr. ... selbst vorzunehmen oder vornehmen zu lassen.

Ist das alles?

Es fehlt Abs. 2 – der Kostenvorschuß:

„Zugleich wird der Schuldner verurteilt, an den Gläubiger einen Kostenvorschuß von ... DM vorauszuzahlen."

In dem Fall, den wir besprechen, hat der Gläubiger den Gerichtsvollzieher nun gebeten, die Räumung des Grundstücks durchzuführen. Der

---

[1] Hierzu *Sebode*, DGVZ 1963, 33 ff.

I. Keine Vollstreckung unklarer Titel –4–

GV hat sich aber geweigert; er sagt, solange der Schuldner der Räumung keinen Widerstand entgegensetze, bestehe für ihn, den GV, keine Möglichkeit zum Tätigwerden, § 892.

Was kann der Gläubiger nun tun?

Er muß gegen das Verhalten des GV Erinnerung nach § 766 einlegen.

Das hat er getan. Das AG hat die Erinnerung zurückgewiesen. LG hat aufgehoben und den GV angewiesen, den Schuldner aus der Baracke zu entsetzen. Wie wird es diese Entscheidung wohl begründet haben?

Es wird ausgeführt haben, daß der Titel eben solange nicht durchgesetzt sei, als der Schuldner sich in der Baracke und demgemäß auch noch auf dem zu räumenden Grundstück befinde.

Richtig! Der Schuldner war hartnäckig, er hat nicht Ruhe gegeben – was wird er unternommen haben?

Er dürfte weitere sofortige Beschwerde eingelegt haben.

Mit Erfolg?

Ich nehme nicht an.
Mir scheint die Meinung des Landgerichts richtig.

Kann der Schuldner überhaupt eine weitere Beschwerde einlegen? Kann er sie selbst, ohne Anwalt einlegen?

§§ 568 II und 569 II S. 2 –

Der Rechtsstreit hat vor dem Landgericht geschwebt![1]

Aber die Zwangsvollstreckung gehört zum Amtsgericht, und diese hat ja auch die Erinnerung beschieden, um die es immer noch geht!

Und wie wird das OLG nun in der Sache entschieden haben?

Es dürfte unterschieden haben a) zwischen der Räumung, die sich ja nicht nur auf den unbebauten Teil des Grundstücks erstreckt, sondern – und zwar sicherlich ganz besonders – auch auf den bebauten, und solange der Schuldner in diesem bebauten Grundstücksteil lebt, ist eben das ganze Grundstück noch nicht geräumt. Und das OLG wird b) hinsichtlich der Entfernung der Baracke auf den Beschluß des LG aus § 887 verwiesen haben – insoweit an Zwangsmaßnahmen zu denken, besteht ja wohl erst Anlaß, wenn der Schuldner nach seiner Entsetzung aus dem ganzen Grundstück der Entfernung der leeren Baracke noch Widerstand entgegensetzen sollte; dann würde § 892 in Betracht kommen.

---

[1] Anwaltszwang dann auch für Verf. nach § 891 ZPO: AnwBl. 1963, 48.

Sehr richtig! Und nun bitte ich um die Formel des Beschlusses
a) des OLG
b) des LG!

> *Das OLG hat einfach*
> *die weitere sofortige Beschwerde des Schuldners gegen den Beschluß des Landgerichts v. . . . auf Kosten des Schuldners zurückgewiesen.*

Woher nehmen Sie die Kostenentscheidung?

> *Aus § 46 GKG Abs. 2.*

Und nun die Formel des landgerichtlichen Beschlusses?

> *Auf die sofortige Beschwerde des Gläubigers wird der Beschluß des Amtsgerichts .. vom . . . aufgehoben.*
> *Der Gerichtsvollzieher wird angewiesen, den Schuldner aus dem Besitz des Grundstücks in . . .-straße Nr. . . . zu setzen – einschließlich der darauf befindlichen Wohnbaracke – und das geräumte Grundstück dem Gläubiger zu übergeben (oder: und den Gläubiger in den Besitz des geräumten Grundstücks zu setzen) und die Baracke dem Schuldner auszuhändigen.*
> *Dieser Beschluß ist gebührenfrei.*

Um noch einmal auf die Entfernung der Baracke zurückzukommen – was wird, wenn der Schuldner mit seiner Familie nun zwangsweise „aus dem Besitz gesetzt" sind, mit der?

> *Der Gläubiger muß nun von dem Beschluß des Prozeßgerichts aus § 887 Gebrauch machen; d. h. er läßt die Baracke abreißen, entfernen und ihre Bestandteile aufbewahren.*

Das klingt ganz praktisch – aber wie lange sollen die Bestandteile der ehemaligen Baracke aufbewahrt werden? Bedenken Sie die Kosten der Einlagerung!

> *Ich möchte meinen, daß das OLG, das diesen Fall entschieden hat, . . .*

OLG Celle, JR 1962, S. 425.[1]

> *. . ., daß das OLG Celle die Sache noch nicht bis zur letzten Möglichkeit durchformuliert hat; wenn die abgerissene Baracke noch auf dem Grundstück lagert, ist dieses noch nicht geräumt. Ich möchte meinen, daß in diesem Falle der Gerichtsvollzieher noch einmal tätig werden und nach den für ihn geltenden Vorschriften des § 885 Abs. 3 die Bestandteile der Baracke im Pfandlokal einzulagern hat. Dort mag sie der Schuldner abholen, wenn er ihre Veräußerung abwenden will.*

---

[1] Siehe auch OLG Düsseldorf, JMBl. NRW 1962, 245 = DGVZ 1963, 11. Sebode, das. S. 38 II.

II. Auseinandersetzung als Prozeßgegenstand

Die Parteien – Eheleute – leben in Unfrieden. Zwischen ihnen besteht eine Innengesellschaft bezüglich einer Gastwirtschaft. Das Landgericht ist der Meinung, daß diese Gesellschaft wegen der Spannungen unter den Parteien aufgelöst ist. Es handelt sich darum, in welcher Weise die Auseinandersetzung durchzuführen ist. Maßgeblich sind §§ 730ff., 752ff.
Teilung in Natur, § 752, ist aber „hier nicht möglich". Das Unternehmen ist ein Inbegriff von Vermögenswerten tatsächlicher und rechtlicher Art – Warenvorräte und Außenstände, Eigentum am Hause oder das Mietrecht, aber auch die Kundschaft, Geschäftsgeheimnisse, Lage; Kenntnis der Bezugs- und Absatzmöglichkeiten und der Geschäftsname. Dieser Sachinbegriff würde durch eine Teilung in Natur völlig zerschlagen und wertlos werden. Deswegen kann eine solche Teilung nicht verlangt werden. Die Veräußerung der Gastwirtschaft in ihrem Gesamtbestand würde dagegen ein bedeutend günstigeres Ergebnis herbeiführen ... Allerdings ist sie nach § 753 nicht möglich ... Indessen geht die Rechtsentwicklung überall dahin, ein solches Unternehmen ... als Rechtseinheit zu betrachten und zu behandeln. Danach müssen die Parteien nach Treu und Glauben gehalten werden, bei der Auseinandersetzung über ein solches Unternehmen der allein wirtschaftlichen Veräußerung des Unternehmens im Ganzen zuzustimmen ... andernfalls würde es dahin führen, daß der Beklagte, der die Ansprüche der Klägerin mit allen Mitteln zu verhindern sucht, selbst oder durch Strohmänner die Einrichtung der Gastwirtschaft billig ersteigern würde, dann doch im Besitz der Gastwirtschaft bliebe und die Klägerin ihres Anspruchs verlustig ginge ... daher ... der Beklagte gehalten, ... dem freihändigen Verkauf zuzustimmen. Da es der Aufführung der einzelnen Sachen nicht bedarf, war deshalb nach dem Hilfsantrag, welcher die Klägerin ermächtigt, im Namen beider Parteien einen Kaufvertrag über die Gastwirtschaft abzuschließen, zu erkennen. –
Meine Damen und Herren! Diese Entscheidung der Zivilkammer eines Landgerichts müssen Sie zwei- oder dreimal lesen, weil Sie sonst Ihren Augen kaum trauen. Ich will mich nicht lange mit dem schlechten Deutsch aufhalten, das sich in vermeidbaren Wiederholungen oder etwa in der Wendung äußert, der Hilfsantrag „ermächtige" die Klägerin zum freihändigen Verkauf; ich will sogleich die erschütternde Oberflächlichkeit ansprechen, die dieses Urteil belastet: Ermächtigung zum Verkauf – mit oder ohne Passiven? Zahlungsbedingungen? Sicherungen für den Beklagten? Wie soll es nach dem Verkauf weitergehen, ich meine: wie soll das Eigentliche, worauf es den Parteien an-

kommen muß, erledigt werden, nämlich die Auseinandersetzung unter ihnen wegen des Kaufpreises? Alle auseinandersetzungsrechtlichen Besonderheiten bleiben offen, alles ist praktisch auf die Parteien selbst, ihre Anwälte, abgewälzt, und man beneidet diese nicht um ihre Aufgaben. Und was muß als „Begründung" für solches Nichts herhalten? Der Beklagte suchte die Ansprüche der Klägerin „mit allen Mitteln zu verhindern" – gemeint ist: die Befriedigung der Ansprüche; „mit allen Mitteln"? Ich kann mir nicht vorstellen, daß der Beklagte bzw. sein Anwalt dies so wortlos hingenommen haben, schließlich sind bei „mit allen Mitteln" auch strafbare Methoden gemeint! Und wie soll er die Befriedigung dieser Ansprüche vereiteln? Lesen Sie, was sich da ein Landgericht vorgestellt hat! Es meint, der Beklagte würde, bewillige man nicht den freihändigen Verkauf, belasse es also bei der gesetzlich angeordneten Teilung in Natur jedes einzelnen Gegenstandes, selbst oder durch Strohmänner die Einrichtung billig ersteigern, dann doch im Besitz des Unternehmens bleiben, und es würde die Klägerin ihres Anspruchs „verlustig gehen". Wie das? Als ob es nötig wäre, die Gegenstände unter Wert und ohne Barzahlung des Kaufpreises loszuschlagen! Als ob es notwendige Folge eines Einzelverkaufs wäre, daß die Klägerin ihres Anspruchs – gemeint ist: ihres Anteils am Erlöse – verlustig ginge, als ob es keine Hinterlegung des Preises zugunsten beider gäbe usw. usw.! Hier hat man einfach phantasiert, den Teufel (Beklagten) an die Wand gemalt und damit eine bequeme „Entscheidung" begründet. Den Parteien hat man Steine anstatt Brot gegeben.

Ein ganz entscheidender Fehler besteht in der Außerachtlassung der §§ 753, 1246 BGB i. V. m. § 166 FGG:

> *Das würde heißen, daß das Prozeßgericht der Klägerin hätte eröffnen müssen, daß sie sich mit ihrem Antrage (Hilfsantrage) an das Gericht der Freiwilligen Gerichtsbarkeit wenden müsse?*

Ja – an das zuständige Amtsgericht. Und indem das Landgericht als Prozeßgericht 1. Instanz an dieser Regelung unbesorgt vorbeigegangen ist, läßt es so ganz das Maß an Unbekümmertheit um die gesetzlichen Vorschriften erkennen, das diese seine Entscheidung auszeichnet. Freilich – eine im Prozeßweg erzwungene Auseinandersetzung ist selten, und so ist es sehr wohl denkbar, daß auch ein betagter oder drei betagte Juristen in ihrem ganzen Leben niemals in der Lage gewesen sind, sich damit zu beschäftigen. Zunächst muß gesagt werden, daß für eine Entscheidung des Gerichts der Freiwilligen Gerichtsbarkeit aus § 166 FGG nur dann Raum ist, wenn ausschließlich die Frage nach Art und Weise des Verkaufs streitig, alles andere aber außer Streit (oder gerichtlich entschieden) ist, KGJ 24, A 3. Solange die Beteiligten noch über andere Fragen streiten, muß das Gericht der Freiwilligen Gerichts-

II. Auseinandersetzung als Prozeßgegenstand

barkeit sein Verfahren aussetzen, Keidel, § 166 Erl. 3. Zu solchen Vorfragen wird die gehören, was alles zu dem gemeinsamen Besitz gehört, über den auseinanderzusetzen ist, diese Frage kann doch äußerst streitig werden und muß dann bezüglich jedes einzelnen Gegenstandes gerichtlich entschieden werden –. Sie ersehen auch daraus, wie verfehlt die oben mitgeteilte Entscheidung ist, wie bequem sie es sich gemacht hat mit der Bemerkung, die einzelnen Gegenstände brauchten nicht aufgezählt zu werden, ...

> *während sie aber genau aufzählt, was ihrer Meinung nach zu dem sogenannten „Sachinbegriff" gehört und „nicht zerschlagen" werden dürfe – die Kundschaft, Geschäftsgeheimnisse (bei einer Gastwirtschaft!), Kenntnis von Bezugs- und Absatzmöglichkeiten(!)*

Sehr richtig! Dabei gibt es doch immerhin eine reichliche Menge an Judikatur zur Auseinandersetzungsklage, aus der doch einiges zu gewinnen ist. Wir wollen uns das Wesentliche einmal kurz vor Augen führen:

RG, JW 1910, 655: Die Erbauseinandersetzung vollzieht sich nicht unmittelbar durch richterliches Urteil, sondern durch Abschluß eines Auseinandersetzungsvertrages. Die Klage auf Abschluß eines solchen hat zur nächsten Voraussetzung, daß die Gegenstände feststehen, auf die sie sich beziehen soll. Hieraus allein folgt schon, daß der Kläger den Vorschriften entsprechend vorgeht, wenn er, um den Inhalt des Auseinandersetzungsvertrages angeben zu können, der Klage auf dessen Abschluß eine Feststellungsklage vorausgehen läßt, mit der er verlangt, daß der Miterbe die Richtigkeit des darin aufgeführten Nachlasses anerkennt. Dies umso mehr, als sich nicht absehen läßt, ob, sobald ... Gewißheit besteht, sich nicht weiterer Streit erübrigt. Kläger handelt richtig, wenn er so vorgeht und abwartet.

RG 123, 23 = JW 1929, 645 u. 1744: Von der Auseinandersetzungsklage kann abgesehen werden, wenn die Verhältnisse so einfach liegen, daß sich das, was jeder zu beanspruchen hat, ohne besonderes Abrechnungsverfahren ermitteln läßt.

RG, JW 1938, 666: Ein besonderes Auseinandersetzungsverfahren ist nicht nötig, wenn sich die Gesellschafter schon auf eine andere Art der Auseinandersetzung geeinigt haben (z. B. einer übernimmt das Vermögen). Dann geht es nur noch um die Abschichtung des anderen.

RG, JW 1938, 1728: Es kann dem Kläger – schon zur Vermeidung unnötigen Streits – nicht verwehrt werden, von der Auseinandersetzungsklage abzusehen, wenn ihm bereits mit der Klärung einzelner Streitfragen gedient ist, dann also Feststellungsklage zulässig. Ebenso RG 158, 302 (314): Ein Dritter muß an die Gesellschaft zahlen, nicht an einen Gesellschafter. Letzteres kann jedoch gefordert werden, wenn dadurch in zulässiger Weise das Ergebnis der Auseinandersetzung vorweggenommen und ein förmliches Auseinandersetzungsverfahren erspart wird.

> *Hier möchte ich Bedenken anmelden! Mir scheint, hier wird zweierlei vermengt, – das Verhältnis der Gesellschaft zu einem ihrer Schuldner und das der Teilhaber untereinander.*

Ja, auch mir erscheint diese Entscheidung ein wenig vom Zeitgeist angenagt. Jedoch hat uns das Reichsgericht in einem anderen Urteil umso wertvollere Hinweise hinterlassen. Es handelt sich um

RG, DR 1944, 909: Die Parteien, geschiedene Eheleute, haben gemeinsam ein Obst- und Gemüsegeschäft betrieben. Der Mann klagt auf

a) Feststellung, daß das Geschäft ihm gehöre,

b) Feststellung, daß er Mieter der Räume sei,

c) Verurteilung der Frau zur Räumung.

Die Beklagte beantragt Abweisung, da das Geschäft ihr gehöre.

LG und OLG weisen ab. RG hebt auf, verweist zurück. Können Sie sich denken, weshalb wohl?

> *Das Reichsgericht wird der Meinung gewesen sein, es habe unter den Eheleuten eine Gesellschaft bestanden, und die müsse zunächst erst einmal auseinandergesetzt werden.*

Richtig, – es meint, bevor der Kläger seine Ansprüche stelle, müsse festgestellt werden, worüber man sich schließlich einmal werde auseinanderzusetzen haben. Kläger müsse also erst einmal eine Feststellung darüber herbeiführen, was gemeinschaftliches Vermögen der Gesellschafter (Gesellschaftsvermögen) gewesen sei (§ 718 BGB), – sei es als „Einlage" (§ 733 II), sei es als Errungenschaft der Gesellschaft (§ 718), – oder aber, was der Gesellschaft nur „überlassen" und zurückzugeben sei (§§ 732 S. I; 733 II 2, 3).

Das OLG habe mit der Feststellung, daß der Kläger das Geschäft gekauft und bezahlt habe, die Rechtslage nicht erschöpft. Es habe auch nicht beachtet, daß im Hinblick auf die gesellschaftlichen Beziehungen das „Eigentum" (die Inhaberschaft) an dem Geschäft nicht dieselben Wege zu gehen brauche, wie das Eigentum an den einzelnen Waren, Eingängen, Einrichtungsgegenständen.

> *Hier wird doch wieder deutlich, wie die eingangs mitgeteilte Entscheidung der ZK an ihren eigentlichen Aufgaben vorbeigegangen ist.*

Stimmt, wenngleich man vielleicht daran denken sollte, daß es da auch am entsprechenden Vortrag der Parteien gefehlt haben mag.

II. Auseinandersetzung als Prozeßgegenstand

Aber das Landgericht mußte doch in vielfacher Hinsicht von § 139 ZPO Gebrauch machen!

Gewiß, dazu war reichlich Veranlassung gegeben.
Soweit die Judikatur! Ich kann Ihnen nun noch einige kleine Randbemerkungen nicht ersparen, bevor Sie an Ihre Aufgabe herangehen.
Die Entscheidung darüber, was von den während der Ehe angeschafften Gegenständen dem einen oder anderen Gatten gehört (oder, wie wir hinzufügen können, der gemeinsamen Unternehmung), richtet sich nach BGH, NJW 1950, 593 nicht nach gesellschaftsrechtlichen Gesichtspunkten, sondern (sofern nicht Sonderbestimmungen wie §§ 1357, 1370, 1382ff. eingreifen) nach der Willensrichtung des handelnden Ehegatten. Wesentlicher Anhalt für die Feststellung dieser Willensrichtung kann sein, von welchem Gatten die Mittel stammen, mit denen die Anschaffung bezahlt wurde.
Im Anschluß an die schon beleuchtete Entscheidung des RG in RG 158, 302 (314) hat OLG Hamburg – BB 1951, 316 – ausgeführt, ein einzelner Gesellschafter könne auch nach Auflösung der Gesellschaft ohne Zustimmung der Teilhaber eine Forderung geltend machen. Er könne aber nicht auf Zahlung an die gesamte Hand klagen (denn ein zur Empfangnahme für die gesamte Hand berufenes Organ fehle, und es sei auch eine andere geeignete Stelle nicht vorhanden), sondern nur auf Hinterlegung zugunsten der geamten Hand.
OLG Köln, MDR 1958, 517 Nr. 87, Leits. f hat schließlich betont, daß, wenn die Miterben sich nicht über die Auseinandersetzung einigten, eben nach BGB geteilt werden müsse, möge das auch zur Verschleuderung wertvollen Besitzes führen.

Damit wäre ja eine weitere Überlegung jener Kammer widerlegt...?

Man muß es wohl so ansehen. Wem geben Sie hierin übrigens recht?

Ich möchte meinen, daß auch der Gesetzgeber des BGB eine Vorstellung davon hatte, daß seine Regelung, wenn es hart auf hart kommt, zur Zerschlagung von Werten führen würde. Aber vielleicht hat er sich gesagt, das eigene Interesse an einem möglichst guten Ergebnis der Auseinandersetzung werde die Teilhaber veranlassen, sich gescheit zu verhalten. Und das eigene Interesse ist ja auch ein kräftiger Ratgeber. Der Gesetzgeber wird aber auch erwogen haben, daß er dem Richter eine schier unlösbare Aufgabe übertrage, wenn er ihn, der den Dingen viel ferner steht als die Beteiligten, nötige, zu prüfen, wie die Parteien vernünftigerweise handeln sollten.

Ja, auch ich bin der Meinung, daß der Gesetzgeber ganz bewußt die Zerschlagung angeordnet hat für den Fall, daß die Parteien so unvernünftig sind, die Erhaltung nicht zu wollen.

(Das Wort von der „Rechtseinheit", die der Sachinbegriff Gastwirtschaft darstellen soll, wollen wir lieber vergessen.)

Übrigens stellt das Gesetz ja der Erbengemeinschaft einen Vermittler zur Verfügung – § 86ff. FGG.

Richtig, darauf wollte ich auch noch selbst hinweisen. Aber warum fehlt dieser Vermittler wohl bei der aufgelösten Gesellschaft?

Die Erbengemeinschaft ist eine Zufallsgemeinschaft infolge des Erbfalles. Sie drängt zur Auseinandersetzung, in der Regel zur Zerteilung. Die BGB-Gesellschaft beruht auf freier Entschließung der Beteiligten, sie können schon im Gesellschaftsvertrage regeln, was nach der Auflösung werden soll, und wo es unterblieben ist, da kann man erwarten, daß sie es vertrauensvoll nachholen, da sie sich ja vertrauensvoll zusammengetan und begonnen haben.

Und im übrigen steht für den Zivilprozeß ja § 139 ZPO zur Verfügung, von dem wir gesehen haben, daß er hier eine Wirkungsstätte hat.

Nun sind wir soweit, die Sache anzugehen, um die es mir heute geht. Vorher noch Direktiven

A) aus Soergel

Der Klageantrag muß auf eine bestimmte Art der Auseinandersetzung gerichtet sein. Mehrere Miterben sind nicht notwendige Streitgenossen – verklagt zu werden braucht nur, wer der bezeichneten Art der Teilung widerspricht.

Gerichtsstand?

§ 27 ZPO!

Das Urteil lautet auf . . .?

Auf Abschluß des Auseinandersetzungsvertrages, den das Gericht billigt.

Vollstreckung?

Es greift § 894 ZPO ein.

B) Auszüge aus Staudinger

§ 730 Erl. 7: Auseinandersetzung, wenn nicht alle Beteiligten einig sind, durch Klage herbeizuführen. Praktischerweise verbunden mit Klage auf Rechnungslegung.

Erl. 7a A bb: Soweit der Kläger, etwa als geschäftsführender Gesellschafter, in der Lage ist, einen bestimmten Teilungsplan aufzustellen, sollte er die eine Zustimmung verweigernden Mitgesellschafter auf Zustimmung oder, weitergehend, auf Mitwirkung

II. Auseinandersetzung als Prozeßgegenstand

bei den notwendigen Auseinandersetzungshandlungen verklagen. Vollstreckung: § 794 ZPO.

Erl. 11: Reihenfolge der Auseinandersetzungsmaßnahmen:
1. Feststellung des Vermögens der Gesellschaft.
2. Aussonderung fremder Vermögensbestandteile.
3. Berichtigung der Gesellschaftsschulden.
4. Rückerstattung der Einlagen.
5. Gewinnverteilung und Verlustausgleich.

§ 752 Erl. 2: Bei Widerspruch eines Beteiligten: Entscheidung des Gerichts. Früheres Recht: Das römische Recht kannte eine besonders freie, autoritative Stellung des Richters, die durch die actio communi dividundo angerufen wurde. Das Verfahren war eigenartig, es war einerseits nicht streitig, und es konnten die Beteiligten alle Ansprüche aus dem Gemeinschaftsverhältnis geltend machen, andererseits hatte der Richter freieste Machtbefugnis zur Vornahme einer angemessenen Teilung. Diese geschah durch konstitutives Teilungsurteil.

Pr. ALR hatte einen anderen Teilungsmodus. Ein konstitutives Teilungsurteil gab es nicht, aber auch keinen erzwingbaren Anspruch auf Naturalteilung; vielmehr war jeder Beteiligte befugt, auf öffentlichen Verkauf anzutragen. Es gab also nur eine erzwingbare Teilungsart, nämlich den öffentlichen Verkauf des gemeinschaftlichen Gegenstandes und die Teilung dex Erlöses. Erl. 7: Klageantrag muß auf bestimmte Art der Teilung gehen. Das Teilungsurteil ist nicht konstitutiv wie im gemeinen Recht. Dort schuf es neues Eigentum und neue Rechte an den zugewiesenen Gütern und Rechten. Jetzt deklariert es die Verpflichtung des Beklagten, sich mit der in Anspruch genommenen Teilungsart einverstanden zu erklären.

§ 753 Erl. 2: Klage auf Aufhebung der Gemeinschaft, und zwar gerade im Wege des Verkaufs nach Maßgabe des § 753. Auf Einwilligung in die beabsichtigte Maßnahme. Bei Grundstücken – ZVG § 181. Kein Titel nötig!

Ich möchte jetzt von Ihnen die Klageanträge haben, die gestellt werden müssen, wenn unter den ehemaligen Teilhabern/den Miterben alles streitig ist.

Der Kläger muß beantragen,

1. den Beklagten zur Herausgabe folgender Gegenstände an den Kläger zu verurteilen (weil sie dessen Eigentum und der Gesellschaft nur geliehen seien):
. . . .

2. *den Beklagten weiter zu verurteilen, darein zu willigen, daß folgende Gegenstände als Gesellschaftsvermögen bei der Auseinandersetzung mitverwertet werden (weil der Beklagte sie als sein Eigentum zurückhaben will):*
....

3. *den Beklagten weiterhin zu verurteilen, darein zu willigen, daß folgende anderen Gegenstände mit für die Auseinandersetzung herangezogen und verwertet werden (weil mit Zustimmung des Beklagten von Dritten in Anspruch genommen):*
....

4. *den Beklagten zu verurteilen, darein zu willigen, daß folgende Gegenstände in anderer Weise als nach den Vorschriften über den Pfandverkauf verwertet werden:*
a) aus den zu Nr. 2 aufgeführten die Gegenstände Nr.......,
b) aus den zu Nr. 3 aufgeführten die Gegenstände Nr.......,
(§ 1246 II BGB!)

5. *den Beklagten weiterhin zu verurteilen, darein zu willigen, daß von dem Erlös der Gegenstände die folgenden Gesellschaftsschulden bezahlt werden: an den Gläubiger A ... in ... wegen Verkaufs eines Kraftwagens Opel ... 3765,– DM, an die Gläubigerin B ... in ... wegen Miete für die Geschäftsräume für November und Dezember 1962 noch ... 824,– DM usw.*

6. *den Beklagten zu verurteilen, darein zu willigen, daß von dem Überschuß folgende Einlagen zurückgezahlt werden:*
a) an den Kläger 10 000,– DM,
b) an den Beklagten 6000,– DM.

7. *den Beklagten schließlich zu verurteilen, darein zu willigen, daß von dem darüber hinaus verbleibenden Überschuß an den Kläger 2/3 und an den Beklagten 1/3 ausgezahlt werden.*

Gegen Nr. 4 erhebe ich Einspruch! Wir hatten doch ermittelt, daß insoweit nicht der Prozeßrichter, sondern der Amtsrichter der Freiwilligen Gerichtsbarkeit zu entscheiden hat!

Sie haben völlig Recht! Und doch mache ich es so, und zwar aus folgenden Überlegungen:

Wenn man schon einen in jeder Einsicht zerstrittenen Fall so umfassend zu bereinigen beschäftigt ist, dann hat man natürlich den Drang, nun auch mit einem Schlage alles zu erledigen, was nur der Erledigung bedarf. Der Verzicht auf diesen einen Punkt 4 und die Anlage eines zweiten Gleises für ihn sind ja unnatürlich. Ich nehme also Punkt 4 mit

in mein Urteil, wobei ich darauf vertraue, daß die Parteien sich mit meinem Spruch zufrieden geben, der ja nicht unbedingt schlechter zu sein braucht, als der des Kollegen von der FGG. Es mag nicht absolut dem Buchstaben gemäß sein, aber es dient der Sache und ihrer schleunigen und einheitlichen Durchführung. Ihr theoretisches Bedenken aber, ich wiederhole es, ist an sich berechtigt.
Wir wollen uns darüber klar sein, daß dieses Muster von Fall zu Fall Änderungen erfahren muß, je nach Sachlage. Zum Beispiel kann sich der Kläger statt der Anträge zu 1–3 mit Feststellungsanträgen begnügen, wenn er die betreffenden Gegenstände schon in Besitz hat; es mag eine Anordnung angebracht sein, wer die durch die Verwertung der Gegenstände eingehenden Gelder zu vereinnahmen und zu verwalten haben soll, bis zur Beendigung der Teilung usw. Da bestehen viele Möglichkeiten zu anderweiter elastischer Regelung. Daß aber die Entscheidung jener Zivilkammer in MDR 1957, S. 419 der Sache nicht gerecht wird, scheint unzweifelhaft. Nur, wenn die Parteien dieses Rechtsstreits sich über die in den obigen Antragsentwürfen unter Nr. 1–3 und 5–7 erfaßten Fragen einig waren, würde die Entscheidung richtig gewesen sein ...?

> *Nein! Unrichtig! Denn die richtige Formulierung würde in diesem Falle, wo nur unser Punkt 4 streitig wäre, eine solche sein, die dem Richter der Freiwilligen Gerichtsbarkeit – FGG § 166 – nicht vorgreift!*

Stimmt! Daß sie sich aber so weitgehend einig gewesen seien, ist angesichts der Schilderung des Gerichts bezüglich der bösen Absichten des Beklagten nicht anzunehmen.
Was würden Sie übrigens davon halten, wenn man – um in dem Falle jener ZK die Sache doch noch aufs rechte Gleis zu bringen – daran dächte, den Hilfsantrag des Klägers umzudeuten in einen an den Richter der FGG gerichteten Antrag aus § 1246 II BGB?

> *Das ginge doch wohl nicht! Ein Antrag an das Landgericht als Prozeßgericht kann wohl kaum umgedeutet werden in einen Antrag an den Amtsrichter der Freiwilligen Gerichtsbarkeit. Es fehlte, selbst wenn man es täte, doch wohl auch die Vorschrift, die die Verweisung oder wie man das nennen wollte, regelt.*[1]

Abgesehen von Kostenfragen!

> *Übrigens haben wir doch in der ZPO eine Vorschrift, die ebenfalls eine andere Art von Pfandverwertung ermöglicht als die regelmäßige der Versteigerung – § 825.*

---

[1] Siehe hierzu aber auch, BGH, NJW 1963, 2219: Verweisung eines Prozesses auf Herausgabe eines für ehelich erklärten Kindes vom LG an VormG gem. GVG § 17 analog!

Sehr gut! Und nun stellen Sie selbst einmal beide einander gegenüber!

Wenn im Zuge einer Zwangsvollstreckung wegen Geldforderungen streitig wird, ob die gesetzlich vorgesehene öffentliche Versteigerung des Pfandes ratsam sei, so entscheidet der Vollstreckungsrichter, § 825 ZPO. Wenn unter Beteiligten, die grundsätzlich auf gütliche Auseinandersetzung angewiesen sind, streitig wird, ob ein unteilbarer Gegenstand versteigert oder besser anders verwertet werde, so ist zur Entscheidung darüber der Richter der FGG bestellt, § 166 FGG.

Man kann also wohl sagen, daß das Gesetz hier eine konsequente und saubere Trennung vollzieht...

... ganz im Gegensatz zu seiner sonstigen nahezu systemlosen Verteilung der Aufgaben auf die Streitige und auf die Freiwillige Gerichtsbarkeit!

Gewiß, – dazu können Sie einmal in ruhiger Stunde den Beitrag von Bettermann in der Festschrift für *Lent*.[1] Die **Freiwillige Gerichtsbarkeit im Spannungsfeld zwischen Verwaltung und Rechtsprechung** lesen. – Jene Aufteilung nun scheint mir hier kaum rationell, warum wohl?

Wenn schon, wie wir gesehen haben, alle anderen unter den Beteiligten zu klärenden Fragen vom Gericht der Streitigen Gerichtsbarkeit zu entscheiden sind, sollte man für die eine Frage nach der zweckmäßigsten Art der Verwertung nicht noch einen anderen Richter einschalten.

Zumal es sich bei dieser einen Frage schließlich auch um eine von rechts Wegen zu entscheidende handelt!

Ich wollte Ihnen mit diesem Anhängsel an unsere fast schon abgeschlossenen Überlegungen nur zum Bewußtsein bringen, daß wir kein Ergebnis ungeprüft übernehmen, keine Analogie ohne sorgfältige Prüfung der tatsächlichen Analogien ziehen dürfen und daß wir jedem Sachverhalt seine Besonderheiten abtasten müssen!

An einschlägiger Literatur sei noch auf *Wandrey*, Zwangsvollstreckung in Forderungen und Rechte (Sammlung Sack: „Rechtsfragen der Praxis", 1938) hingewiesen, und zwar S. 57 (Gesellschaft) und 71 (Erbengemeinschaft). Ferner auf *Liermann*, Zweifelsfragen bei der Verwertung eines gepfändeten Miterbenanteils, NJW 1962, 2189. Streitwert des Auseinandersetzungsanspruchs: der volle Nachlaßwert, nicht nur derjenige des Anteils des Klägers! BGH v. 16. 12. 1962, BB 1962, 613 zu II 5.

Diese Hinweise führen uns nun aber noch einen Schritt weiter – der Anteil einer Person an einem Gesellschaftsvermögen, an einem Nachlaß ist ja oft ein beträchtlicher Wert. Gläubiger eines solchen Teilhabers

---

[1] Verlag Beck, 1957, S. 17ff.

II. Auseinandersetzung als Prozeßgegenstand 55

haben natürlich ein großes Interesse daran, zu wissen, wie sie ihn zu ihrer Befriedigung verwerten können? An welche Vorschriften ist da zu denken?

Es ist an § 859 ZPO zu denken.

Auch noch an andere Bestimmungen?

An § 725 BGB.

Bleiben wir zunächst einmal bei der BGB-Gesellschaft! Was entnehmen Sie dem § 725?

Daß dieser Anteil „am Gesellschaftsvermögen" pfändbar ist, obwohl doch § 719 ausdrücklich bestimmt, daß der Gesellschafter über ihn nicht verfügen kann, der Anteil also auch nicht übertragbar ist, was nach dem in § 851 ZPO ausgesprochenen Rechtsgedanken eigentlich auch die Unpfändbarkeit zur Folge haben müßte.

Was folgern Sie aus Abs. 2 des § 725?

Daß der Pfandgläubiger die Gesellschaftsrechte doch nicht ausüben kann, solange die Gesellschaft besteht, – außer dem Anspruch auf die Gewinnanteile.

Das würde also heißen, daß er nach der Auflösung der Gesellschaft alle Teilhaberrechte ausüben darf?

Das ergibt sich als argumentum e contrario.

Wäre es sachgerecht? Das Gesetz hat doch in dem eben erwähnten § 719 erkennen lassen, daß es das Eindringen eines anderen in die Gesellschaft nicht wünscht. Wir haben außerdem vorhin den Gegensatz festgestellt, der zwischen der Gesellschaft und der Miterbengemeinschaft darin besteht, daß nur der letzteren in dem Richter der §§ 86ff. FGG ein Auseinandersetzungsvermittler zur Verfügung gestellt ist – die aufgelöste Gesellschaft aber soll das *allein* regeln!

Nun, Sie können das wohl selbst nicht so klar erfassen. Uns hilft wieder einmal das Reichsgericht, und zwar in einer derjenigen Entscheidungen, die man getrost als überzeugenden Ausdruck überlegener juristischer Denkkraft bezeichnen kann – RG 95, 231:

Der Gläubiger, der einen Erbanteil seines Schuldners hat pfänden lassen, hat zwar das selbständige Recht, die Auseinandersetzung mit den Miterben zu betreiben, §§ 86ff. FGG. Aber das beruht darauf, daß der Miterbe über seinen Anteil am Nachlaß verfügen kann, was von dem Gesellschaftsanteil gerade nicht gilt.

Mit arg. e contr. aus § 725 II BGB könnte nun gefolgert werden – Sie haben es eben getan –, daß der Gläubiger eines Gesellschafters nach Kündigung und Auflösung der Gesellschaft Anspruch auf das Auseinandersetzungsguthaben habe. Aber entscheidend dagegen spricht der allgemeine Gedanke, daß es mit dem Wesen der Gesellschaft unvereinbar ist, daß sich auf diese Weise, sei es auch im Stadium der Liquidation, ein Dritter in die Gesellschaft sollte eindrängen können.

Der Pfandgläubiger möge daher einen klagbaren Anspruch dahin haben, daß sein Schuldner, der Gesellschafter selbst, die Auseinandersetzung betreibe.

(Obwohl dieser Anteil ... nicht übertragbar ist, § 719 BGB), ... ist dem Gläubiger mit der Zulassung der Pfändung des Anteils die Möglichkeit eröffnet, mit der einen Maßnahme zugleich sämtliche Rechte seines Schuldners aus der Gesellschaft insoweit zu erfassen, als diese, weil veräußerlich, der Verpfändung und damit der Pfändung zugänglich sind. Mit § 725 Abs. 2 wollte das Gesetz nur dem Gedanken vorbeugen, als könne § 1258 anwendbar sein. Wenn das Verbot der Ausübung der Gesellschaftsrechte auch nur für die Zeit des Bestehens der Gesellschaft gegeben ist, so sollte damit nicht gesagt werden, daß es nach ihrem Ende anders sein könne. Im übrigen verschwinde die Gesellschaft ja auch gar nicht mit Kündigung und Liquidation, nur die gemeinsame Zweckverfolgung ende (§ 730 II).

Das freilich erscheint mir als kein überzeugendes Argument. Denn die gemeinsame Zweckverfolgung ist es doch wohl gerade, die Dritten den Zutritt zur Gesellschaft sperrt, wie das RG eingangs ausgeführt hat. Aber ich gebe zu, die Entscheidung gibt brauchbare Richtlinien für die Technik des pfändenden Gläubigers.

Stellen wir uns einmal zusammen, was sich aus diesem Urteil RG 95, 231 ergibt:

Der Anteil eines Teilhabers

einer Gesellschaft bürgerlichen Rechts	einer Miterbengemeinschaft
ist	
gesamthänderisch gebunden, es kann darüber nicht verfügt werden, § 719.	nicht gebunden, der Miterbe kann über ihn verfügen, § 2033.
Er ist gleichwohl – entgegen der Regel, § 851 ZPO – pfändbar, § 859.	Er ist daher auch pfändbar, § 859 II ZPO.
Trotz Pfändung darf der Pfandgläubiger die Auseinandersetzung nicht selbst betreiben; er kann nur fordern, daß sein Schuldner sie betreibe – § 725 II BGB und RG 95, 231.	Der Pfandgläubiger kann selbst die Auseinandersetzung betreiben, sei es im Wege der §§ 86ff. FGG, sei es mit Klage.

III. Lärmschutz durch Zivilprozeß

In einem Hamburger Weltblatt[1] las ich kürzlich den sehr fundierten Bericht über einen ungewöhnlich bedeutsamen Rechtsstreit vor dem Landesverwaltungsgericht Hamburg: „Wie die Umwelt die Industrie belastet" (nicht umgekehrt!). Zwei Bürger, Blumenzüchter der eine, Obstbauer der andere, seßhaft im „Alten Land", dem größten geschlossenen Obstbaugebiet Deutschlands, am Südufer der Elbe, klagen gegen ein Riesenunternehmen der Aluminiumindustrie, bzw. gegen die Freie und Hansestadt auf Entziehung der Betriebsgenehmigung, weil das bei der Aluminiumfabrikation freiwerdende Giftgas Fluor Blumen und Obst empfindlich schädige. Das Werk hat hunderte von Millionen gekostet, sein Schaden bei auch nur vorübergehendem Ausfall oder bei Einschränkung der Fabrikation geht ebenfalls in die Hunderte von Millionen, er ist kaum bezifferbar.

Der Ziviljurist, der solches liest, fragt sich vor allem zweierlei: Wo ist die Rechtsgrundlage für einen so weitgehenden, praktisch das Unternehmen ruinierenden Klageantrag? Und warum schlägt man sich vor dem Verwaltungsgericht, da dem Grundeigentümer doch schon nach BGB Abwehrrechte gegen den störenden Nachbar zustehen?

Die erste Frage ist leicht beantwortet, und damit auch gleich die zweite – im Zuge der uns immer mehr als existenzwichtig bewußtwerdenden Notwendigkeit des Schutzes unserer Umwelt gegen hemmungslose technische Entwicklungen ist das Immissionsschutzgesetz v. 15. 3. 1974 – BGBl. Nr. 27, S. 721 – ergangen, genau: Gesetz zum Schutze vor schädlichen Umwelteinwirkungen durch Luftverunreinigungen, Geräusche, Erschütterungen und ähnliche Vorgänge. (Daneben bestehen, wie Sie wissen, zahlreiche einschlägige andere Vorschriften wie z. B. die §§ 30, 49 StVZO, die Hamburgische LärmschutzVO v. 4. 5. 1965 u. v. a.). § 20 ISchG nun läßt tatsächlich die „Untersagung, Stillegung und Beseitigung" einer genehmigungsbedürftigen – und mitunter sogar der schon genehmigten Anlage – zu, und § 21 die Rücknahme einer Betriebserlaubnis. Das Gesetz ist daher Ausdruck unserer gewandelten Anschauungen auf diesem so wichtigen Gebiet. Kein Wunder, daß der in seiner wirtschaftlichen Existenz getroffene Nachbar von solch weitgehenden Möglichkeiten Gebrauch macht! Umsoweniger verwunderlich, als § 14 die privatrechtlichen Ansprüche des Gestörten einschränkt – die Einstellung des genehmigsen Betriebes darf er aus solchen Gründen nicht verlangen, sondern nur

„Vorkehrungen, die die benachteiligenden Wirkungen ausschließen" bzw. – wenn solche undurchführbar oder wirtschaftlich nicht vertretbar sind – Schadensersatz.

---
[1] Welt, Wirtschaftsteil, S. 14, v. 27. 7. 1974 (Dieter F. Hertel).

Kommt Ihnen dieser Wortlaut bekannt vor?

Ja, es ist die Wiederkehr des § 26 GewO,

den das neue Gesetz aufgehoben hat: § 68.
Jedenfalls läßt § 14 die privatrechtlichen Ansprüche unangetastet gegenüber nicht genehmigungsbedürftigen Anlagen und auch gegenüber genehmigungsbedürftigen, solange sie noch nicht rechtwirksam genehmigt sind. Es ist aber angesichts der unendlichen Vielzahl an nachbarlichen Belästigungen, die nicht gerade von genehmigten Industrieanlagen ausgehen, geradezu dringlich, sich einmal mit dem Thema der Immissionsabwehr im Wege des Zivilrechtsweges zu beschäftigen. Wir wollen uns dabei auf die Abwehr unerträglichen Lärms aus den verschiedensten Quellen[1] beschränken und nehmen zum Ausgang folgenden praktischen Fall:

G., Mieter im Hause PP-Str. 1 in Hbg.-B., fühlt sich durch den Lärm, der von dem Selbstbedienungsladen nebenan ausgeht, bei Tag und bei Nacht empfindlich gestört. Zu frühester Morgenstunde würden die großen Lieferwagen der Zentrale sehr laut entladen – die Kisten würden einfach heruntergeworfen. Dabei ließen die Fahrer auch noch ihre Rundfunkgeräte im Führerhaus bei heruntergekurbelten Fenstern laut laufen. Schließlich sei täglich viele Stunden und am Wochenende ununterbrochen der Ventilator in Betrieb und zermürbe ihn und seine Familie sowie die anderen Hausbewohner mit entnervender Eintönigkeit. Die Wohnung sei ihnen verleidet. Es müsse Abhilfe geschaffen werden!

Der gequälte G. kommt also zu Ihnen, seinem ständigen Anwalt, und fragt, was man gegen diese Belästigungen tun könne? Was sagen Sie ihm?

Ich sage ihm, daß er die Beseitigung der Störungen verlangen kann, § 906 BGB, § 1004 BGB, beim Mieter § 862 BGB.

Sie werden dann vermutlich mit ihm die einzelnen Beschwerden durchsprechen und sich über die Formulierung der Anträge ihretwegen schlüssig zu werden versuchen
– an welche Anträge wäre zu denken?

Ich würde vor jedem gerichtlichen Schritt erst einmal den störenden Nachbar auffordern, die Belästigungen abzustellen,

---

[1] Wahre Fundgruben an praktischen Beispielen aus der Judikatur bieten Meisner-Stern-Hodes, Nachbarrecht im Bundesgebiet (außer Bayern) und West-Berlin, 5./1970, § 16 II 2, FN 15; Glaser-Dröschel, Das Nachbarrecht in der Praxis, 3./1971, S. 571 und Glaser, Das Nachbarrecht in der Rechtsprechung, 2./1973, S. 519. Übersicht über das ISchG von Schwerdtfeger in NJW 1974, 777. Nach Drucklegung erschien *Baur's* Arbeit über die privatrechtlichen Auswirkungen des Gesetzes JZ 1974, 657.

III. Lärmschutz durch Zivilprozeß 59

und wenn dieser Störer etwa nur Besitzer, z. B. Pächter der Räume des Nachbargrundstücks sein sollte, zugleich dessen Eigentümer, auffordern, für Abstellung zu sorgen.

Sehr gut, Sie müssen auf jeden Fall das Kostenrisiko Ihres Mandanten aus § 93 ZPO ausschalten; es könnte ja auch sein, daß jener selbst schon eingesehen hat, daß hier etwas geschehen müsse, um die Nachbarn nicht weiter zu belästigen – vielleicht hat ihm schon ein anderer Nachbar deswegen geschrieben, möglicherweise ist er schon mit einem Fachmann im Gespräch, der ihm bei der Entschärfung der Situation helfen könnte.

Wegen eines etwaigen Anspruches auf Unterlassung wäre es ja ebenfalls wichtig zu wissen, ob der Störer sich im Rechte glaubt oder ob er einsieht, daß das nicht der Fall ist!

Auch das ist richtig. Denken wir also zunächst noch nicht ans Formulieren, sondern warten wir die Antworten ab! Nehmen wir an, der Störer lehnt rundweg ab; er meint, die Geräusche aus seinem Betriebe seien a) erträglich und b), falls nicht, so doch nicht zu mildern ...

Nun würde man wohl klagen müssen?

So ohne weiteres? In's Blaue hinein?

Ich könnte mir vorstellen, daß ich erst einmal zu meinem Mandanten ginge und mir einen eigenen Eindruck von den Verhältnissen verschaffte, vielleicht sogar wiederholt ...

Sehr richtig! Meine Damen und Herren, das gehört so selbstverständlich zur Vorbereitung des Anwalts, daß man es kaum zu erwähnen brauchte. Selbstverständlich gehen Sie hin und überzeugen sich selbst! Und Sie werden oft genug staunen, was Sie finden! Oft drängt sich hierbei schon der Eindruck auf, daß Ihr Mandant doch wohl übertreibe, daß das Gewicht seiner Beschwerden schwerlich wird voll nachgewiesen werden können, u. dgl. mehr. Nehmen wir an, in unserem Falle finden Sie seine Eindrücke bestätigt, was tun Sie?

Jetzt kann man doch wohl klagen ...?

Ich war vorsichtiger!

Man könnte daran denken, sich auch noch sachverständig beraten zu lassen ...

Jawohl, das ist es! Versetzen Sie sich doch einmal in die Lage des Gerichts, bei dem Sie die Sache anhängig machen – es wird natürlich ebenfalls herkommen und sich den angeblichen Lärm anhören. Im Urteil wird es sich aber kaum damit begnügen können, etwa zu sagen, es selbst habe die Geräusche als unerträglich empfunden, es muß mehr geben, wenn möglich objektiv nachprüfbare, aussagekräftige Zahlen. Und wenn Sie sich nun erinnern, daß wir dazu heute in der Lage sind, daß Geräusche gemessen, ihre Wirkungen ermittelt, die Grenzen der Verträglichkeit festgestellt werden können, so müssen Sie sich entschließen, möglichst auch solches Material zu bekommen. **Wir müssen die Wissenschaft, die Technik in den Dienst der Rechtspflege stellen, in den Schutz des Menschen gegenüber ebendieser Technik.**

An wen wendet man sich da?

Ich habe mir zunächst gesagt, daß auf jeden Fall das unerträglich sei, was vom medizinischen Standpunkt aus, vom Standpunkt des Ohrenarztes, schädlich sei. Ist man soweit, denkt man natürlich an § 823 BGB, der auch unsere Gesundheit schützt, und rechnet damit, in der Auslegung dieser Bestimmung vielleicht etwas über diese medizinische Frage zu finden. Ich habe den Weg als praktisch befunden, solche juristischen Fachblätter zu befragen, die wegen der Häufigkeit ihres Erscheinens genügend Raum haben, sich gründlich mit neuen Problemen zu beschäftigen, wie etwa die NJW, und wenn es sich um Probleme handelt, die von wirtschaftlicher Bedeutung sind, den Betriebsberater. Sie haben, um es vorwegzunehmen, auch hier geholfen. Aber zunächst wollen wir einmal versuchen, der Probleme auch ohne solche Krücken Herr zu werden, aus dem Sinn und dem Wortlaut des Gesetzes.

Es muß natürlich nicht erst ein Gesundheitsschaden eingetreten sein oder bevorstehen, ehe man sich wehren darf. Es muß eine Schwelle geben, deren Überschreitung auch ohne Gesundheitsgefahr den Lärm als unerträglich einstufen läßt.

Wozu betreiben Sie diesen großen Aufwand?

Die Frage müßten Sie selbst beantworten können!

Aus Kostengründen?

Gewiß, einmal denke ich an die Prozeßkosten, die meinen Mandanten treffen, wenn ich die Klage nicht sorgfältig vorbereite. Zum anderen denke ich an die Kosten, die u. U. der Gegner aufwenden muß, um unseren Wünschen gerecht zu werden, und die ...

> *so beträchtlich sein können, daß man sie als wirtschaftlich unzumutbar bezeichnen müßte, so daß unser Mandant Beseitigung der Störungen überhaupt nicht fordern könnte, sondern allenfalls einen Geldausgleich.*

Sie haben es selbst gefunden – unser Anspruch kann von der Frage dieser Kosten beeinflußt sein, daher gehört eine Prüfung des Kostenpunktes eben zur Klagevorbereitung, und in dieser Frage der technisch

III. Lärmschutz durch Zivilprozeß 61

möglichen und wirtschaftlich zumutbaren Entstörungsmaßnahmen sind wir nicht sachverständig.[1] Merken Sie sich auch jetzt schon vor, daß wir an den Kostenpunkt auch im Zusammenhang mit der Streitwertbemessung und bei der Frage nach der sachlichen Zuständigkeit zu denken haben werden!
Jetzt könnte uns vielleicht jemand unsere Klageanträge geben ...

> *Ich würde mich so wörtlich wie möglich an den Wortlaut des Gesetzes halten, also bei einer behördlich genehmigten Anlage an § 14 IschG, sonst an § 906 i. V. m. § 1004 BGB, würde also beantragen, den Beklagten zu verurteilen, bei § 14 IschG –:*
> *Vorkehrungen zu treffen, die die benachteiligenden Wirkungen des durch seinen Betrieb erzeugten Lärms ausschließen;*
> *– im Fall des § 906 BGB –:*
> *den mit seinem Betriebe verbundenen Lärm auf ein für den Kläger erträgliches Maß zurückzuführen –*
> *oder*
> *die Zuführung von mit seinem Betriebe verbundenem Lärm insoweit zu unterlassen, als er das für den Kläger zumutbare Maß übersteigt.*

... alles natürlich mit dem Zusatz: „auf seine Kosten", also auf Kosten des Beklagten ...

> *Sind Wiederholungen zu befürchten, sollte man, sofern es nicht schon im Hauptantrag enthalten ist, den Unterlassungsantrag anfügen. ...*

... mit Strafandrohung, § 891 ZPO!
Nun ist das alles aber doch sehr unbestimmt! Kann man denn einen solchen Antrag stellen, der ja beinahe gar nichts besagt und als Urteilsformel alles der Zwangsvollstreckung überläßt? Denken Sie an § 253 ZPO, bestimmter Antrag!

> *Es geht nicht genauer! Denn dem Beklagten muß die Wahl der Mittel überlassen bleiben, er schuldet nur den Erfolg, das Aufhören der Belästigungen. Er muß die notwendigen Maßnahmen ja auch bezahlen! Was zu tun ist, kann überdies unterschiedlich sein, dem Gesetzgeber kann man nicht zumuten, sich da von vornherein auf konkrete Anordnungen festzulegen ...*

Schön und gut, aber hier haben wir doch einen ganz konkreten Fall zu beurteilen, und das sollte doch mit genaueren Anordnungen geschehen können?

---
[1] Darüber, ob Kosten eines Privatgutachtens erstattungsfähig sein können, siehe Prozeßhilfen, 3. Aufl., S. 239.

> *Gleichwohl – der Beklagte behält die Wahl, und nur dann könnte man ihm eine ganz bestimmte Maßnahme vorschreiben, wenn es einfach keine andere gäbe, was wir nicht sachverständig bejahen könnten.*

So wird denn also nach dem Prozeß ein neuer Streit über das Wie? entbrennen, und den müßten die Zwangsvollstreckungsinstanzen entscheiden . . . ?

> *Ja – es ist nicht zu ändern.*

Nun, es scheint, Sie haben recht, und meine Entrüstung wäre als pädagogisch motiviert einzuordnen. Sie befinden sich in bester Gesellschaft – schon das frühere Reichsgericht hat ausgesprochen – ich zitiere aus Bd. 40, S. 182 ff. ein Urteil v. 19. 11. 1897:

> Der störende Nachbar kann danach auf Unterlassung übermäßiger Immissionen verklagt werden, und der Richter kann in solcher Fassung verurteilen, obwohl darin . . . eine große Unbestimmtheit liegt. Diese im Urteil zu beseitigen, ist jedoch nicht möglich . . .

Einem Urteil v. 28. 2. 1900 – Bd. 45, S. 297 ff. – verdanken wir weitere wertvolle Hinweise: Es prüft, welche Ansprüche gegeben seien, wenn die Störungen von dem Betriebe eines Mieters im Nachbargrundstück ausgehen, in diesem Fall war es eine Dampfwäscherei, und in Übereinstimmung mit dem KG hat es den Mieter/Wäschereibesitzer

> verurteilt, den mit seinem Betriebe verbundenen Lärm durch entsprechende Einrichtungen auf ein erträgliches Maß zurückzuführen... und dem Kläger den erwachsenen und den in Zukunft entstehenden, besonders zu ermittelnden Schaden zu ersetzen.

> *Mir fällt auf, daß das RG in diesen beiden Urteilen recht sorglos in der Tenorierung ist – einmal sollen Immissionen unterbleiben – also ZV nach § 890, und ins Urteil gehörte die Strafandrohung,*
> *zum anderen soll eine Immission auf ein erträgliches Maß zurückgeführt werden durch irgendwelche Vorkehrungen (RG sagt sogar durch „entsprechende" Vorkehrungen, als ob andere infrage kämen!), d. h. Vollstreckung nach § 887 oder vielleicht 888. Im Kern ist aber auch dies das Gebot einer Unterlassung, es soll unterlassen werden, mehr Lärm als erträglich zu veranstalten. Ich denke dabei an das, was wir früher bei Behandlung des Falles mit der zu liefernden Heizung (nicht unter 20°) erörtert haben.*[1]

Sie haben ganz recht, diese Dinge genau zu nehmen. Die reichsgerichtlichen Erkenntnisse sind aber doch ein wenig passés, wie wir noch sehen werden, so daß wir Ihre Kritik einstweilen für uns behalten wollen. Ich muß Ihnen noch sagen, daß das RG in der soeben genannten Sache

---
[1] oben S. 18

III. Lärmschutz durch Zivilprozeß

die Klage gegen den nachbarlichen Grundeigentümer abgewiesen hat, da er nicht „Störer" gewesen sei. So hätten es schon die alten römischen Rechtsquellen gehalten, der Eigentümer könne allenfalls auf Duldung der Beseitigung der Störungen belangt werden. Und auf Schadensersatz könne er nur in Anspruch genommen werden bei Feststellung eines Verschuldens.

> *Als Ihr Schüler kann ich mich trotz allem mit einem so unbestimmten Klageantrage nicht abfinden, auch wenn ihn das RG vor 80 Jahren unbeanstandet gelassen hat. Schließlich war man damals nicht so weit. Ich suche eine Möglichkeit, die Sache sicherer zu machen...*

Das kann man nur billigen. Es macht ja einen der großen Reize des Verfahrensrechts aus, solchen Gesichtspunkten zur Entfaltung zu verhelfen. Wie also würden Sie „die Sache sicherer machen" – was doch wohl heißen soll, daß Sie einen präziseren Antrag und damit auch präzisere Urteilsformeln suchen?

> *Ich glaube, man sollte die sorgfältige Vorarbeit für die Klage, die Sie lehren, noch mehr nützen, und man kann sie gewiß auch für mein Anliegen nützen. Die Klage muß doch begründet werden, und diese Begründung wird sich an die gutachtlichen Äußerungen halten, die wir uns beschafft haben. Wenn es da nun etwa heißt, daß ein Geräusch wie dasjenige beim Abladen der Lieferwagen eine Phonzahl von 50 übersteigt; wenn wir wissen, daß auf die Dauer etwa einer halben Stunde schon 45 Phon gerade noch erträglich sind, dann können wir doch fordern, daß der Beklagte dafür sorge, nicht mehr als 45 Phon Lautstärke entstehen zu lassen. Das Gericht hätte dies dann ebenso zu formulieren, vielleicht – nein: sicher – sogar in der Urteilsformel, und das wäre dann doch etwas, ganz gewiß besser als der unbestimmte Antrag, der zu früheren Zeiten vielleicht allein möglich war...?*

> *Diesen Vorschlag des Kollegen halte auch ich für gut. Mit solcher Urteilsformel würde man doch den Streit, der sich bei Vollstreckung des Urteils ergeben könnte, ganz wesentlich einengen.*

Beide Bemerkungen gefallen mir sehr. Schon das RG stellt ja auf das ab, was „möglich" ist, das war damals wenig oder nichts, kann jetzt aber bei unserem Stand der Technik eben viel mehr sein – und muß dann auch mehr sein: § 253 ZPO!
Vielleicht könnten wir jetzt unsere Anträge formulieren?

> *Die Anträge des gestörten Eigentümers oder Besitzers G. gegen den störenden Nachbar könnten lauten auf Verurteilung des Beklagten dahin*
>
> > *daß er auf seine Kosten Vorkehrungen treffe, die verhindern, daß*

> a) *das Entladen der Lieferwagen für seinen Betrieb und*
> b) *der bei laufendem Ventilator entstehende Lärm*
>   *am Tage nicht mehr als 55,*
>   *bei Nacht nicht mehr als 45 Phon*
> *erreicht;*

Kein Duldungsantrag für die Zukunft?

> *Bei der eben gewählten Formulierung wird er entbehrlich sein, denn wenn St. die geforderten „Vorkehrungen" getroffen hat, also z. B. das Entladen der Lieferwagen in eine geschlossene Halle verlegt oder den Ventilator durch technische Eingriffe dämpfen läßt, so wirken diese Maßnahmen ja schon in die Zukunft und machen weitere Vorsorge entbehrlich. Aber je nach Lage der Sache kann auch ein zusätzlicher Unterlassungsantrag oder ein Gebot der Duldung erforderlich sein.*

Ist der Beklagte Mieter oder Pächter im Nachbarhaus, und hat dessen Eigentümer unsere Aufforderung abgelehnt,

> *so wäre gegen diesen zweiten Beklagten auch der Duldungsantrag angebracht,*
> *ihn zu verurteilen, bei Vermeidung von Geld- oder Haftstrafe für den Fall der Zuwiderhandlung zu dulden, daß der Beklagte zu 1) die ihm auferlegten Vorkehrungen durchführt.*

Es ist immer interessant, ein selbst erarbeitetes Ergebnis an hand von Erkenntnissen anderer nachzuprüfen, wir wollen daher einmal in den genannten Fundgruben graben. Da findet sich manches Interessante, wir mögen greifen, wohin wir wollen, immer ist es ein Griff ins volle Menschenleben. Es wird sich uns bestätigen, daß unsere Ergebnisse, entwickelt aus den Grundsätzen und Zwecken des Zivilprozesses, den Notwendigkeiten und den Möglichkeiten unserer heutigen Technik durchaus angepaßt sind. Der Zivilprozeß, bewußt als Form zur Meisterung privater Differenzen mit dem Ziel der Gerechtigkeit angelegt, bewährt sich eben durchaus, und nur Unwissende schreien beständig nach „Reformen". Ich möchte vorweg zusammenfassen, was die folgenden Berichte uns lehren und bestätigen:

1. Das Gebot gründlicher Vorbereitung auf dem Gebiet der Tatsachen. Bemühung von Sachverständigen. Das alles trägt bis in die Zwangsvollstreckung Frucht.

2. Der technische Fortschritt im Erfassen, Bewerten und Regulieren von Geräuschen und Lärm erlaubt die präzise Fassung von Klageanträgen und Urteilsformeln, – und diese ist daher angesichts der Forderung des § 253 II 2 ZPO auch **zwingend geboten!**

Der Vollstreckung wird dadurch ein breiter Spielraum der Unsicherheit und Ungewißheit und damit das Feld zu endlosen Auseinandersetzungen und Beweisaufnahmen genommen.

Ich wähle Beispiele aus verschiedenen Ebenen der Rechtspraxis, wodurch Sie nebenher erkennen, in wie vielfältiger Weise Lärm heute schon ein Rechtsproblem ist und von uns Juristen bewältigt werden muß. Beginnen wir mit einem Fall aus dem Verwaltungsrecht!

A.

Das OVG Münster untersucht – JZ 1961, 758 – die Frage wann Belästigungen durch den Lärm einer Schankwirtschaft erheblich sind und Auflagen an den Wirt aus § 11 GastStGes. rechtfertigen. Der Oberstadtdirektor hatte ihm aufgegeben, einen der Ventilatoren

„so abzuändern, daß er geräuscharm arbeitet",

und das erachtet das OVG als zu unbestimmt und daher rechtswidrig! Ich meine, das ist für unser Bemühen um bestimmte Klageanträge im Prozeß eine ganz starke Unterstützung, wenn sie auch meiner Meinung nach schon ein wenig zu streng ist. Denn was „geräuscharm" ist, würde ich gar nicht einmal als derart unbestimmt bezeichnen, daß ich nicht wüßte, was ich darunter in praxi zu begreifen hätte. Aber, immerhin – OVG Münster hält streng an rechtsstaatlicher Prägnanz fest, und dem kann man nur beitreten. Es hat jedoch noch weitere Verdienste – so macht es, soweit ich sehe: erstmals, darauf aufmerksam, daß ein Arbeitsausschuß beim VDI ausgedehnte Untersuchungen geführt und abgeschlossen hat, die in Richtlinien für die Bekämpfung von Lärm niedergelegt sind.[1] Dort werden DIN-phon-Zahlen gegeben, die Lautstärken klassifizieren, Zahlen, die uns auch Auskunft darüber geben, welche Lautstärken erträglich und welche es nicht mehr sind. Und folgerichtig meint das OVG denn auch, der Oberstadtdirektor hätte in seiner Ordnungsverfügung

„angeben müssen, welche Phon-Zahlen die Geräusche des Ventilators nicht übersteigen dürfen".

Mir scheint, das ist ganz das, was wir für den Zivilprozeß erstreben, und man müßte sich wundern, wenn es nicht im Bereich der Ziviljustiz seine Entsprechung finden sollte. Selbst, wenn ich berücksichtige, daß Elan, Elastizität nicht Sache der Justiz sind.

Das OVG spricht von dem „Störpegel", und diesen Begriff wollen wir der Kürze halber übernehmen.

---

[1] Darüber, was inzwischen alles an derartigen Richtlinien u. Anleitungen ergangen ist, erhält man einen Überblick in § 66 ImmSchG 1974, der die einstw. weitergeltenden Techn. Anleitungen aufführt.

B.

Anders ein Urteil des AG Bielefeld, BB 1961, 354,[1] das einem **Fuhrunternehmer** aufgibt,

> zu unterlassen, auf einem bestimmten Platz in einer Wohngegend zwischen 22 und 7 Uhr Kraftfahrzeuge und andere Beförderungsmittel geräuschvoll zu be- und entladen, Reparaturarbeiten vorzunehmen und Motoren laufen zu lassen.

War dem OVG Münster „geräuscharm" zu unbestimmt und daher geradezu „rechtswidrig", so kann „geräuschvoll" nicht besser sein, taugt als Urteilsformel also ebensoviel. Das AG hat sicher den guten Willen gehabt, den Nachbarn den ungestörten Schlaf zu gewährleisten, aber es hat zuwenig nach dem geeigneten Mittel gefragt. Denn nachts ist störend schon vieles, was am Tage im allgemeinen Lärm untergeht, und wie wir noch sehen werden, ist schon normale Sprache bei Nacht störend laut. Das AG hätte also präziser sein müssen.

Wieso war hier überhaupt ein Amtsgericht gefragt?

Das kann ich Ihnen auch nicht erklären. Jedenfalls scheint mir der Umstand, daß hier ein Amtsgericht einen so bedenklichen Fehler gemacht hat, ein Beweis mehr für die Tatsache zu sein, daß unsere modernen Prozeßreformer mit ihrer Absicht, ein einheitliches Ein-Mann-Eignungsgericht zu etablieren, total verkehrt liegen.

C.

Aber weiter! Im Anschluß an dieses AG-Urteil druckt BB 1961 354 eine weitere Entscheidung des OVG Münster ab, bei der es um einen **Warenautomaten** unmittelbar neben den Schlafräumen benachbarter Mieter geht. Von ihm wurde festgestellt daß er in der Zeit von 22 bis gegen 22,20 Uhr fünfmal betätigt wird, wobei er jedesmal eine Lautstärke von 62 phon entwickelte. Das Gesundheitsamt hatte geäußert, dieses Geräusch sei geeignet den Schlaf zu stören, und auf die Dauer stelle es eine Gefährdung der Gesundheit dar. Demgemäß hatte das Ordnungsamt dem Unternehmer aufgegeben,

> den Automaten zwischen 22 und 7 Uhr außer Betrieb zu setzen,

und das OVG hat dies gebilligt.

> *Interessant, daß hier eine so weitgehende Maßnahme getroffen wurde – es hätte doch vielleicht ausgereicht, wenn angeordnet wurde, das Geräusch auf höchstens 45 phon zu dämpfen!*

---

[1] Auch bei Wiethaup, Rechtsprechung zum Baustellen-, Betriebs- u. Fabriklärm, BB 1963, 1157 (1158 Nr. 10).

Ihr Bedenken ist beachtlich, ich kann es nicht ausräumen, weil die Wiedergabe des Urteils das nicht hergibt.

Zu B und C

bringt nun die Schriftleitung des Betriebsberaters aaO. eine längere Note, in der sie die schon erwähnten **Richtlinien des Arbeitsausschuß für technische Lärmabwehr beim VDI** anspricht. Ihnen entnehmen wir die **Lautstärken-Grenzwerte**, die, am offenen Fenster gemessen, als tragbar zu erachten sind, also den **Störpegel**, der im Interesse des Nachbarn nicht überschritten werden sollte. Und das sind die Werte:

	bei Tage	bei Nacht
	in Phon:	
I. Reines Industriegebiet	65	50
II. Gemischtes Wohn- und Gewerbegebiet	55	45
III. Reines Wohngebiet	50	40.

Am Schluß heißt es: Von medizinischer Seite wird darauf hingewiesen, daß Geräusche mit Lautstärken bis zu 60 phon nur psychische Störungen, bis zu 90 phon physische und vegetative Störungen, über 90 phon zusätzlich auch Ohrschädigungen verursachen können.
Ich glaube, damit hat uns Juristen die Technik ein kräftiges Stück Stoff zur Verfügung gestellt, aus dem wir brauchbare juristische Waffen schmieden können. Freilich wollen wir noch ein wenig mehr wissen. Was ein „phon" ist, wie stark also der Eindruck eines phon auf unser Wohlbefinden ist, möchten wir erfahren, um Vergleichsmöglichkeiten zu haben, die uns ohne große Umstände das vorläufige Urteil ermöglichen: Das ist unerträglich, liegt über dem Pegel! Auch darüber erhalten wir Information:

D.

BB 1963, S. 1238 veröffentlicht eine Gemeinsame Entschließung der **Bayerischen Staatsministerien für Inneres und für Wirtschaft und Verkehr** v. 20. 9. 1963, in der u. a. gesagt wird,

> ungebührliche Erregung ruhestörenden Lärms (§ 360 Nr. 11 StGB) könnten sein ... Tagesarbeiten zur Nachtzeit, Hämmern bei offenen Türen und Fenstern, das Dulden ständigen übermäßigen Bellens eines Hundes, der lautstarke Betrieb von Lautsprechern am offenen Fenster, ... der für andere lästige Betrieb eines Kofferradios ...

In Fußnoten erfahren wir die erwünschten **Vergleichszahlen**:

10– 30 phon	haben das Blätterrauschen bei geringem Wind und die Flüstersprache,
30– 60 phon	die normale Sprache
50– 70 phon	Straßenlärm bei geringem Verkehr
60– 80 phon	Fahrzeuginnengeräusche
70– 90 phon	Kfz-Geräusche und Großstadtverkehr
80–100 phon	Werkstattlärm, usw.

In der Gegenüberstellung dieser beiden Tafeln gewinnen wir eine weit zuverlässigere Grundlage für die rechtliche Beurteilung, als sie unseren Vätern zur Verfügung stand. Sie erlaubt und die Folgerung, daß

Geräusche, die 45 phon überschreiten, im gemischten Wohn- und Gewerbegebiet nachts untragbar und daher zu verbieten sind, ...
und 45 phon kann die Stärke normaler Sprache sein!

Jawohl! Wird Ihnen jetzt nicht alles viel klarer oder – um beim Gehör zu bleiben – viel verständlicher, geradezu hörbar?

E.

Ich sagte schon, es hätte uns erstaunen müssen, wenn dieser Fortschritt in der technischen Bewältigung des Lärms nicht auch Niederschlag in der Judikatur gefunden hätte. Ein Urteil des **LG Dortmund** – MDR 1962, 306[1] – rechtfertigt unsere Zuversicht. Es verbietet einem **Bäckermeister**, dem Grundstück seines Nachbarn Geräusche zuzuführen,

insoweit, als diese Geräusche die in den VDI-Richtlinien 2058 II angegebenen Höchstwerte, d. h. am Tage 45 DIN-phon, nachts 30 DIN-phon, überschreiten.

Natürlich wäre die Formel knapper zu fassen gewesen – die Wörter „die in den VDI-Richtlinien 2058 II angegebenen Höchstwerte, d. h." – diese Wörter hätten fehlen können, sie sind schon die Begründung der Formel. Aber wir wollen nicht beckmessern.

F.

Bisher haben wir uns in verhältnismäßig kleinen Kreisen umgesehen, gewissermaßen in der Kleinen Lärmkriminalität, nun wollen wir zum Abschluß aber einmal höher greifen. Ich wähle den Fall des **BGH** in NJW 1962, 1343 = MDR 1962, 727 –, der zu diesen grundsätzlichen Äußerungen des Gerichts geführt hat:

---

[1] Bei Wiethaup, aaO, 1158 Nr. 4.

III. Lärmschutz durch Zivilprozeß

Der durch Abbrucharbeiten in einer Großstadt infolge Einsatzes von Preßlufthämmern und Räumbaggern verursachte Lärm ist innerhalb beschränkter Zeiträume, nämlich während der notwendigen Dauer der Arbeiten „ortsüblich" i. S. v. § 906 BGB. Dies gilt jedoch nur insoweit, als die Abbrucharbeiten unter Beachtung wirtschaftlich zumutbarer den Interessen der Nachbarn dienender Einschränkungen und Lärmbekämpfungsmaßnahmen ausgeführt werden.

In diesem Fall war Klägerin die Mieterin in dem Grundstück des gestörten Eigentümers und selbst in dem Umsatz ihres Unternehmens, einem Handel mit Klavieren und Flügeln, beträchtlich betroffen durch den gewaltigen Lärm, der die Kunden fernhielt und die Verkaufsinteressenten störte, die die Instrumente nicht erproben konnten. Der BGH bemerkt nebenbei, für den Mieter und Pächter des gestörten Grundstücks gelte § 906 entsprechend, und erachtete den Schadensersatzanspruch aus § 823 i. V. m. § 862 BGB für schlüssig. Die Klägerin hatte schon selbst phon-Messungen durchführen lassen, die 91 phon ergeben hatten. Das OLG war der Ansicht, sie habe diesen Lärm dulden müssen, er sei nun einmal mit dem Wiederaufbau einer Geschäftsstraße in einer Großstadt verbunden. BGH rügt, daß das Berufungsgericht die Prüfung der Frage unterlassen habe, ob die Beklagte alle geschuldete Rücksicht auf die Umgebung geübt habe? In dieser Richtung hatte die Klägerin vorgetragen, sie sei wiederholt an die Beklagte wegen Abhilfe herangetreten, aber völlig erfolglos, die Beklagte beriefe sich kurzerhand darauf, daß sie mit den Arbeiten eine bedeutende und renommierte Spezialfirma betraut habe. Im Augenblick werde der Klägerin gegenüber ein anderer Großbau ausgeführt, ohne daß sie sich auch nur eine Stunde habe gestört fühlen müssen, es sei also möglich, die Nachbarschaft zu schonen. BGH meint, allein schon die ungewöhnlich hohe Phon-Zahl hätte das OLG zu Nachprüfungen veranlassen müssen, notfalls unter Hilfe eines Sachverständigen. Schließlich war von der Klage vorgetragen worden, daß der Kompressor für die verschiedenen Preßlufthämmer an einer für die Klägerin besonders ungünstigen Stelle postiert worden sei – man wisse doch aber, daß insoweit auch eine nur geringfügige Ortsveränderung schon zu auffälliger Dämpfung der Lautstärke für die Umgebung führe.

Das alles sind, so meine ich, Töne, die wir gern hören. Wir, d. h. alle, die meinen, daß der Rechtsstaat mehr ist als nur ein Wort; die vielmehr glauben, daß er sich erst in der Fähigkeit seiner Gerichte erweise, Recht nicht nur zu verkünden, sondern auch durchzusetzen. In der Fähigkeit, ein Prozeßrecht auszuformen und Richter auszubilden, die elastisch und wirkungsvoll genug sind, der rasenden technischen Entwicklung zu folgen und den Mitmenschen notfalls vor ihr zu schützen.

Jetzt sollten Sie die Anträge für Herrn G (S. 58) formulieren können. ...

> *Bitte noch einen Augenblick Frist. Mich stört noch eine Unebenheit die wir auch schon gegenüber den beiden alten RG-Urteilen angesprochen haben:*
> *Schuldet der Störer nun eigentlich „Vorkehrungen", also sachliche, stoffliche Eingriffe in seinen Betrieb, ein Tun das notfalls nach § 887 oder § 888 ZPO durchzusetzen wäre? Entspricht er einem solchen Urteil, wenn er sich z. B. darauf beschränkt, den LKW-Fahrern zu sagen, sie müßten sich beim Ausladen morgens leise verhalten, ihren Rundfunkapparat abstellen, nicht mit den Kisten poltern usw., – oder muß er mehr tun?*
> *Oder schuldet er nur ein Unterlassen, nämlich das Unterlassen übermäßigen Lärms, erzwingbar mit Strafen, die schon das Urteil anzudrohen hätte, § 890 ZPO?*
> *Ich denke an das, was wir in dem Fall des Mieters erörtert haben, der eine regelmäßige Zimmertemperatur von 20° Celsius mit Zivilprozeß zu erreichen suchte – da fanden wir doch auch als praktischste Form das Gebot einer Unterlassung, nämlich zu unterlassen, daß die Temperatur auf weniger als 20° absänke. Ich meine, so müßte es auch hier sein.*

Ich kann das alles nur mit Freude und mit Zustimmung hören. Es beweist mit, daß meine unentwegte Mahnung, bei der Klagevorbereitung schon die Zwangsvollstreckung vorzubedenken, Erfolge zeitigt. In der konkreten Sache möchte ich es mit dem Unterlassungsanspruch und -urteil halten. Und § 906 scheint mir dafür zu sprechen, denn er sagt doch expressis verbis, was der Nachbar „nicht verbieten" könne, der andere also nicht zu unterlassen habe, und daraus folgt auch das Gegenteil, nämlich dasjenige, was er unterlassen muß. Wie man sich aber auch entscheidet, man hat gute prozeßrechtliche Arbeit geleistet allein schon durch die Prüfung der Frage überhaupt.

Daher nunmehr endlich unsere **Anträge** gegen St:

> *Der Beklagte möge verurteilt werden, es bei Vermeidung von Geld- oder Haftstrafe für jeden Fall der Zuwiderhandlung zu unterlassen, dem von dem Kläger genutzten Grundstück beim Ent- und Beladen der Lieferwagen und beim Betriebe des Ventilators Geräusche von mehr als 55 phon am Tage und von 45 nachts zuzuführen.*

Einverstanden – vielleicht wäre sprachlich glatter die Wendung

dem Beklagten wird ... die Zuführung von Geräuschen verboten, die ... überschreiten.

Aber das ist Geschmackssache.

III. Lärmschutz durch Zivilprozeß

Und nun zum Abschluß dieser Vorarbeit für unseren Mandanten ein Grundsatz, den wir ebenfalls dem BGH danken und der allen vom Lärm der Zeit Geplagten Trost gibt:
Ein Fortschritt in der Entwicklung hat sich heute nicht in der Lärmentfaltung, sondern in der Schalldämpfung zu erweisen.
Sie wissen, wie ich zu den sogen. progressiven Juristen stehe, die alles „reformieren" wollen, weil sie nichts wissen und nichts verstehen. Mir sind Slogans wie der von der zu mehrenden „Transparenz der Justiz", der „Durchschaubarkeit der Rechtspflege" gräulich und verdächtig. Es ist, als wollten jene Barbaren im Zeitalter der Atomtechnik und der Weltraumflüge zur Elle als Maßstab zurückkehren, bzw. dies den Juristen für ihre Aufgaben ansinnen. Unser Pendant zu jenem Richtsatz des BGH kann nur sein:
Der Fortschritt der Rechtspflege kann und muß sich in immer feineren Methoden der Tatsachenfeststellung und in beständig sicherer werdenden Maßstäben dokumentieren!
Es bleiben uns einige technische Randbemerkungen. Welchen **Streitwert** legen wir der Klage zugrunde?

> *Das Interesse des G. zielt auf seine Nachtruhe und seine Ungestörtheit bei Tage. Das sind nicht-vermögensrechtliche Interessen. Indessen wird man nicht außer acht lassen können, welche finanziellen Vorkehrungen der St. auf sich nehmen muß, wenn er den Prozeß verliert. Ich würde meinen, daß § 14 GKG anzuwenden wäre, Wert also grundsätzlich 3000.– DM., daß aber genau geprüft werden muß, ob nicht Umstände vorliegen, die davon abzuweichen zwingen – der Rahmen dafür beträgt 500.– DM bis zu 1 Million.*

Prüfen Sie das also bitte!

> *Ich meine, der Antrag wegen des Lärms der Lieferwagen nachts ist mit 3000.– DM ausreichend bewertet,*
> *den Wert hinsichtlich des Ventilators würde ich vielleicht mit 1500.– DM als ausreichend beziffert ansehen.*

Wir lassen uns also von G. den Vorschuß geben, von dem wir die gerichtliche Prozeßgebühr zahlen, und reichen dann die Klage ein – wo?

> *Beim Landgericht, das für nicht-vermögensrechtliche Ansprüche ausschließlich zuständig ist – § 71 GVG, § 40 ZPO.*

Die Zwangsvollstreckung ...

> *richtet sich nach § 890 ZPO. Handelt St. nach Zustellung des Urteils nebst der Strafandrohung zuwider, so richten wir an die Kammer des Landgerichts, die das Urteil erlassen hat, den Antrag auf Bestrafung.*

Dazu müssen wir

die Zuwiderhandlung beweisen.

Und das könnte doch eine Schwierigkeit sein!?

Ja, in der Tat! Ich wollte auch schon lange fragen: Wer tut uns eigentlich den Gefallen, sachverständig zu ermitteln, wieviel Phon der Lärm des St. erreicht?

Auch dafür gibt es genügend Informationen!
Es gibt z. B. den Deutschen Arbeitsring für Lärmbekämpfung in Düsseldorf mit Vertrauensmännern in vielen Großstädten.[1] Es gibt die Polizei. Es gibt Ingenieure. Es gibt Firmen, die helfen – sehen Sie z. B. einmal ins Branchen-Telefonbuch bei „Akustik" oder „Lärmbekämpfung" oder „Lärmschutzfenstern", kurz, es gibt viele Stellen, die Sie einspannen können.
Es gibt aber vor allem das vorzügliche „Handbuch des Lärmschutzes und der Luftreinhaltung" von Gossrau/Stephany/Conrad/Dürre im Verlag Erich Schmidt, 1969 – zwar leider unhandlich infolge der unglaublichen Masse an Vorschriften, die zwölf Gesetzgeber auf diesem Gebiet in wenigen Jahren produziert haben, aber erschöpfend. Über dieses Werk muß ich ein paar Worte sagen: Während der 1. Band die erwähnten Vorschriften bringt, finden Sie im 2. das Spezielle Immissionsschutzrecht, die Richtlinien des VDI, Judikatur (darunter in den Nummern 58100 bis 58122 solche von Zivilgerichten) und einen Anhang: Lärmbeurteilung und Lärm als soziologisches Problem.
Im 1. Band ist u. a. die Allgemeine Verwaltungsvorschrift der Bundesregierung über genehmigungsbedürftige Anlagen nach § 16 der Gewerbeordnung v. 16. Juli 1968 wiedergegeben, die Technische Anleitung zum Schutz gegen Lärm (TA Lärm), die den sogen. „Schallpegel" definiert und den „Schallpegelmesser" beschreibt und also eine der fachlich-technischen Grundlagen auch für die juristische Beurteilung der Tatbestände bereitstellt. Sie definiert übrigens den Schallpegel als den

„mit der Frequenzbewertungskurve A nach DIN 45633 bewerteten Schallpegel in dB (A)".

---

[1] Hier die Telefonnummern: Düsseldorf 81015; Frankfurt/M. 775062; Hamburg 660764; Koblenz 36405; Krefeld 43934; München 155917; Nürnberg 571768; Solingen 50383; Wuppertal 763250 (nach 17,30 Uhr!); Berlin 3015644. Es ist zu beachten, daß alle diese Mitarbeiter des DAL ehrenamtlich tätig sind und nur telephonische Kurzauskünfte geben können, solche jedoch auch über Gutachter und technische Sachverständige, und damit ist uns ja auch durchaus genügt.
S. ferner ADAC-Motorwelt Heft 8/1974. WELT v. 3. Aug. 1974: *Bernd Lampe:* Für wieviel Dezibel dürfen Kinder im Sandkasten lärmen?

Im 2. Band erfahren wir Einiges über die Wirkungen von Lärm auf den Menschen, über den Stand der medizinischen Forschung, über den Arbeitsring für Lärmbekämpfung, seine Satzung als gemeinnütziger Verein, und schließlich haben wir da Verzeichnisse der internationalen und der inländischen Organisationen, Anstalten, Fachstellen, schließlich fehlen auch nicht die Zentralen Lärmschutzorganisationen und die örtlichen Interessengemeinschaften gegen Lärm.

Fürwahr – wenn es die Masse Papier täte, dürfte es überhaupt keinen Lärm mehr bei uns geben!

Deutsche Perfektion, aber im Einzelfall doch ungemein nützlich!
Wertvoll auch die Entscheidung des BGH, abgedruckt in Nr. 58 116 (v. 29. Juni 1966) über Fabriklärm: Die Messung der Lautstärken in DIN-phon (DIN 5045 „Meßgeräte für Din-Lautstärke" – abgedr. in Nr. 48 059 –) gibt bei der Beurteilung von Lärmabwehransprüchen... einen Anhalt für das Maß und die Eigenart der Empfindung. Der Tatrichter muß sich der Grenzen der Meßgeräte bewußt sein und kann sich außerdem dieser Grenzen letztlich nur auf seine Empfindung verlassen"....

also wieder einmal: Augenschein oder besser: Ohrenschall!

Und das Ergebnis eines solchen eigenen Wahrnehmens durch das Gericht muß die Niederschrift sehr genau wiedergeben!
Zurück zu unserem Handbuch! Ich denke, alle Fragen, die der Einzelfall aufwerfen mag, lassen sich mit seiner Hilfe beantworten. Über Rechtsprobleme bei Anwendung der genannten TA Lärm unterrichtet Wittig in BB 1974, 1047.
Und – um es zu wiederholen – je mehr in dieser Richtung Sie vor der Klage tun, desto sicherer ist der Erfolg später.
Nehmen Sie einmal an, ein Gericht verurteilte nicht wie wir zur Unterlassung, sondern zu „Vorkehrungen" oder gar zu „baulichen Maßnahmen", dann würden wir für einen Antrag auf Grund des § 887 ZPO detaillierte Angaben zumindest über den Kostenpunkt der Maßnahmen benötigen, die wir uns in eigene Regie übertragen lassen wollen, – und die hätten wir dann schon in unseren Akten!

Eine Frage ganz zum Schluß! Ich habe kürzlich etwas über „Dezibel" gelesen, abgekürzt „dB" oder „dB (A)" – was ist das?

Dezibel ist ein internationales Maß. Ich möchte Ihnen das im Zusammenhang erläutern und damit zugleich den wohl neuesten Stand der Wissenschaft mitteilen. In der Zeitschrift Audio – Technik der Firma Bosch, Berlin, Ausgabe 22 vom Dezember 1973, findet sich ein breit angelegter, profunder Aufsatz zweier Wissenschaftler von der Audiologischen Abteilung der Hals-, Nasen- und Ohrenklinik der Universität des Saarlandes in Homburg, der Herren C. J. Partsch und M. Hülse über Lärm am Arbeitsplatz. Aus ihm mögen zwei kurze Absätze unsere Unterhaltung abrunden:

„Eines der vielen wichtigen Teilgebiete des Umweltschutzes ist der Lärm (C. M. Harris: by definition: Noise is unwanted sound). Seine Entstehung ist mit dem technischen Fortschritt verbunden. Die Zunahme der technischen Lärmquellen hat es mit sich gebracht, daß man in den letzten Jahrzehnten auf Schädigungen des Allgemeinbefindens der Industriebevölkerung aufmerksam wurde. Daß Lärm in speziellen Situationen zu Hörschädigungen führt, ist seit langem bekannt. Dieser Tatsache hat bereits 1929 der Gesetzgeber durch die Anerkennung einer Berufskrankheit für hochgradige Hörschäden durch den Lärm Rechnung getragen ...

„Nach dem zweiten Weltkrieg wurde mit Beginn des Wiederaufbaues gemeinsam mit dem VDI, dem Deutschen Arbeitsring für Lärmbekämpfung und dem Bundesministerium für Arbeit an der VDI-Richtlinie 2058 „Beurteilung und Abwehr von Arbeitslärm" gearbeitet und in endgültiger Form im Juli 1960 veröffentlicht. In den Erläuterungen zu dieser Richtlinie sind die Arbeitsergebnisse des Dortmunder Max-Planck-Institutes für Arbeitsphysiologie (Dir. Prof. Lehmann) berücksichtigt.

„1. Lautstärken unter 65 DIN/Phon lösen meist nur psychische Reaktionen aus. Ein Geräusch, das als Belästigung empfunden wird, kann aus dem machtlosen Widerstand des Betroffenen gegenüber dem Geräusch und der Geräuschquelle zu einer Neurose führen. Dann können schon Lautstärken von 50 oder 60 DIN/Phon das Einschlafen oft merklich erschweren.

„2. Bei Lautstärken über 65 DIN/Phon kann es neben den psychischen zu vegetativen Reaktionen kommen, die außerhalb der Psyche ausgelöst werden; sie vergrößern die körperliche und geistige Belastung bei der Arbeit und vermindern den Erholungswert der Ruhepausen.

„3. Bei Lautstärken über 90 DIN/Phon besteht daneben bei jahrelanger Einwirkung über mehrere Stunden am Tage die Gefahr einer Schädigung des Ohres. Bei kurzdauernder Einwirkung vertäuben die Sinneszellen des Innenohres; die Hörfähigkeit kehrt aber nach Stunden oder Tagen zum Ausgangswert zurück.

Langdauernde, meist mehrjährige Einwirkung kann zu bleibender Schwerhörigkeit oder unter Umständen gar zu Taubheit führen. Frequenzen über 1000 Hz haben einen größeren Einfluß auf die Hörfähigkeit als die tiefen Frequenzen. Da die Lärmschwerhörigkeit nicht heilbar ist, muß ihr Entstehen verhindert werden.

„... – Noch ehe der Verkehrslärm durch den Anstieg des Verkehrsaufkommens zu einem großen Problem der Städte wurde, wurden be-

reits Maßnahmen zur Einschränkung des Arbeitslärmes in den Betrieben getroffen. Zwei Gründe standen im Vordergrund: einmal mußten die Arbeitnehmer vor Gesundheitsschädigungen durch den Lärm am Arbeitsplatz geschützt werden, und zum anderen war der von den Betrieben ausgehende, für die Nachbarschaft belästigende und häufig auch gesundheitsschädliche Lärm einzuschränken. Im Falle des Arbeitsschutzes und des Nachbarschaftsschutzes (§§ 16ff. GewO) kann sich die Lärmbekämpfung auf bundesgesetzliche Vorschriften stützen. . . . –
„Im Auftrag der Internationalen Vereinigung gegen den Lärm hat ein ärztliches Sachverständigen-Gremium unter Leitung von Dr. v. Halle-Tischendorf 1966 die „medizinischen Leitsätze zur Lärmbekämpfung" zusammengestellt und neu bearbeitet. Danach ist das Überschreiten folgender Schallpegel nicht wünschenswert:

1. In Schlafräumen generell (bei geöffneten Fenstern) 25 bis 30 dB (A).
2. In Krankenzimmern und Ruheräumen von Kurhotels und Pensionen tagsüber zumindest in den Mittags- und Abendstunden (bei geöffneten Fenstern) 30 bis 40 dB (A).
3. In ärztlichen Untersuchungszimmern 20 bis 30 dB (A).
4. Bei Arbeiten mit dauernder hoher geistiger Konzentration 25 bis 45 dB (A).
5. Bei Arbeiten mit mittlerer Konzentration 50 bis 60 dB (A).
6. Bei sonstigen Arbeiten 50 bis 70 dB (A).
7. In Lärmbetrieben möglichst nicht mehr als 80 dB (A).
8. In Wohnräumen tagsüber 45 dB (A).
9. In Erholungsgebieten, Anlagen und Gärten 30 bis 50 dB (A)."

Nach Mitteilung des DAL – der Herren Dipl. Wiese und RA Dr. Toffert, Düsseldorf, wird heute international allgemein mit dB (A) gemessen, Din-phon scheint überholt (aber ohne sachliche Änderungen, die Maßstäbe und die Lärm-Beurteilung sind nicht anders geworden). Da weder Din-phon, noch dB (A) gesetzliche Maße sind, der Richter ihnen gegenüber selbständig und auf seine Eindrücke angewiesen ist, kann der Unterschied hier in den allgemeinen Betrachtungen zum Erfolg eines Lärmabwehrprozesses auf sich beruhen bleiben.

IV. Rücknahme eines Strafantrages als Prozeßziel

In NJW 1974, S. 900 finden Sie die Entscheidung des BGH, die ausführt, aus einem Prozeßvergleich, in dem ein Teil sich zur Rücknahme eines Strafantrages verpflichtet hat, könne im Zivilrechtsweg auf Erfüllung geklagt werden. Der BGH lehnt die Gegenmeinung, die das wegen

der öffentlich-rechtlichen Herkunft des Strafantrages verneint, also ab. Sei es doch in die Befugnis des Antragstellers gegeben, seinen Antrag zurückzunehmen, und damit sei auch eine Verpflichtung dazu trotz des öffentlich-rechtlichen Charakters eines Strafverfahrens wirksam.
Das ist, möchte ich meinen, beinahe selbstverständlich, und man wundert sich, daß dafür der BGH bemüht werden mußte. Aber mir fällt an der Entscheidung etwas anderes auf, was meinen Sie?

> *Warum soll denn aus einem Prozeßvergleich erst noch geklagt werden, er ist doch selbst schon Vollstreckungstitel!*

In der Tat, das ist es, und leider vermißt man in der Veröffentlichung einen Hinweis des BGH auf dieses Bedenken. Wie vollstreckt man denn einen Vergleich auf eine solche Leistung?

> *Nach § 888 ZPO, mit Beugestrafen.*

Das wollen wir einstweilen stehen lassen, wir kommen darauf zurück. Jedenfalls hätte in dem Fall des BGH, so wie die genannte Veröffentlichung lautet, die Klage ...

> *mangels Rechtsschutzbedürfnisses abgewiesen werden müssen.*

Warum der BGH das nicht getan hat, ist – wie gesagt – nicht erkennbar. Aber nun kommt ein weiteres hinzu. Auf S. 1325 lesen wir die Anmerkungen eines Kollegen *Dieter Meyer* zu dem Urteil des BGH, und er lehnt es ebenfalls ab, und ebenfalls wegen mangelnden Rechtsschutzbedürfnisses, aber aus folgender Erwägung: In dem Prozeßvergleich dokumentiere sich, daß der Strafantragsteller kein Interesse an weiterer Verfolgung des Täters mehr habe, und das müsse dem Strafrichter genügen, um nun seinerseits ein weitere Tätigkeit gegen den Täter einzustellen.

> *Diese Meinung dürfte aber auch wenig Zustimmung finden, denn es ist doch nun mal ein Unterschied, ob jemand einen Antrag zurücknimmt, oder sich nur zur Rücknahme verpflichtet, und ebenso ist es ein Unterschied, ob eine für den Strafrichter bestimmte Erklärung diesem zugeht oder erst einmal im Bereich der Parteien, vor dem Zivilrichter, geäußert wird.*

Sehr richtig – damit kommen wir auf das, was wir einmal an hand von Fällen dieser Art erarbeiten wollen, die brauchbare Fassung von Vollstreckungstiteln dieses Inhalts. Dazu wollen wir aber **einen Fall bilden**, wie er im Leben vorkommt, wo eine Beleidigung oder ähnliches ja nicht isoliert in die Welt tritt sondern Bestandteil eines ganzen Komplexes von Differenzen zu sein pflegt, so daß die ideale prozeßrechtliche

IV. Rücknahme eines Strafantrages als Prozeßziel

Lösung die ist, mit der **alles** erledigt wird, was sich zwischen den Streitenden angesammelt hat. Also etwa diesen:

1. Hausbesitzer H. B. lebt in beständigem Unfrieden mit seinem Mieter U. M., in dessen Verlauf es auch zu Beschimpfungen kommt. U. M. hat Miete gemindert, H. B. nennt ihn einen Betrüger. M. stellt Strafantrag zur Fristwahrung und kündigt Privatklage wegen Beleidigung an. B. antwortet mit Klage auf rückständige Miete.

Dem Amtsrichter gelingt es, die Gegner zu versöhnen. Bestandteil des Prozeßvergleichs soll auch die strafrechtliche Bereinigung sein.
Wie ließe sich das alles brauchbar fassen?

> *Ich schlage vor, so zu formulieren:*
>
> *Die Parteien vergleichen sich zur Erledigung aller Meinungsverschiedenheiten wie folgt:*
>
> *1. Der Kläger – H. B. – nimmt den Ausdruck „Betrüger" gegenüber dem Beklagten – U. M. – zurück.*
> *2. Der Beklagte erklärt daraufhin: Nunmehr verpflichte ich mich, den am ... bei der Staatsanwaltschaft in ... gegen den Kläger gestellten Strafantrag wegen Beleidigung (5 Js. .../...) zurückzunehmen.*
> *3. Der Beklagte erklärt weiterhin: Ich verpflichte mich, an den Kläger 320,– DM nebst 4% Zinsen ab 1. 5. 1974 zu zahlen.*
> *4. Kosten ...*

Ich hätte gern eine optische Verschönerung für den Kläger ...

> *Da die Klage auf Zahlung geht und erst im Verlauf der zivilrechtlichen Unterhaltungen auch die Erledigung der strafrechtlichen Seite ins Gespräch gekommen ist, wäre es wohl angebracht, die Regelung in Nr. 3 als die erste in die Nr. 1 zu bringen. ...*

das reicht mir nicht!

> *Mir auch nicht – der Kläger hat mit der von dem Kollegen vorgeschlagenen Fassung keine Sicherheit, daß der Beklagte nun auch wirklich später bei der StA den Strafantrag zurücknimmt; möglicherweise müßte er diese Nr. 2 des Vergleichs erst vollstrecken, und das hat seine Schwierigkeiten.*
>
> *Er bekommt ja eine vollstreckbare Ausfertigung des Protokolls und kann sie dem Staatsanwalt einreichen!*
>
> *Das hilft ihm doch aber nicht, denn der Staatsanwalt kann dem Protokoll ja auch nur entnehmen, daß M. sich zur Rücknahme des Antrags verpflichtet habe, diese aber eben noch aussteht!*
>
> *Vielleicht könnte man in Nr. 2 noch einen Zusatz einbauen, mit dem M. den B. bevollmächtigt, die Rücknahmeerklärung dem Staatsanwalt ab-*

> zugeben ... dann würde er also, der Kläger, namens des M. erklären, daß dieser durch ihn den Strafantrag zurücknehme.

Vielleicht ein wenig zuviel der Sicherheit, aber keinesfalls zum Schaden der Sache!
Wie sähe also in diesem – einfachen – Fall der Prozeßvergleich vor dem Zivilrichter schließlich aus?

> *Mein Vorschlag:*
>
> 1. *Der Beklagte verpflichtet sich zur Zahlung – wie oben Nr. 3 –;*
>
> 2. *Der Kläger nimmt den Ausdruck „Betrüger" zurück – wie oben Nr. 1 –;*
>
> 3. *Der Beklagte verpflichtet sich, den ... Strafantrag ... zurückzunehmen – wie oben Nr. 2 –*
>   *Er bevollmächtigt hiermit den Kläger, die Rücknahme des genannten Antrages namens des Beklagten der Staatsanwaltschaft gegenüber auszusprechen.*
>
> 4. *Kosten ...*

Gut.

2. Das war ein Fall einfachster Sachlage. Nun komplizieren wir – getreu den Verwicklungen des Lebens. Jetzt soll der Mieter M. der Beleidiger gewesen sein, B. also, der Hausbesitzer, stellt Strafantrag beim Staatsanwalt. Sie sehen den Unterschied –

> im ersten Fall schuldete der Beklagte M. sowohl Miete als auch die Rücknahme des Strafantrages (nach dem Ergebnis, das der Zivilrichter erzielt hatte!)
> hier nun soll es so sein, daß der Kläger beleidigt wurde, der Zivilrichter aber auch hier erreicht, daß der Kläger seinen Strafantrag zurückzunehmen erklärt. Beides aber soll im Verhältnis der Zug-um-Zug-Leistungen stehen!

> *Ich schlage vor:*
>
> 1. *Der Beklagte nimmt den gegen den Kläger erhobenen Vorwurf des Betruges zurück.*
>
> 2. *Er verpflichtet sich, an den Kläger 320,– DM nebst ... zu zahlen, Zug um Zug gegen Aushändigung einer Erklärung des Klägers gegenüber der Staatsanwaltschaft zu ... dahin, daß der Kläger seinen am ... gegen den Beklagten gestellten Strafantrag wegen Beleidigung zurücknehme.*
>
> 3. *Der Kläger verpflichtet sich, den am ... gegen den Beklagten gestellten Strafantrag wegen Beleidigung zurückzunehmen,*

IV. Rücknahme eines Strafantrages als Prozeßziel

Zug um Zug gegen die von dem Beklagten gemäß Nr. 2 zu leistende Zahlung von 320,- DM nebst . . .

4. Der Kläger bevollmächtigt den Beklagten, die ihm gemäß vorstehenden Nrn. 2 oder 3 ausgehändigte Erklärung namens des Klägers der Staatsanwaltschaft einzureichen.

5. Kosten. . . .

Können beide Parteien damit zufrieden sein?

Ich meine ja. Es bleibt vielleicht für den Beklagten die Unebenheit, daß er den Betrugsvorwurf zurücknimmt, ohne schon im Besitze der Rücknahme des Strafantrages zu sein. . .

Dafür hat er ja aber auch einsehen müssen, daß er dem Kläger noch Miete schuldete, die Minderung also wohl unberechtigt war!

Ich bin noch nicht ganz zufrieden, und zwar mit unseren Ergebnissen in beiden Fällen. Zunächst aber muß ich Gelegenheit nehmen, einen wertvollen Ratschlag von *Herbert Arndt* in seinem Werk „Juristische Ausbildung" (3. Aufl. des „Urteils", 1972, S. 86) weiterzugeben. Er schlägt vor, bei Klagen um Willenserklärungen den genauen Wortlaut der gewünschten Erklärung in der Ich-Form im Klageantrag vorzuformulieren, damit er so auch im Urteilstenor wiederkehre. – Alsdann denke ich unentwegt daran, daß in diesen unseren Unterhaltungen immer wieder davon zu hören war, ein Titel mit dem Inhalt: Rücknahme eines Strafantrages sei nach § 888 ZPO zu vollstrecken – stimmt denn das? Mir ist erinnerlich, daß es da eine Sonderbestimmung gibt . . .?

§ 894 ZPO, der Gläubiger braucht gar nicht zu „vollstrecken", die Erklärung gilt mit Rechtskraft des Titels als abgegeben, der Erfolg tritt von selbst ein!

Sagen wir vorsichtshalber besser: sie gilt als vom Schuldner abgegeben, hinzukommen muß auf jeden Fall der Zugang beim Staatsanwalt!

Wie vereinbart man nun beides – oder schließt eines das andere aus?

Wie lautet § 894 wörtlich, soweit er uns hier interessiert?

§ 894 spricht von einem Urteil auf eine Willenserklärung, und sodann zweimal davon, daß es rechtskräftig werden müsse. Das kann sich doch nicht auf Vergleiche beziehen! Bei ihnen gibt es keine „Rechtskraft" im technischen Sinn der ZPO!

Richtig – aber muß man den Begriff hier in jenem technischen Sinne nehmen? Vielleicht läßt sich denken, daß mit dem Wort hier nur das Wirksamwerden schon durch vorläufig vollstreckbaren Titel ausgeschlossen werden soll, der ja ansonsten für jede Zwangsvollstreckung ausreicht. Und „Rechtskraft" in diesem weiten Sinne der Endgültigkeit des Titels ist ja auch gegeben, wenn eine Partei sich in unbedingtem Vergleich zu seiner Leistung verpflichtet.

> *Das Ergebnis wäre, daß sowohl Urteile (nach Eintritt der Rechtskraft), als auch Prozeßvergleiche auf Abgabe einer Willenserklärung (z. B. der Rücknahme eines Strafantrages, einer Privatklage) unter § 894 fielen, eine wertvolle Vereinfachung, für den Gläubiger auch eine bedeutende Verkürzung. Aber dürfen wir so argumentieren?*
>
> *Ich meine: nein! Wir würden dem Gesetz Gewalt antun!*

Meine Damen und Herren, ich habe Sie aus Gründen der Schulung ein wenig irregeleitet. Wir dürfen so nicht argumentieren, wie ich es für wünschenswert erklärt habe, das Gesetz ist dagegen, und die einhellige Auslegung des § 894. Das heißt also,

Urteile auf eine Willenserklärung werden mit Rechtskraft wirksam in dem Sinne, daß die Erklärung als abgegeben gilt,
Prozeßvergleiche auf eine solche Erklärung aber bedürfen der Vollstreckung, die sich nach § 888 vollzieht.

Bei einem Urteil also muß der Gläubiger die Rechtskraft herbeiführen, sich bescheinigen lassen und – bei Zug-um-Zug-Leistung – den Schuldner durch Angebot der Gegenleistung wegen deren Annahme in Verzug setzen;

bei einem ProzVergleich braucht er jedenfalls eine „Rechtskraft" nicht abzuwarten, sondern kann sogleich gem. § 888 vollstrecken..

... also eine Beschleunigung des Weges zum Ziel?

> *und für beide Teile wohl auch sonst die ratsamste Lösung, denn der Schuldner ist nun nicht mehr der Versuchung ausgesetzt, nach dem Termin alles zu bereuen und weiterzustreiten, Rechtsmittel einzulegen. Mit dem Vergleich hat er sich selbst gezwungen, nun alles ruhen zu lassen, als erledigt zu betrachten.*

Hinzukommt, meine Damen und Herren, daß ein Urteil ja doch nicht so praktisch formulieren kann wie die Parteien im Vergleich – die Bevollmächtigung des Gläubigers zur Weitergabe der Rücknahmeerklärung an die StA könnte ein Urteil ja nicht aussprechen.

Halten wir fest:

§ 888 regelt die ZV von Urteilen auf eine nicht-vertretbare Handlung, außer denen auf eine Willenserklärung – diese letzteren gehören unter § 894,

§ 888 regelt auch die ZV von Prozeßvergleichen auf eine nicht-vertretbare Handlung einschließlich derer auf eine Willenserklärung.

IV. Rücknahme eines Strafantrages als Prozeßziel

Was hat der Gläubiger zu tun, um ein **Urteil** dieser Art (mit eigener Zug-um-Zug-Gegenleistung) durchzusetzen?

Er läßt sich das vorl. vollstreckbare Urteil geben und stellt es dem Gegner zu, um die Berufungsfrist in Lauf zu setzen. Nach deren Ablauf läßt er sich die Rechtskraft bescheinigen und sich zugleich die Vollstreckungsklausel für das rechtskräftige Urteil geben.

Wie bekommt er die denn?

Wenn er dem Gericht nachweist, daß er dem Gegner die Gegenleistung – also jene 320.— DM – gezahlt oder doch vergeblich angeboten hat ...

... und diesen Beweis muß er ...

... darf er nur mit öffentlichen oder öffentlich beglaubigten Urkunden führen: § 726 II i. V. m. § 894 I 2.

... und das ist denn nun aber doch eine beträchtliche Umständlichkeit. Wie überwindet man diese Hürden elegant?

Vielleicht könnte der Gläubiger schon im Urteil eine Feststellung erreichen, daß der Schuldner sich im Annahmeverzug wegen der Gegenleistung befinde?

Das würde einem Ratschlag entsprechen, den ich in den Prozeßhilfen (3. Aufl., S. 81/82) gebe.

Des weiteren ist an folgendes zu denken: Der UdG kann den Schuldner zu dem Antrage auf Erteilung der Vollstreckungsklausel hören, § 730, und das wird er immer dann tun, wenn der Antragsteller behauptet, an den Schuldner gezahlt oder ihm die Zahlung doch wirksam angeboten zu haben, ohne daß er dafür die erforderliche öffentliche Urkunde vorlegen kann. Und wenn der Schuldner wahrheitswidrig leugnet, setzt er sich der Klage aus § 731 aus, die er verliert, wenn der andere den Verzug auf andere Weise als durch Urkunden belegen kann. Dem wird sich doch nicht jeder aussetzen. Räumt der Schuldner der Willenserklärung aber das wirksame Angebot der gegnerischen Zahlung ein, so ist auch in diesem Verfahren vor dem UdG ein Nachweis entbehrlich.

Mancher fürchtet keine Kosten und ist unvernünftig hartnäckig...

Das ist dann eben Pech für den anderen Teil und ein Beweis mehr für den Rat, sich sein Gegenüber in jedem Falle genau anzusehen und Beleidigungen zu vermeiden.
Als Letztes bleibt ihm auf jeden Fall die Klage auf die Vollstreckungsklausel, § 731, und es ist nur zu hoffen, daß er sich für das ordnungsgemäße Angebot der Zahlung einen brauchbaren Beweis gesichert hat.

Einverstanden!
Nun muß ich Sie aber davor warnen, sich befriedigt zurückzulehnen. Ich habe noch immer kein rundum gutes Gefühl bei unserem Ergebnis. Im Interesse des beschleunigten Abschlusses unserer Beratung will ich meine Bedenken gleich selbst nennen. Sie kommen zunächst aus dem sachlichen Recht: Die Parteien können angesichts der Vertragsfreiheit natürlich vereinbaren, daß eine von dem einen abzugebende Erklärung im Zug-um-Zug-Abhängigkeitsverhältnis zu einer von dem anderen zu leistenden Zahlung stehen soll, und daher besteht insoweit kein Bedenken gegen den Fall des BGH in NJW und die von uns gebildeten Fälle. Ich kann mir aber nicht denken, daß einmal – ohne solchen Vertrag – allein aus dem Gesetz ein solches Zug-um-Zug-Verhältnis zwischen Zahlung und Rücknahme eines Strafantrages bestehen könnte. Woher soll überhaupt ein Anspruch auf Rücknahme eines Strafantrages kommen? Die Rücknahme ist denkbar bei einer Beleidigung als Widerruf, und auf den kann man natürlich aus dem Gesichtspunkt des Schadensersatzes Anspruch haben. Daß aber der Beleidiger vom Geschmähten fordern könnte, daß dieser seinen Strafantrag, seine Privatklage zurücknehme, das ist aus dem Gesetz nicht zu begründen.
Gegen den Anspruch auf Rücknahme/Widerruf der Beleidigung ist ein Zurückbehaltungsrecht wegen irgendwelcher Gegenleistung nicht gegeben, § 393 BGB. Damit erweist sich unsere Formulierung, die an den Anfang die Rücknahme des Vorwurfs „Betrüger" stellt, nachträglich aus dem Gesetz gerechtfertigt. Übrigens ist es auch im Verständnis der Parteien so richtig – oft erklärt der Beleidigte, bevor man sich zur Besprechung der etwaigen beiderseitigen Forderungen an den Tisch setze, müsse „der Betrüger" aus der Welt. Mir scheint solche Haltung auch als verständlich und nicht unbillig.
Ist also auf diese Weise „der Betrüger" (nebst strafrechtlicher Konsequenz) aus der Welt, sind die sachlichen Bedenken gegen unsere Fälle ausgeschaltet, so steht es schlechter mit denen aus dem Prozeßrecht: Der Anspruch auf Rücknahme eines Strafantrages ist sicherlich ein nichtvermögensrechtlicher, für den

das Landgericht ausschließlich zuständig ist, § 71 GVG, § 40 II ZPO.

Daran müssen wir denken, wenn wir einen solchen Anspruch zusammen mit einem Zahlungsanspruch aufgrund Wohnungsmietvertrag behandeln. Einwandfrei auch in dieser Hinsicht würden unsere Fälle also etwa so aussehen:

beim Amtsgericht Klage auf rückständige Wohnungsmiete (in unbegrenzter Höhe, § 23 GVG), der der Beklagte einen Gegenanspruch dahin entgegensetzt, daß der Kläger dem Telefonbauamt sein Einverständnis mit der Anlage eines Telefons für den Beklagten erkläre;

IV. Rücknahme eines Strafantrages als Prozeßziel

beim Landgericht könnten wir ohne prozessuale Bedenken einen Anspruch auf rückständige Pacht über 1500,- DM spielen lassen, dem der Beklagte jenen Gegenanspruch auf Rücknahme entgegensetzt.

Übrigens gibt es eine Stelle, bei der solche Zweifel von vornherein ausgeschlossen sind, die also alle Ansprüche in jeglicher Höhe behandeln, verhandeln, vergleichen kann, und zwar letzteres in vollstreckbarer Form ...

... *die Öffentlichen Vergleichsstellen, in Hamburg die ÖRA.*

Zu denen, die uns möglicherweise für unsere Vorarbeit dankbar sind, gehören also auch die Damen und Herren dieser Vergleichsstellen, deren Vergleiche § 794 I 1 ZPO nennt.

Der Abrundung halber fügen wir an, daß ein Vergleich vor dem Amtsgericht natürlich auch alle für den Streitfall vor dem Landgericht anzubringenden Ansprüche regeln kann – und umgekehrt. Mit der einfachen Klage um einen der vielen beiderseitigen Ansprüche kann man also die Erledigung aller, des ganzen verfilzten Komplexes, einleiten, und die Juristen sollten die Gelegenheiten dazu nutzen!

Nun sind wir wirklich am Ende. Sie sehen, was der aufmerksame Leser aus der Lektüre einer kurzen Entscheidung zu gewinnen vermag. Da mag vieles sein, was man als ausgesprochen „trocken", als langweilig bezeichnen muß. Für die Betroffenen ist es immer wichtig! Wer unter Ihnen einmal Soldat war, hat gewiß die interessantesten Erinnerungen nicht gerade aus dem Unterricht in Waffenkunde; aber er weiß, wie wertvoll es sein kann, eine Waffe zu beherrschen.

Zweite Abteilung
Grundrechte im Schutze des Zivilprozsses

V. Friedrichsruh 1898

„Die Beklagten, die Photographen W. und Pr. zu Hamburg, drangen in der auf den Tod des Fürsten Otto v. Bismarck[1] folgenden Nacht in Friedrichsruh widerrechtlich gegen den Willen der Kinder des Verstorbenen in das Zimmer ein, in welchem die Leiche desselben ruhte, und machten bei Magnesiumlicht eine photographische Aufnahme von der Leiche und dem sie umgebenden Teile des Zimmers. Auf Klage der Kinder des Verstorbenen wurden die beiden Photographen vom Landgericht zu Hamburg solidarisch verurteilt, darein zu willigen, daß die Negative, Platten, Plattenabzüge, überhaupt sämtliche Reproduktionen oder von ihnen aufgenommene Photographien der Leiche des Fürsten O. v. B. und alles, was dazu gehöre, durch einen von den Klägern zu bestimmenden Gerichtsvollzieher vernichtet werden, und wurde den Beklagten in demselben Urteile verboten, bis zur erfolgten Vernichtung die Negative, Platten, Plattenabzüge oder sonstige Reproduktionen der genannten Photographie in irgendeiner Weise zum Zwecke der Verbreitung der Photographieaufnahme zu benutzen und diese Aufnahme in irgendwelcher Form zu verbreiten oder die Verbreitung anderen zu ermöglichen, bei einer Haftstrafe von sechs Monaten für jeden Fall der Zuwiderhandlung.

Die hiergegen von den Beklagten erhobene Berufung wurde als unbegründet verworfen.

Nachdem die Beklagten Revision eingelegt hatten, wurde über das Vermögen des Beklagten Pr. der Konkurs eröffnet und der Buchhalter H. H. zum Konkursverwalter bestellt. Die Kläger nahmen das Verfahren gegen ihn und W. durch Zustellung eines Schriftsatzes auf. Im Verhandlungstermine erklärte der Konkursverwalter, daß er den Klageanspruch nicht anerkenne, jedoch den Eintritt in den Prozeß in erster Reihe ablehne, daß er indes für den Fall, daß nach Ansicht des Gerichts auf Grund dieser Erklärung die Konkursmasse von Prozeßkosten nicht frei bleiben würde, dennoch in den Prozeß eintreten wolle. Das Reichsgericht nahm den letzteren Fall als gegeben an und wies sodann die Revision beider Beklagter zurück aus den folgenden Gründen: ..."

Dies der Sachverhalt, der modern anmutende Sachverhalt des Urteils, mit dem der VI. Zivilsenat des Reichsgerichts am 28. 12. 1899 seine

---

[1] 30. 7. 1898.

Tätigkeit für das Jahrhundert abgeschlossen hat. Trotz Konkurseröffnung über das Vermögen eines der beiden verklagten Streitgenossen hat die damalige Justiz diesen skandalösen Fall innerhalb weniger als anderthalb Jahren durch drei Instanzen hindurch überzeugend entschieden. Wie hat nach Meinung des Reichsgerichts der Konkurs über das Vermögen des Pr. auf diesen Rechtsstreit eingewirkt?

Gar nicht, denn es handelt sich doch nicht um einen vermögensrechtlichen Anspruch!

Das möchte ich bestreiten! Die Aufnahme Bismarcks auf dem Totenbett stellte gewiß einen beträchtlichen Wert dar, und die Beklagten als Berufsphotographen haben sie doch auch zum Zwecke des Erwerbs, der geschäftlichen Ausnutzung gemacht. Ich meine, die Platten usw. gehörten zur Konkursmasse des Pr.

Das meint auch das Reichsgericht.[1] Aber nun gab es da zwei Beklagte, von denen einer in Konkurs fiel!

Die Bismarckschen Erben haben das Verfahren ja beiden gegenüber aufgenommen, da kann die Frage, wie die Konkurseröffnung bei einem der Beklagten auf den Prozeß gewirkt hat, doch wohl auf sich beruhen?

Konnten die Kläger aufnehmen?

Man muß die Klageansprüche wohl als auf Aussonderung aus der Masse gerichtete ansehen, denn die Platten usw. sollen ja aus der Verwertung für den Beklagten und damit für den Konkurs ausgeschlossen werden. Dann war das einfach ein passiver Masseprozeß, den auch die Kläger aufnehmen konnten, § 11 KO.

So mußte denn auch nach Ansicht des Reichsgerichts der Konkursverwalter den Prozeß neben W übernehmen, wenn er die Ansprüche nicht anerkennen wollte. Damit wären die prozeßrechtlichen Fragen dieses Falles geklärt. Seine sachlich-rechtliche Seite ist jedoch interessant genug, um ihr ebenfalls eine kurze Betrachtung zu widmen...

Als Bismarck starb, galt das BGB ja noch nicht...

Richtig! Und das Reichsgericht erwägt denn auch nun zunächst, welches Recht auf diese Handlungen der beiden Beklagten anzuwenden sei. Es führt aus, daß nur das in Hamburg und das in Friedrichsruh geltende Recht in Frage komme. Da nun aber „weder die Hamburger Statuten, noch der im preußischen Kreise Herzogtum Lauenburg geltende

---

[1] Darüber, daß e. auf Verl. d. Persönlichkeitsrechts gest. Anspruch ausnahmsweise vermögensrechtl. Art sein kann, s. BGH, NJW 1974, 1470 (Brüning-Memoiren).

Sachsenspiegel, noch sonst ein hierhergehöriges Partikulargesetz" etwas über unerlaubte Photoaufnahmen sage,

was uns kaum wundert! ...

so sei, abgesehen von etwa eingreifenden Reichsgesetzen, jedenfalls nur das gemeine deutsche Recht anzuwenden. Von diesem Standpunkt aus sei das angefochtene Urteil aber aufrechtzuerhalten.
„Es ist" – so fährt das Reichsgericht nun fort – „mit dem natürlichen Rechtsgefühl unvereinbar, daß jemand das unangefochten behalte, was er durch eine widerrechtliche Handlung erlangt und dem durch dieselbe in seinen Rechten Verletzten entzogen hat." Es verweist auf den Hausfriedensbruch der Beklagten, es meint, der Gewahrsamsinhaber an Zimmer und Einrichtung mit der dort ruhenden Leiche habe das Recht, eine solche Aufnahme zu verhindern. Die Möglichkeit dazu aber hätten die Beklagten dem Inhaber durch ihren Einbruch zunächst entzogen, aber die Bismarckschen Erben hätten das Recht, das Ergebnis solcher Tat rückgängig gemacht zu verlangen. Es verweist auf die römisch-rechtliche condictio ob injustam causam, die zwar nur an körperliche Sachen denke, während es hier im wesentlichen um das Bild gehe, aber sie müsse entsprechende Anwendung finden auf die widerrechtliche Entziehung anderer Machtbefugnisse und Aneignung der entsprechenden Vorteile. Danach erwiesen sich die Klageanträge als zutreffend. Dabei könne die Tatsache kein Hindernis sein, daß die Durchsetzung jener Anträge auch zur Vernichtung des den Beklagten gehörigen Materials führe, ... mit Recht habe das Oberlandesgericht dazu auf die Analogie aus § 19 des Warenzeichengesetzes verwiesen (jetzt § 30).
Es ist gewiß auch heute noch interessant für uns, zu sehen, welche Wege die Rechtsprechung noch vor weniger als 80 Jahren gehen mußte, um ein solches uns heute selbstverständliches Ergebnis zu begründen – das Warenzeichengesetz als Anhalt für ein Urteil, das jene schlimme Tat gegen einen großen Mann unmittelbar nach seinem Tode einigermaßen wiedergutmacht! Heute würden wir mangels Sondergesetzen denselben Erfolg im Zivilrechtswege wohl mit ...

... mit § 823 BGB erzielen, denn hier war die Würde des Menschen verletzt, und der Zivilprozeß ermöglicht uns, wie wir gesehen haben, auch deren wirkungsvollen Schutz.

Sie können die Entscheidung im Band 45 der Entscheidungen in Zivilsachen nachlesen – S. 170 –. Derselbe Band, dem wir das mecklenburgische Idyll verdanken,[1] bewahrt also auch diesen ganz und gar nicht idyllischen Fall.

---
[1] VI. Kap. der Ersten Auflage!

Aber ich habe diesen Fall nicht um seiner historischen Kulisse willen erwähnt, sondern um Sie anzuregen, sich an seinem Beispiel einmal an mein Gebot zu erinnern, bei Formulierung von Klageanträgen und Anträgen auf eine Einstweilige Verfügung an die Person des Gegners zu denken; das ist wichtig, ja entscheidend insbesondere da, wo man die Beseitigung eines unerwünschten Zustandes erstrebt, denn man muß sich fragen, ob ein Urteil auf diese (einmalige) Handlung der Beseitigung ausreicht oder ob man nicht – etwa angesichts unbelehrbarer Haltung oder rücksichtslosen Gewinnstrebens des Gegners – mit dem Antrag auf diese Beseitigung einen Unterlassungsanspruch koppeln sollte.[1] Wenn Sie daran denken und sich dann noch einmal ansehen, was in dieser 75 Jahre alten Sache der Anwalt des Klägers allein mit der Fassung seiner Anträge geleistet hat, so können Sie davor nur den Hut ziehen.

Und doch, und doch – eine Aufnahme ist der Vernichtung entgangen! Eine unglaubliche Regie hat es gefügt, daß in den Tagen, da diese Zeilen gedruckt werden, ein neues Buch des Schriftstellers Lovis H. Lorenz erscheint, in dem er diese Geschichte berichtet.[2] Niemand hatte damals bedacht, daß bei dem Attentat auf den Toten ein cleverer Lehrling beteiligt war, der vor allen anderen einen Abzug für sich selbst genommen hat, den er auf seinem Leibe durch alle Fährnisse zweier Weltkriege gerettet und schließlich der Öffentlichkeit zugänglich gemacht hat. Freilich – der Justiz wird wegen dieser ihr entschlüpften Reproduktion kein Vorwurf zu machen sein, denn wahrscheinlich wußte von diesem Lehrling damals niemand etwas, und wo kein Kläger, da ist auch kein Richter.

VI. Ein Presseorgan als Gegner

Vorbemerkung:

Der Fall im Mittelpunkt der folgenden Unterhaltung hat sich 1957 zugetragen. Inzwischen ist die Rechtslage insofern verändert, als die meisten landesrechtlichen Pressegesetze dem Anspruch auf eine Gegendarstellung den Klageweg verschlossen haben und ihm nur noch die Einstweilige Verfügung bereithalten – außer Bayern und Hessen, vgl. Löffler, Presserecht II (2. Aufl. 1968), S. 204ff. (Texte) und S. 246, bes. Rdz. 152. Der Antragsteller ist freilich mit dem Risiko aus § 945 ZPO belastet, BGH, NJW 1974, 642.[3]

Ob die presserechtliche Sonderregelung auch gilt, wenn Gegendarstellung als Schadensersatz gefordert wird wie im folgenden Fall, sei da-

---

[1] Prozeßhilfen, 3. Aufl., VI. Kap., S. 186. Ferner oben, Erstes Kap. Nr. 2 a. E.
[2] „Oevelgönner Nachtwachen", Christians Verlag, Hamburg 1974, 224 S. – Siehe den Hinweis mit der Fotografie in der WELT v. 19. Nov. 1974, S. 27.
[3] JZ 1974, 505 = Arch. f. PresseR. 1974, 571 = BGHZ. 62, 7.

VI. Ein Presseorgan als Gegner

hingestellt, wird aber wohl dem Sinn der Regel entsprechen. Wie dem auch sei – es wird meinen Mit-Beratern nicht schwerfallen, bei der Transposition des Falles in einen Fall von heute den hier vermerkten verfahrensrechtlichen Sonderstatus gebührend zu berücksichtigen – und in Bayern und Hessen (falls sie nicht auch noch den übrigen Bundesländern folgen) braucht man überhaupt keine Sonderregelung zu berücksichtigen.

Es ist noch viel zu wenig in das allgemeine Bewußtsein eingedrungen, daß sich mit der Anerkennung der Rechtswirksamkeit der Grundrechte auch innerhalb der Beziehungen der einzelnen untereinander das Instrument des Zivilprozesses zu einer Waffe entwickelt hat, die – richtig gehandhabt – den mitunter langweiligen, der eigenen Einflußnahme des Verletzten weitgehend entzogenen Strafprozeß entbehrlich zu machen und an Wirksamkeit zu überflügeln vermag. Diese Kraft des Zivilprozesses als Schützers privater Rechte wird deutlich an dem Fall, der uns nun beschäftigen soll. Zuvor soll jedoch auf eine Arbeit hingewiesen werden, die uns die notwendige Vorbereitung vermittelt, ich meine den Aufsatz von Wenzel in JZ 1962, S. 112ff.[1] *über die Durchsetzbarkeit des Anspruchs auf Abdruck einer Gegendarstellung aus § 11 RPrG.*

§ 11 RPrG lautet:

Der verantwortliche Redakteur einer periodischen Druckschrift ist verpflichtet, eine Berichtigung der in letzterer mitgeteilten Tatsachen auf Verlangen einer beteiligten öffentlichen Behörde oder Privatperson ohne Einschränkungen oder Weglassungen aufzunehmen, sofern die Berichtigung von dem Einsender unterzeichnet ist, keinen strafbaren Inhalt hat und sich auf tatsächliche Angaben beschränkt.
Der Abdruck muß in der nach dem Empfang der Einsendung nächstfolgenden, für den Druck nicht bereits abgeschlossenen Nummer, und zwar in demselben Teil der Druckschrift und mit derselben Schrift wie der Abdruck des zu berichtigenden Artikels geschehen.
Die Aufnahme erfolgt kostenfrei, soweit nicht die Entgegnung den Raum der zu berichtigenden Mitteilung überschreitet; für die über dieses Maß hinausgehenden Zeilen sind die üblichen Einrückungsgebühren zu entrichten.

Hierzu siehe Löffler, Presserecht, 2./1968, Rdz. 23 u. 37.: „Berichtigung" ist ungenau. Zutreffend ist „Gegendarstellung".
Gegen wen also richtet sich dieser Anspruch?

---

[1] Weder dieser Aufsatz, noch BGH NJW 1963, 151 werden von Groß, NJW 1963, 479 erwähnt! Siehe zu dem Thema ferner Koebel, NJW 1963, 790 Wenzel, das. 1710. OLG Stuttgart, BB 1963, 795 („schnoddrige Pressenotiz" als Eingriff in Gewerbebetrieb). BGH, NJW 1963, 902 = GRUR 1963, 490 (Fernsehansagerin).

Gegen den verantwortlichen Redakteur, also denjenigen Redakteur, unter dessen Verantwortung der beanstandete Artikel erschienen ist.

Welcher Art ist der Anspruch?

Man könnte vielleicht sagen, es sei ein deliktischer oder doch ein deliktsähnlicher Anspruch.

Setzt § 11 Verschulden voraus?

Nein. Aber es wird doch meistens eine Beleidigung vorliegen, wenn über jemanden etwas Falsches berichtet wurde.

Dann liegt natürlich auch ein Deliktsanspruch – etwa auf Schadensersatz – vor, aber das enthebt uns doch nicht der Notwendigkeit, den Anspruch aus § 11 für sich zu betrachten und einzuordnen.

Vielleicht nennt man ihn richtiger einen Anspruch eigener Art.

Ja, einen rein presserechtlichen Anspruch.

Dann wird sich in der ZPO auch kein besonderer Gerichtsstand für diesen Anspruch finden, und man wird auf den allgemeinen Gerichtsstand des Wohnsitzes des Redakteurs zurückgreifen müssen, bzw. auf seinen dienstlichen Wohnsitz.

Diese Meinung vertritt auch Wenzel aaO, und sie erscheint mir richtig. Denken Sie aber bitte einmal ein paar Schritte weiter – bevor Sie den Anspruch geltend machen, werden Sie den Redakteur doch angeschrieben und die Gegendarstellung gefordert haben. Vorher dürften Sie ja mangels Rechtsschutzinteresses nicht klagen. Hat er nun abgelehnt, so denken Sie doch gewiß an welche materiellrechtliche Folgerung?

An Schadensersatz.

Mit welcher gesetzlichen Grundlage?

Man muß wohl an § 823 BGB denken.

Genauer, bitte!

An Abs. 2 – Verletzung eines Schutzgesetzes. § 11 ist sicherlich Schutzgesetz im Sinne von § 823 II.

Das meinen jedenfalls Wenzel und auch das BayObLG in NJW 1958, 1825.

Diese Überlegungen führen uns aber nur dann weiter, wenn durch die Unterlassung, die Verweigerung des Abdrucks der Gegendarstellung ein Schaden entstanden ist.

> *Das wird doch wohl auch meistens zu bejahen sein. Und dann hätte der Verletzte die Wahl zwischen dem allgemeinen Gerichtsstand des Redakteurs und dem eigenen Wohnort, denn hier ist natürlich der Schaden am fühlbarsten eingetreten, wo man den öffentlich Bloßgestellten kennt und ihm beruflich Vertrauen bezeigt und jetzt vielleicht sich von ihm abwendet.*

Sehr richtig! Ist ein Schaden entstanden, so sind die von Ihnen gezeigten Folgerungen klar. Aber so weit sind wir noch nicht – wenn kein Schaden entstanden ist, bleibt nur der rein presserechtliche Anspruch, für den der Gerichtsstand allein nach dem Wohnort des Redakteurs zu bestimmen ist. In diesem Falle würde auch der Verzug des Redakteurs mit dem Abdruck der Gegendarstellung nichts ändern, denn als Ersatzanspruch könnte der Kläger den Anspruch mangels eines Schadens eben nicht bezeichnen.
Ist aber ein Schade entstanden, so würde im Gerichtsstand des § 32 ZPO geklagt werden können.
Übrigens – handelt es sich denn überhaupt um einen bürgerlich-rechtlichen Anspruch, der im Zivilprozeß verfolgbar ist?

> *Das wird man wohl annehmen müssen, zumal ja z. B. das Bayer. PrG in § 10 Abs. 3 dem Anspruch ausdrücklich den Zivilrechtsweg eröffnet. Das dürfte doch zumindest Ausdruck einer allgemeinen Rechtsüberzeugung sein.*

Der BGH hat diese Frage in der Entscheidung, auf die wir uns vorbereiten, ausdrücklich offengelassen, inzwischen aber, wie wir noch sehen werden, bejaht![1]
Wo ist nun der Gerichtsstand des § 32 gegeben?

> *Zunächst am Orte, wo die Zeitschrift erscheint. Weiterhin überall da, wo sie verbreitet wird, also auch am Wohnorte des Geschädigten, wenn sie dort ebenfalls ausgeliefert wird.*

Wissen Sie, daß die Meinungen darüber, ob auch der Ort, an dem der Schade eingetreten ist oder empfunden wird, als Tatort i. S. v. § 32 anzusehen sei, geteilt sind?

> *Ja, Rosenberg/Schwab, 11. Aufl., § 36, II 7, meinen jedenfalls, daß bei strafbaren Handlungen durch eine Zeitung der Gerichtsstand überall da sei, wo sie verbreitet, d. h. bestimmungsgemäß und nicht bloß zufällig Dritten zur Kenntnis gebracht wird.*

---

[1] Übrigens auch für den Anspruch auf Gegendarstellung in einem wissenschaftl. Fachorgan bejaht. Urteil v. 9. 4. 1963, BB 63 (15) S. 628 = JZ 1963, 479 = DRiZ 1963, 309.

Damit hat Ihre Meinung die allerhöchste Weihe, und wir stimmen ihr zu. Es wäre nun wohl zu fragen, was als Ersatz gefordert werden kann?

Es sollte hier doch Naturalrestitution möglich sein, eben durch Abdruck der bisher verweigerten Gegendarstellung, mit Geld wäre dem Kläger doch nicht gedient, insbes. angesichts der Schwierigkeiten einer Bezifferung seines geldlichen Schadens.

Richtig, der Geschädigte kann in erster Linie den Abdruck, also Naturalersatz fordern, das meint auch OLG Köln, NJW 1962, 1348.

Wir müssen bei Prüfung der Zuständigkeit, des Gerichtsstandes doch auch an die Frage der sachlichen Zuständigkeit denken! Ist das Amtsgericht zuständig oder das Landgericht? Wenn der Kläger den Abdruck fordert und nicht einfach einen Geldbetrag, dann kann doch zweifelhaft sein, ob er einen vermögensrechtlichen Anspruch geltend macht und wie hoch der zu bewerten ist, oder ob ein ideeller Anspruch im Streit ist, der ohne weiteres vor das Landgericht gehört.

Richtig, aber es schadet ja wohl nichts, wenn wir zunächst einmal ermittelt haben, was der Kläger eigentlich einklagen kann. Nachdem wir wissen, daß er den Abdruck der Gegendarstellung beanspruchen kann, stellt sich nun allerdings zwingend die Frage, bei welchem Gericht das zu geschehen hat?

Es kann beides vorliegen, ein vermögensrechtlicher Anspruch oder ein ideeller. Die Entscheidung wird ganz vom Fall abhängen – hat die Zeitung den Kläger in seiner Ehre und allgemeinen Achtung getroffen, so wird er mit seiner Klage in erster Linie deren Rehabilitierung erstreben und also einen ideellen Anspruch verfolgen, ist er aber z.B. als kreditwürdiger Kaufmann abgewertet worden, so stellt sich seine Klage als Geltendmachen eines Vermögensschadens dar.

Richtig. Die Rechtsprechung steht auch in anderen Fällen vor der Notwendigkeit, sich für das eine oder andere zu entscheiden: Das Reichsgericht hat da in RG 163, 200 einen bedeutsamen Wandel vollzogen – bei einer Klage auf Nichtigerklärung des Ausschlusses aus einer Genossenschaft. Und es hat ganz die Überlegungen angestellt, die der Kollege uns eben dargelegt hat. Der BGH hat das übernommen – BGH 13,5 und 14,72. Es soll jedenfalls nicht mehr entscheidend sein, welcher Art der Verein, die Korporation ist, aus der der Kläger ausgeschlossen wurde; auch der Ausschluß aus einem nichtwirtschaftlichen Verein kann schwerwiegende wirtschaftliche, vermögenswerte Folgen haben und umgekehrt der Ausschluß aus einem geschäftlichen Unternehmen in erster Linie die Ehre, die Persönlichkeit kränkende Wirkungen. Was der Kläger im Einzelfall in erster Linie anstrebt, ist Auslegungsfrage. Ein solcher Rechtsstreit kann also als vermögensrechtlicher mit einem Streitwert bis zu 1500,- DM vors Amtsgericht gehören, er kann auch – und sogar ausschließlich – beim Landgericht anzubringen sein.[1] Indessen – der BGH ist „sicher", daß der Anspruch aus § 11 RPrG immer ein ideeller sei: NJW 1963, 151 = ZZP 76 (1963) 117 = JZ 1963, 478, anders etwa als Unterlassungs- oder Widerrufsanträge.

> *Weshalb erachtet es der BGH eigentlich für notwendig, daß er als Revisionsgericht sich Gedanken über diese Frage nach der Natur eines Anspruchs macht?*
>
> *Das erklärt § 546 ZPO – die Zulässigkeit der Revision kann davon abhängen. Revision ist nämlich*
>
> *a) immer im Fall des § 547 zulässig, wenn es um die Zulässigkeit der Berufung geht;*
>
> *b) in vermögensrechtlichen Angelegenheiten sonst nur bei einem Streitwert von mehr als 25 000,- DM,*
>
> *c) in allen anderen Sachen nur bei ausdrücklicher Zulassung durch das OLG gegeben.[2]*
>
> *Wann wird denn nun die Revision ausdrücklich zugelassen?*
>
> *Das sagt § 546 Abs. 2.*
>
> *Dadurch wird der BGH auf die Wahrung der Rechtseinheit und die Erarbeitung der allgemeinen Grundsätze beschränkt und vom Alltäglichen freigestellt.*

Es steht also fest: Der Anspruch aus § 11 RPrG ist ein ideeller, im Zivilprozeß durchsetzbarer Anspruch, der in die Revision nur bei ausdrücklicher Zulassung gelangen kann.

Wir haben nun den Aufsatz von Wenzel erschöpft und können uns dem Fall zuwenden, der in BGH 31, 308 = NJW 1960, 476, ausführlich in GRUR 1960, S. 449–455 abgedruckt ist, dem

FALL BURSCHENSCHAFT

Student P ist am 1. 12. 1955 von seiner Burschenschaft c. i. (unehrenhaft) ausgeschlossen worden wegen eines Aufsatzes im Nachrichtenblatt der Bonner Studentenschaft, in dem er die nat. soz. Konzentrationslager grundsätzlich „akzeptiert" hat. Darüber war die Presse von der Burschenschaft selbst unterrichtet worden.

---

[1] Darüber, daß e. auf Verl. d. Persönlichkeitsrechts gest. Anspruch ausnahmsweise vermögensrechtl. Art sein kann, s. BGH, NJW 1974, 1470 (Brüning-Memoiren).
[2] Ist die Zulassung nicht ausgesprochen, weil OLG irrtümlich angenommen hat, sie sei nicht notwendig, weil a) oder b) vorlägen, so ändert das nichts, macht die Revision also nicht zulässig, BGH, FamRZ 1963, 130; NJW 1960, 1459.

Der Kläger – Rechtsanwalt, Alter Herr der Burschenschaft – hat in einem Rundschreiben an seine Bundesbrüder scharf gegen den entehrenden Ausschluß protestiert, die Korporation als intolerant bezeichnet und damit erreicht, daß diese den Ausschluß in einen nicht-unehrenhaften umwandelte.

Die von der Beklagten herausgegebene Wochenzeitschrift „Der Sp . . ." hat sich in einer Rubrik „Akademiker" unter der Überschrift „Das Wort der Alten Herren" mit den Vorgängen, die vorübergehend sogar zur Spaltung der Korporation geführt haben, befaßt. In zwei weiteren Ausgaben erschienen Leserzuschriften, die z. T. scharf gegen den Kläger gerichtet sind. Eine von diesem gemäß § 11 RPrG geforderte Gegendarstellung wurde ebenfalls als Leserzuschrift abgedruckt (gekürzt).

Der Kläger hat beantragt: Berichtigung, Widerruf, Unterlassung.

Zur Begründung beruft er sich auf sein Urheberrecht an dem Rundschreiben. Dieses sei vertraulich gewesen, der Beklagte habe es entstellend wiedergegeben. Ihm sei Schaden entstanden, denn ihm seien Klienten untreu geworden.

LG hat abgewiesen. OLG Hamburg hat zu einem Drittel (?) verurteilt. BGH weist Revision zurück, allerdings bessert er die Formulierungen.

Wir haben es in diesem Kreise mit dem Verfahrensrecht zu tun und können daher davon absehen, die sachlich-rechtlichen Grundlagen der Entscheidung in der gewohnten Weise des Gesprächs zu erarbeiten. Ich gebe Ihnen daher zunächst auch diesen Teil der Entscheidung des BGH in zusammenhängender Darstellung – Ihre Aufgabe jedoch soll sein, immer da, wo ich von einem Antrage oder einer Entscheidung des OLG spreche, die der BGH billigt, sich Gedanken darüber zu machen, wie wohl die Formel des Urteils zu diesem Punkte lauten muß. Der BGH führt also zunächst aus,

daß sich der Kläger zu Unrecht auf Urheberrecht berufe – bei Briefen sei ein solches nur gegeben, wenn es sich um Leistungen handele, die sich nach Form und Inhalt von dem Bereich der Gesellschaftsschicht des Verfassers abhöben und als originale Leistungen anzusehen seien.

Indessen sei ein Eingriff in das Allgemeine Persönlichkeitsrecht gegeben. Dieser könne schon in der Vornahme wesentlicher Kürzungen gefunden werden und zivilrechtlichen Rechtsschutz (Deliktsschutz) aus §§ 823 I und 1004 BGB bedingen. Besonders sorgfältig sei die Rechtswidrigkeit zu prüfen. Die Presse habe eine öffentliche Aufgabe. Indessen befreie diese sie nicht von der Pflicht zur Achtung der Persönlichkeit und ihrer Ehre. Interessen- und Güterabwägung!

Das Rundschreiben des Klägers an seine Bundesbrüder sei kein Internum der Korporation. Der Öffentlichkeit seien die Vorgänge bekannt geworden. Die gezielte Einflußnahme des Klägers habe ihn auch dem

Risiko öffentlicher Kritik ausgesetzt. Er habe an viele Empfänger geschrieben und daher nicht mit Geheimhaltung rechnen können. Daher sei nicht zu beanstanden, daß Der Sp... die Sache aufgegriffen und kritisch unter Nennung des Klägers erörtert habe.

Mit seinen Anträgen schieße der Kläger weit über das Ziel hinaus.

Er könne nicht fordern, daß die Beklagte in Zukunft von der Behandlung der Sache absehe oder daß sie es nur in beschränktem Umfange tue. Erst recht könne er nicht fordern, daß die Beklagte die Vorgänge in Zukunft positiv im Sinne des Klägers betrachte.

Ginge es dem Kläger darum, mit einer Gegendarstellung aus § 11 RPrG zu Worte zu kommen, so müsse er sich an den Redakteur halten, die Beklagte – der Verlag! – sei dafür nicht passiv legitimiert. Es sei daher nicht erforderlich, zu der zunehmend an Boden gewinnenden Meinung Stellung zu nehmen, daß jener Anspruch aus § 11 zivilrechtlich durchseztbar sei.

Wenn auch grundsätzlich der Schutz des § 193 StGB zu gewähren sei, so bleibe doch zu prüfen, ob der Sp.-Artikel nicht in der negativen Charakterisierung des Klägers zu weit gegangen sei. Das habe das OLG mit Recht bejaht. Zwar seien Kürzungen unvermeidbar. Hier aber sei dem Leser eine Teilwahrheit vorgesetzt worden, es sei mit „entstellender Einseitigkeit" berichtet worden. Mit Recht habe daher das OLG zur Richtigstellung verurteilt (wobei der BGH die Formulierung bessert).

Hier, meine Kollegen, müßten Sie sich also zunächst eine Anmerkung machen und die von mir gegebene Aufgabe zu lösen suchen!

Die zweite Aufgabe folgt sogleich – der BGH führt aus, das OLG habe auch mit Recht Wiederholungsgefahr angenommen und daher mit Recht auch zur Unterlassung verurteilt (er hat hier aber ebenfalls die Fassung geändert – hier sei das Gericht dabei besonders freigestellt, weil alle Umstände abgewogener richterlicher Würdigung bedürften).

Die Beklagte (hier wird man vielleicht einfügen müssen: ... und der Redakteur) war(en) nicht berechtigt, ein ausdrücklich auf § 11 gestütztes Verlangen unter Weglassung der einleitenden Sätze als Leserbrief abzudrucken. Daher habe das OLG auch zu Recht zur Abgabe und Veröffentlichung einer klarstellenden Erklärung verurteilt.

Der Kläger ist jedoch insoweit mit seinen Anträgen nicht durchgedrungen, als er Richtigstellung und Widerruf bezüglich des Punktes „Majorisierung der aktiven Burschenschaft durch die Alten Herren" fordert, der Senat vermochte nämlich nicht anzuerkennen, daß ein Bedürfnis des Klägers bestehe, insoweit die Öffentlichkeit in weiterem Umfange aufzuklären, als es durch den Sp.-Artikel geschehen ist.

Alles in allem – die Ansprüche des Klägers gehen nach Meinung des BGH zum Teil über seine unter dem Gesichtspunkt des Ehrenschutzes anzuerkennenden Interessen hinaus, z. T. zielten sie auf einen unzulässigen Eingriff in das Recht der Beklagten zu freier Meinungsbildung ab. Soweit die für uns wesentlichen Partien dieses Urteils! Bilden Sie nun die verschiedenen Teile der Urteilsformel – wobei ich von der speziellen Diktion eines Rechtsmittelgerichts absehen will, also meinetwegen die Formel, wie sie das LG gefaßt haben sollte!

Vielleicht ist es zweckmäßig, von dem einfachsten Urteil auszugehen, demjenigen aus § 11 RPrG gegen den Redakteur, – also der in dem Aufsatz von RA Wenzel erörterte Fall. Da hätte wohl dahin erkannt werden sollen, daß der Beklagte verurteilt wird, die Gegendarstellung des Klägers abzudrucken.

Ich möchte es ganz genau haben, d. h. also eine aus sich verständliche Formel!

Der Beklagte wird verurteilt, die von dem Kläger vorgelegte Gegendarstellung vom ... in der nächsten Ausgabe der Zeitschrift Der Sp. ... abzudrucken.

Das ist schon besser, aber immer noch nicht erschöpfend. Denken Sie an § 11 und denken Sie auch daran, daß es Fälle geben mag, in denen bis zuletzt um jedes Wort hart gestritten wird, wo der Kläger und das Gericht also damit zu rechnen haben, daß der Beklagte sich gegen den Abdruck heftig sträuben wird! In solchem Falle muß der Abdruck doch erzwungen werden, ... wie geschieht das übrigens?

Nach § 888 ZPO mit Beugestrafen.

Richtig! Und bevor man straft, muß die Strafbestimmung – und das ist mutatis mutandis unser Urteil – zweifelsfrei gefaßt vorhanden sein. Also?

Dann muß man eben in die Formel noch mehr aufnehmen, als die Kollegen vorgeschlagen haben. Etwa so:

Der Beklagte wird verurteilt, in der nächsterreichbaren Ausgabe der Zeitschrift Der Sp. ... kostenfrei folgende Gegendarstellung zu veröffentlichen, und zwar in der Rubrik „Akademiker" im Innenteil der Ausgabe und in derselben Schrift und Aufmachung wie der Artikel „Das Wort der Alten Herren" in der Ausgabe Nr. ... vom ... 1960:
Dann wäre wörtlich der abzudruckende Text der Gegendarstellung zu bringen, wie ihn das Gericht für zutreffend erachtet. Alsdann wäre fortzusetzen: „Der Beklagte trägt die Kosten des Rechtsstreits.
Das Urteil ist vorläufig vollstreckbar gegen Sicherheit in Höhe von ... DM."

VI. Ein Presseorgan als Gegner

Ja, richtig. So muß die Formel aussehen! Also alles, was zur genauen Festlegung des dem Beklagten Gebotenen dient, muß hinein. Insbesondere auch der vollständige Text, wie ihn das Gericht billigt.[1] Täte man nicht so, würde die Vollstreckung unendlich gehemmt, vielleicht auf die Dauer gar unmöglich gemacht werden können, würden sich an den Prozeß endlose Vollstreckungsstreitigkeiten anschließen.

Nun kann ja auch die Formel gegen den Verlag keine Schwierigkeiten mehr bereiten. Als erstes hat der BGH ja eine „Richtigstellung" zugebilligt, das dürfte dasselbe sein, wie die dem Redakteur auferlegte Gegendarstellung.

Das ist mir zweifelhaft. „Gegendarstellung" und „Richtigstellung" sind zwei verschiedene Dinge, der BGH macht ja auch bewußt den Unterschied. Was er Richtigstellung nennt, das ist doch wohl eine Erklärung des beklagten Verlages dahin, daß beim Abdruck jenes Artikels „Das Wort der Alten Herren" falsch gehandelt worden ist.

Sie haben vollkommen recht. Überlegen Sie inzwischen diesen Teil der Formel! Wir anderen wollen nun erst ihre weiteren Teile erarbeiten und dann alles zusammen abschließend als geschlossene Leistung bringen. Als nächstes wäre zu formulieren, was der BGH dem Beklagten bezüglich des angeblichen Leserbriefes aufgegeben hat.

Es soll zum Ausdruck gebracht werden, daß das, was als Leserbrief veröffentlicht wurde, in Wahrheit eine auf § 11 gestützte Gegendarstellung war...

und...?

und daß man diese Gegendarstellung unberechtigterweise gekürzt hat. Also muß dahin tenoriert werden, daß der Beklagte eine Erklärung veröffentlichen muß, die diese beiden Tatsachen nennt, ich werde mir den genauen Wortlaut auch erst einmal aufzeichnen.

Und wir anderen beschließen nun die Beratung mit dem letzten Punkt, das ist...?

Die Unterlassung. Man sollte so formulieren können, daß der Beklagte verurteilt wird, ähnliche Darstellungen wie die beanstandeten in Zukunft zu unterlassen.

Was darf in diesem Teil nicht fehlen?

Die Strafandrohung, § 890 ZPO.

Richtig. Was passiert, wenn sie ausgelassen wird?

Es ergibt sich zumindest eine Verzögerung bei der Zwangsvollstreckung, denn wenn im Titel die Strafandrohung fehlt, kann der Gläubiger gegen die erste Zuwiderhandlung nicht mit Strafe angehen, er müßte dann zu-

---

[1] Siehe als Parallele hierzu d. Hinweis auf *Herb. Arndt,* oben S. 79.

nächst die Androhung durch besonderen Beschluß des Prozeßgerichts (1. Instanz) hinausgehen lassen, und erst, wenn der Schuldner dann das Urteil verletzt, könnte Strafe festgesetzt werden, § 890 Abs. 2.

Ich denke, wir haben nun die ganze Formel gegenüber dem Verlag, wie sie nach den Weisungen des BGH in dem Falle Burschenschaft aussehen sollte, beisammen:

1. Der Beklagte wird verurteilt, in der nächsterreichbaren Ausgabe der Zeitschrift „Der Sp. . . .." folgende Richtigstellung zu veröffentlichen: — folgt der vom Gericht als richtig befundene Text —

2. Er wird ferner verurteilt, eine Erklärung dahin zu veröffentlichen, daß die in der Ausgabe Nr. . . . vom . . . als Leserbrief des Klägers abgedruckte Äußerung unvollständig wiedergegeben worden ist und daß es sich bei ihr um eine aus § 11 RPrG begründete Gegendarstellung gehandelt hat.

3. Er wird weiterhin verurteilt, bei Vermeidung von Geld- oder Haftstrafe den Kläger betreffende Veröffentlichungen der Art wie diejenigen in der Ausgabe Nr. . . . vom . . . zu unterlassen.

4. Im übrigen wird die Klage abgewiesen.

5. Die Kosten des Rechtsstreites falles zu ⅓ dem Beklagten zur Last, der Kläger hat sie zu ⅔ zu tragen.

6. Das Urteil ist vorläufig vollstreckbar gegen . . . DM Sicherheit.

7. Die Revision wird (nicht) zugelassen.

Einverstanden. Damit hätten wir den schwierigen Fall vernünftig abgeschlossen. Ich habe Ihnen zu Anfang gesagt, er sei ein Beispiel dafür, zu welch wirkungsvoller, scharfer Waffe sich das Instrument des Zivilprozesses – richtig gehandhabt – im Laufe der letzten Jahrzehnte entwickelt hat. Hier an diesem Beispiel sehen wir es doch handgreiflich, wie ein kleiner Mann, irgendein Mitbürger aus der großen Masse der Staatsbürger, eine ganze, einflußreiche, weithin wirksame, bestens organisierte, mit jeglichem Material und hervorragendem Personal ausgestattete Zeitschrift, eine Macht, ja – ein wesentliches Stück der Weltmacht Presse in die Schranken zu weisen, wenn Sie wollen: auf den Rücken zu legen vermag. David gegen Goliath, und David in wesentlichen Punkten als Sieger (was die Kostenentscheidung vielleicht nicht ausreichend widerspiegelt!). Das ist doch etwas, das ist doch eine Leistung des Zivilrechts, des Zivilprozeßrechts und insbesondere der Zivilprozeßpraxis. Das letztere wollen wir auf uns beziehen – nur, wer diese Möglichkeiten kennt und wer weiß, sie zu nutzen, kann seinem Mandanten solchen Erfolg erwirken.

Ich habe mir inzwischen die Urteile des BGH und des OLG Hamburg – letzteres v. 23. 9. 1958 – 2 U 93/58 – beschafft. Der BGH hat bekanntlich

VI. Ein Presseorgan als Gegner

das oberlandesgerichtliche Urteil im wesentlichen bestätigt – nur an der Fassung der zu veröffentlichenden Texte hat er geändert. Wir können daher, wenn wir feststellen wollen, ob wir zu den Veröffentlichungen des BGH-Urteils die zutreffenden Formeln erarbeitet haben, das Urteil des OLG zum Vergleich heranziehen. Es ergibt sich eine nahezu vollständige Übereinstimmung dessen, was wir erarbeitet haben, mit der vom Oberlandesgericht verkündeten **Urteilsformel**. Diese lautet (unter Wahrung des Amtsgeheimnisses bezügl. Namen und sonstigen die Sache betr. Ausführungen, z. B. des Textes der angeordneten Veröffentlichungen):

Auf die Berufung des Klägers wird das Urteil des Landgerichtes Hamburg, Zivilkammer 15, vom 7. 5. 1958 unter Zurückweisung der Berufung im übrigen dahin abgeändert:[1]

I. Die Beklagte wird verurteilt, in dem ersten nach Wirksamwerden dieses Urteils redigierten und dann erscheinenden Heft der von ihr verlegten Zeitschrift „D ..." unter Rubrik „Akademiker" folgende Erklärung auf ihre Kosten zu veröffentlichen:

„Auf Grund des am 23. 9. 1958 verkündeten für vorläufig vollstreckbar erklärten Urteils des Hanseatischen Oberlandesgerichts zu Hamburg in der Sache des Rechtsanwalts H ..., Hamburg (Klägers) gegen die S-Verlag GmbH, Hamburg (Beklagte) – Aktenzeichen 2 U 93/58 – gibt der Verlag folgende ihm durch das Urteil auferlegte Erklärung ab:

1. In dem in Nr. 34/57 des „S ..." vom 21. 8. 1957 unter der Rubrik „Akademiker" ...

(den weiteren Text lasse ich fort, aus den oben genannten Gründen)
Diese Schilderung konnte den Eindruck erwecken, ...

2. Die in Nr. 36/57 vom 4. 9. 1957 auf Seite 9 wiedergegebene Zuschrift des Rechtsanwalts H ... war kein Leserbrief ... es handelte sich vielmehr um eine Gegendarstellung, ... § 11 Reichspressegesetz ...

II. Ferner wird der Beklagten unter Androhung einer Geldstrafe von DM 10 000,– für jeden Fall der Zuwiderhandlung verboten, durch Vertrieb einer von ihr verlegten Druckschrift die Behauptung zu verbreiten oder den Eindruck zu erwecken, der Kläger habe die nationalsozialistischen Konzentrationslager so, wie sie wirklich geworden sind, mit allen ihren Auswüchsen als politische Maßnahme uneingeschränkt gebilligt.

III. Im übrigen wird die Klage abgewiesen.

IV. Von den Kosten des Rechtsstreits hat der Kläger ⅓, die Beklagte ⅔ zu tragen.

---

[1] „Abgeändert" ist miserabel und üblich. „Geändert" tut es auch!

Das Urteil ist vorläufig vollstreckbar.

V. Die Revision wird zugelassen.

Soweit sich Abweichungen von unserer Formel ergeben, ist es vielleicht doch nützlich, sie kurz zu erörtern. Da ist zunächst der Eingang, den die dem Verlag auferlegte Veröffentlichung aufweisen soll:

> „Auf Grund des am 23. September 1958 verkündeten Urteils ..."?

Ja. Inwiefern könnte diese Präambel von Bedeutung sein?

> *Man könnte meinen, mit dem Zwang, sie zu veröffentlichen, habe das OLG mehr getan, als zur Wiedergutmachung des dem Kläger geschehenen Unrechts nötig war. Der Verlag soll die Richtigstellung drucken, deren Text später kommt, aber er soll nicht gehalten sein, vor seiner großen Leserschaft einzugestehen, daß er dazu erst gerichtlich verurteilt werden mußte.*

Ja, in diese Richtung gehen auch meine Bedenken gegen diese Präambel – hier ist dem Beklagten meiner Meinung nach mehr auferlegt worden, als der Kläger beanspruchen konnte.

> *Halt! Ich habe Bedenken, die genau in die entgegengesetzte Richtung gehen – ich könnte mir vorstellen, daß dem Kläger mit dieser Präambel zu wenig gegeben wurde. Denn der Beklagte kann sich doch hinter ihr verstecken und die Meinung vertreten: Na ja, wir sind nun einmal zu dieser Richtigstellung verurteilt, wir bringen sie daher auch, aber wir sind von ihr nicht überzeugt, wir stehen nicht selbst hinter dem, was wir als unsere Richtigstellung drucken.*

Interessanter Gegensatz! Auch Ihre Meinung läßt sich hören. Es lag nahe, daß man das Urteil einmal daraufhin durchsah, ob die Frage schon im Prozeß streitig war. Sie war es nicht. Zum Überfluß habe ich den Kläger gefragt, dem diese verschiedene Beurteilung neu war; auch er konnte nur sagen, daß man sich im Prozeß um diese Präambel nicht gestritten habe. Ihm, dem Kläger, sei sie wertvoll, weil sie zum Ausdruck bringe, daß eine objektive Stelle, eben das Gericht, die Richtigstellung für geboten gehalten hat. Übrigens leitet auch der BGH seinen zur Veröffentlichung durch den Verlag formulierten Text mit solcher Präambel ein „Auf Grund des Urteils des VI. Zivilsenats des Bundesgerichtshofs vom 22. 12. 1959 – VI ZR 175/58 – gibt der Verlag folgende, ihm durch das Urteil auferlegte Erklärung ab: ..."

Bestehen noch andere Einwendungen?

> *Der Verurteilungssatz in I des Urteils: „Der Beklagte wird verurteilt, in dem ersten nach Wirksamwerden dieses Urteils redigierten und dann erscheinenden Heft ..."*

VI. Ein Presseorgan als Gegner

hält sich ganz an die Fassung, die bei einem Anspruch aus § 11 RPrG gegen den Redakteur geboten ist, wie wir das ja erarbeitet haben. Für die besondere Art von Veröffentlichung, die das Urteil hier dem Verlag auferlegt hat, wäre sie doch nicht geboten.

Geboten wäre sie meiner Meinung nach aber doch! Denn wenn die Zeit, wann der Verlag die Berichtigung bringt, ihm überlassen bliebe, würde das den Kläger wohl kaum befriedigen. Schließlich hat er Anspruch auf sofortige Wiedergutmachung.

Dem stimme ich zu, habe aber gegen diesen Teil der oberlandesgerichtlichen Formel andere Bedenken ...

Was heißt „Wirksamwerden dieses Urteils"? Weiß der Senat nicht, daß sein Urteil mit der Verkündung existent, also „wirksam" geworden ist? „... redigierten und dann erscheinenden Heft ..." war wohl auch entbehrlich.

Das meine ich auch, aber wir wollen nicht beckmessern. Merken jedoch müssen Sie sich: Die Urteilsformel – überhaupt jede Entscheidungsformel – muß so knapp, so sparsam im Wortaufwand, so deutlich wie nur möglich sein! Jedes überflüssige Wort ist vom Übel!
Die Gelegenheit ist günstig für einen kleinen vollstreckungsrechtlichen Exkurs. Wie würde das Urteil gegen den Redakteur vollstreckt werden, wenn er ihm nicht alsbald entspräche?

Nach § 888 ZPO mit Beugestrafe.

Wie geht das vor sich?

Das Gesetz sagt, der Schuldner sei „zur Vornahme der Handlung durch ... Strafe anzuhalten". Das ist also wohl eine Androhung von Strafe für den Fall, daß er nicht tut, wie ihm geboten. Oder man setzt einfach die Strafe fest, sobald das Urteil vollstreckbar ist, und hebt sie wieder auf, wenn der Schuldner sich zur Erfüllung bequemt.

Es ist wohl gleichgültig, wie man es nennt, das Entscheidende ist, daß es sich hier um keine echte Strafe für schuldhaftes Tun oder Unterlassen handelt, sondern um ein Beugemittel. Daher wird diese Vollstreckung auch vom Gläubiger selbst betrieben, dem aber natürlich nicht die Strafe zufließt, vielmehr treibt er sie zugunsten der Staatskasse bei. Es ist also ein Antrag des Gläubigers an das Prozeßgericht erster Instanz nötig, auf einen Beschluß, der den Schuldner in diesem Sinne zur Leistung „anhält".

Anwaltszwang?

Außer beim AG – ja, Anwaltszwang.

Mündliche Verhandlung?

> *Ist nicht notwendig, wohl aber Anhörung des Schuldners, § 891.*

In welcher Form entscheidet das Gericht?

> *In Beschlußform.*

Das Gesetz nennt es doch ausdrücklich „erkennen"!

> *Das besagt nichts. Mit diesem Ausdruck wird das Gesetz nur der Tatsache gerecht, daß materiell ruhig von einem Erkenntnis gesprochen werden kann. Entscheidend ist aber, daß mündliche Verhandlung nicht nötig ist und weiterhin, daß es sich um eine Entscheidung in der Zwangsvollstreckung handelt, und da wird nicht mehr erkannt, durch Urteil entschieden, sondern durch Beschluß.*

Nun lassen Sie uns einmal die Formel eines solchen Beschlusses hören!

> *Ich schlage vor:*
>
> *Gegen den Schuldner wird zur Erzwingung der ihm mit Urteil des Oberlandesgerichts vom . . . auferlegten Leistung*
> *eine Geldstrafe von 500,– DM, hilfsweise zehn Tagen Haft,[1] angedroht*

Oder:

„festgesetzt"!?

> *„Festgesetzt" ist vielleicht besser, weil es schneller geht.*

Schon gut. Aber wenn der Schuldner nun doch nicht erfüllt, da ihm die Sache die 500,– DM wert ist?

> *Wiederholte Festsetzung ist zulässig.*
>
> *Ja, aber wann ist denn auch die „wiederholte" Zuwiderhandlung gegen das Urteil gegeben? Nehmen wir an, es wird nicht veröffentlicht, trotz Straffestsetzung. Wenn der Gläubiger jetzt mit einem zweiten Antrage auf eine weitere, höhere Strafe käme, könnte dann der Schuldner nicht „ne bis in idem!" einwenden? Er wäre doch schon „angehalten" und brauchte eine zweite „Anhaltung" nicht über sich ergehen zu lassen!*

Sie haben es getroffen. Die Frage scheint mir so schwierig und zweifelhaft, daß auch ich dieses Verfahren, sofort festzusetzen, nicht für zweckmäßig halte. Es kommt folgendes hinzu. Entweder beugt sich der Schuldner und erfüllt, dann wird die Strafe nur ein Anstoß sein, vollstrecken lassen kann man sie nicht, ob sie nun erst nur angedroht oder gar schon festgesetzt ist. Ist er aber zu weiterem Kampf entschlos-

---

[1] Dazu siehe aber OLG Hamburg, ZZP 60 (1947), 153. Wie hier *Stein-Jonas*, § 888, II 4.

sen, also zur Berufung, Revision, zu Schwierigkeiten in der Vollstreckung, so wird er doch mit Einstellungsanträgen und -beschlüssen aufwarten und die Beitreibung der Strafe, der festgesetzten Strafe zu verhindern oder doch zu verzögern wissen. Den Festsetzungsbeschluß müßte das Gericht dann doch erst einmal aussetzen. Ich haber daher stets so praktiziert, daß ich zunächst Frist gesetzt und für den Fall ihrer Nichtwahrung Strafe angedroht habe. Wurde dann nicht erfüllt – man kann die Frist ja ganz nach Lage der Sache sehr kurz bemessen, weil der Schuldner ja durch den Prozeß vorbereitet sein muß –, dann habe ich

a) festgesetzt und

b) mit neuer Frist neu angedroht.

Damit hat man klare Grundlagen, bestimmte Fristen, man braucht nicht unnötig einzustellen usw.

> *In derselben Weise würde dann ja auch das Urteil S. 86 gegen den Verlag zu 1 und 2 zu vollstrecken sein. Bezüglich Nr. 3 müßte abgewartet werden, ob der Schuldner zuwiderhandelt. In solchem Fall wäre sofort Strafe festzusetzen, ...*
> „auf Antrag!"
> *Stimmt. Bei diesem Teil des Titels befindet sich die Androhung ja schon im Urteil. Sollte sie ausnahmsweise fehlen, müßte sie zunächst nachgeholt werden, wie vorhin schon gesagt wurde.*

Wie erklären sich nun die Unterschiede zwischen der Vollstreckung nach § 888 und der nach § 890 – einmal betreibt der Gläubiger die Strafvollstreckung, im anderen Falle die Staatskasse selbst. Einmal kann der Schuldner die Beitreibung abwenden, im anderen Falle nicht (vgl. die Gegenüberstellung in den Prozeßhilfen, 3. Aufl. S. 194, 195). Einmal ist förmliche Androhung entbehrlich, im anderen Falle notwendig?

> *Wenn echte Strafe soll verhängt werden können, muß ein vollständiges Strafgesetz vorliegen – nulla poena sine lege! Dieses Strafgesetz muß dem Adressaten sagen, a) was er zu tun, besser: zu unterlassen oder zu dulden hat, und*
> *b) daß und wie die Zuwiderhandlung strafbar ist.*
> *Daher hier – § 890 – die notwendige Androhung, daher Vollstreckung nach schuldhaft begangener Zuwiderhandlung, und zwar Vollstreckung von Amts wegen. § 888 aber verfolgt einen privaten, einen noch zu erfüllenden Anspruch, zielt also in die Zukunft, will dem Gläubiger helfen, sein Urteil durchzusetzen. Die Strafe trifft den Schuldner, der spätestens durch das Urteil erfahren hat, was er tun soll, nicht, da er sie durch die ihm obliegende Erfüllung abwenden kann. Daher stellt hier auch eine Festsetzung von Strafe praktisch nur eine Androhung dar. Man kann*

> *also sagen – in beiden Fällen ist der Schuldner ausreichend gewarnt, aber im ersteren – § 890 – geht das Gesetz sicher und fordert die ausdrückliche Androhung, weil es – eine Seltsamkeit – in Vollstreckung zivilrechtlicher Titel echte Strafe zuläßt.*

Es wäre interessant, neben diese Zusammenfassung einmal einen kurzen Blick auf das Zwangsverfahren der Freiwilligen Gerichtsbarkeit zu werfen, und zwar sollen die Absätze I und III des § 33 FGG genügen. Was fällt Ihnen dort auf?

> *Hier ist das Verfahren ganz einheitlich geregelt für alle Fälle, die in der ZPO in § 888 – unvertretbare Handlungen – und in § 890 – Unterlassungen, Duldungspflichten – erfaßt sind, einheitlich in dem Sinne, daß der Straffestsetzung in allen Fällen die gerichtliche Androhung vorhergehen muß und alles von Amts wegen erfolgt.*

Es lohnt sich, noch ein wenig über Vollstreckungsrecht zu sprechen. Nehmen wir an, der Schuldner hat eine bestimmte nicht-vertretbare Leistung im gerichtlichen Vergleich übernommen, und zwar in einem Vergleich in einem Privatklageverfahren vor dem Strafrichter – ist das ein Vollstreckungstitel im Sinne der ZPO?

> *Ja, es ist ein Titel nach § 794 Nr. 1 – unter Gerichtlichem Vergleich im Sinne dieser Bestimmung ist ein Vergleich vor irgendeinem deutschen Gericht, also auch einem Strafgericht, zu verstehen.*

Wer erteilt die Vollstreckungsklausel für solchen Vergleich?

> *Nach § 795 i. V. m. § 724 ZPO wohl der Urkundsbeamte des Strafgerichts.*

So auch OLG Hamburg, MDR 1958, 434.

Eine andere Frage: Ein Schuldner hat in einem Prozeßvergleich – sei es vor dem Zivilgericht, sei es vor dem Strafrichter – die Verpflichtung zu einer Unterlassung übernommen, und zwar bei Vermeidung von Geld- oder Haftstrafe. Er handelt der Pflicht zuwider, der Gläubiger beantragt die Strafe festzusetzen – wie entscheiden Sie?

> *Zunächst wäre wohl zu untersuchen, ob denn ein Vergleich überhaupt eine solche Strafnorm darzustellen vermag, wie wir sie als Voraussetzung der Verhängung einer echten Strafe erkannt haben. Ich möchte das verneinen.*

Aber die ZPO behandelt doch diese Art von Vollstreckungstiteln ganz genau so wie die Urteile – warum sollte in diesem einen Punkte ein Unterschied bestehen?

> *Ich könnte das schon verstehen – in einen privaten Vertrag, den ein Prozeßvergleich ja darstellt, gehört eine staatliche Strafnorm nicht hinein.*

Richtig! Vgl. *Baumb-L.*, 1 B zu § 890 und OLG Schleswig, DGVZ 1961, 49. Strafandrohung ist öffentlich-rechtlicher Akt![1]

> *Es muß also in solchem Falle die Androhung in dem Vergleich „bei Vermeidung von Geld- oder Haftstrafe" als nicht geschrieben betrachtet und vom Gericht wiederholt werden. Nun wird aber wohl doch wichtig, ob dieses Gericht der Zivilrichter war oder der Strafrichter?*

> *Das glaube ich nicht – schließlich hat der Strafrichter seine Aufgaben mit dem Abschluß des Vergleichs erledigt, private Zwangsvollstreckung ist wohl kaum seine Aufgabe. Daher möchte ich annehmen, daß auch die Zwangsvollstreckung aus einem Vergleich im Strafverfahren von dem erstinstanzlichen Zivilgericht zu bearbeiten ist, soweit gerichtliche Tätigkeit in Betracht kommt, z.B. im Falle des § 890 ZPO.*

Das ist auch die Meinung des OLG Hamburg, aaO. Es verweist auf § 406b StPO als Ausdruck einen allgemeinen Rechtsgedanken. Ebenso *Bruns*, § 1 V und § 7 II 2.

VII. Auskunftspflicht und Geschäftsgeheimnisse

In einem Prozeß vor dem Oberlandesgericht Dresden verlangte der Kläger bestimmte Auskünfte. Der Beklagte leugnete die Pflicht zur Preisgabe von Geschäftsgeheimnissen. Das OLG hat das eingesehen und sich zu einem Urteil entschlossen, das den Bedenken des Beklagten gerecht wurde.

Es hat ihn verurteilt

a) zur Vorlage der Eröffnungsbilanz per 1. 10. 1912,

b) zur Vorlage der Geschäftsbücher und Belege...

aber nun – mit welcher Einschränkung oder besonderen Bestimmung dieses letztere?

> *Man denkt natürlich daran, daß der Beklagte hätte verurteilt werden können, die Belege einem neutralen Sachverständigen zur Einsicht vorzulegen.*

In diesem Falle würde sich sofort welche Frage einstellen?

> *Die Frage, wer denn diesen Sachverständigen benennen dürfe oder müsse?*

Und was wäre dazu zu erwägen?

---

[1] Ebenso *Schröder*, NJW 1969, 1285.

> *Dabei wären verschiedene Gesichtspunkte zu berücksichtigen und gegeneinander abzuwägen — es muß sich natürlich um einen fachlich geeigneten Mann handeln; alsdann um einen Mann (oder natürlich auch eine Frau), also eine Persönlichkeit, die Gewähr dafür bietet, die ihr bekanntwerdenden Geschäftsgeheimnisse auch für sich zu behalten, und schließlich muß es wohl eine Persönlichkeit sein, die zumindest das Vertrauen des Gläubigers genießt (so daß dieser mit ihrem Bericht einverstanden sein kann) und gegen die der Schuldner keine begründeten Bedenken geltend zu machen hat.*

Alles richtig, aber eines fehlt doch noch. Aber das können Sie nicht wissen, das lehrt die Praxis:

Es müßte außer all dem eine Persönlichkeit sein, die man namentlich im Urteil noch nicht bezeichnet! Denn zwischen Urteil und Vollstreckung kann sehr lange Zeit vergehen — bezeichnet das Urteil etwa den Buchprüfer XY als den Sachverständigen, und der stirbt dann inzwischen, oder er verreist für längere Zeit, oder er lehnt den Auftrag wegen Überlastung, Krankheit oder aus was für einem Grunde auch immer ab, ...

> *er kann ja hier nicht dazu gezwungen werden!*

Nein, das wäre nicht möglich. Also es kann die verschiedenen Hindernisse geben, zu denen z. B. auch noch die Honorar- und Vorschußfrage gehört! Kurz und gut, es wäre unpraktisch, den Sachverständigen schon im Urteil zu bestimmen.[1]

> *Dann bleibt wohl nur die Wahl, entweder, daß eine Partei berechtigt wird, den Sachverständigen zu bestellen, oder daß es eine Behörde oder eine ähnliche Stelle tut.*

Vielleicht gibt es auch eine Kombination beider Möglichkeiten: Benennung (Vorschlag) durch eine Behörde, Ernennung (Beauftragung) durch eine Partei?

Sehen wir uns einmal im sachlichen Recht nach Vorbildern um! Was halten Sie von HGB § 87c Abs. 4?

> *Das ist allerdings ein sehr interessanter Fingerzeig! Diese Regelung könnte man wohl zum Vorbild nehmen — ein vom Gläubiger zu bestimmender Wirtschaftsprüfer oder vereidigter Buchsachverständiger!*

---

[1] Einigen sich die Parteien auf eine bestimmte Person, so würde man dem natürlich Rechnung tragen können und müssen — analog etwa ZPO § 404 Abs. 3 u. 4. Ich würde es aber auch in diesem Fall für eine aus § 139 folgende Pflicht des Gerichts ansehen, die Parteien auf die oben erörterten möglichen Hindernisse hinzuweisen und sie zu veranlassen, Anträge zu stellen, die im Falle eines solchen Hindernisses die Durchführung des Urteils gewährleisten.

Aber welche Möglichkeit hat denn in jenem Fall das OLG Dresden aufgezeigt?

Es hat formuliert:

„Vorlage der Geschäftsbücher und -belege an einen vom Amtsgericht auszuwählenden Sachverständigen."

Wie hat es das begründet?

Aus § 145 FGG! (Seuff Arch. 72, Nr. 17).

Das ist nicht zu verstehen, § 145 regelt doch ganz andere Dinge!

Stellen Sie sich einmal folgendes vor: Sie sitzen 1912 im AG Chemnitz in Sachsen und bearbeiten Freiwillige Gerichtsbarkeit. Zu Ihnen kommt der Kläger jenes Prozesses und beantragt unter Hinweis auf das Urteil des OLG Dresden die Bezeichnung jenes Sachverständigen. Was würden Sie ihm sagen?

Ich würde ihm sagen, daß meine Verfahrensordnung, das FGG, eine solche Tätigkeit nicht vorsieht.

Sie würden den Antrag also ablehnen?

Ja.

Ich würde es auch tun. Aber der Gläubiger vertraut auf das Oberlandesgericht, er legt Beschwerde und meinetwegen auch weitere Beschwerde ein. Und nun kommt die Sache wieder zum OLG Dresden, allerdings zu dem Beschwerdesenat für Angelegenheiten der Freiwilligen Gerichtsbarkeit. Nehmen wir an, der würde die Meinung des Amtsrichters, also Ihre Meinung, billigen – wie würde jenes Urteil seiner Kollegen vom Prozeßsenat dann wohl einmal vollstreckt werden können?

Vielleicht gar nicht, jedenfalls aber nach unendlicher verlorener Zeit.

Wir brauchen dem nicht weiter nachzusinnen, denn die Lage wäre nicht anders als sie ist, wenn das Prozeßgericht über die Wahl des Sachverständigen gar nichts anordnet. Wenn also das Urteil nur dahin lautete, daß die Belege einem Sachverständigen zur Einsicht im Auftrage des Klägers vorzulegen seien.

Wie würden wir uns da weiterhelfen, etwa als Anwalt des Klägers?

Ich meine, wenn das Prozeßgericht sich auf diese sparsamen Anordnungen beschränkt (was ja vielleicht einmal ratsam sein kann), dann hat es bewußt den etwaigen Streit um die Auswahl des Sachverständigen in die Vollstreckung verlagert. Ich würde also dem Gegner schreiben, ich bäte

> *nun um Vorlage der Belege; wolle der Beklagte sie nicht mir sondern nur einem Sachverständigen zeigen, so schlüge ich den und jenen vor und erbäte Mitteilung bis zum Soundsovielten, ob man dazu bereit sei. Andernfalls würde ich das Verfahren aus § 888 ZPO einleiten.*

Und wenn die Antwort negativ ist oder ganz ausbleibt?

> *Dann würde ich diese Vorgeschichte dem Prozeßgericht 1. Instanz schildern und den Antrag aus § 888 stellen.*

Und das Gericht?

> *Das Gericht würde dem Schuldner Strafe androhen für den Fall, daß er die Belege nicht bis zum Soundsovielten jenem Sachverständigen (oder einem anderen, den er für geeigneter hält) vorlegen sollte.*

Sie sehen aus diesem Fall, wie praktisch es sein kann, auch in den Fällen des § 888 zunächst buchstäblich Strafe anzudrohen statt sie sogleich festzusetzen, wir sprachen ja schon davon (oben VI. Kap., a. E.).

> *Die Vollstreckung nach § 888 ist ja immer etwas langwierig – könnte man nicht auf anderem Wege schneller zum Ziel gelangen? Wenn man das Urteil auf Vorlage der Belege als Urteil auf eine begrenzte, zeitlich begrenzte Herausgabe umdeutete und es nach § 883 vollstrecken ließe? Dann würde der Gerichtsvollzieher die Bücher und Belege beim Schuldner abholen und dem Sachverständigen vorlegen ...?*

Fürwahr, eine elegante Lösung! Was sagen die anderen Rechtskundigen dazu?

> *Es kommt mir wie eine Umgehung des Gesetzes vor!*
> *Wenn das Gesetz die Vorlage auf diese Weise erzwingen lassen wollte, würde es doch etwas darüber gesagt haben, wie sich der Gerichtsvollzieher nach der Übernahme der Bücher zu verhalten hätte!*

> *Ich meine, das Urteil ließe sich so überhaupt nicht vollstrecken, denn wie soll der Gerichtsvollzieher, der ja nicht Sachverständiger ist, wissen, welche Unterlagen er abholen muß? Auch ergeben sich doch bei einer solchen Prüfung beständig Rückfragen, Urkundenvergleiche usw. usw., es wäre ja ein fortwährendes Bemühen des mit der Sache nur formell befaßten Gerichtsvollziehers, wenn man so vorginge!*

Vor allem, meine Herren – wo wird denn eigentlich „vorgelegt"? Lesen sie einmal BGB § 811!

> *Am Aufbewahrungsort der Bücher!*

Also beim Schuldner, in dessen Geschäftsräumen. Er braucht sich von seinen Belegen, von diesen für ihn so wichtigen Unterlagen überhaupt

VII. Auskunftspflicht und Geschäftsgeheimnisse

nicht zu trennen! Daraus folgt, daß eine Verurteilung zur Herausgabe über das, was der Gläubiger des Auskunftsanspruchs zu fordern hat, weit hinausginge. Und natürlich kann man auch aus diesem Grunde ein Urteil auf Vorlage nicht in eines auf Herausgabe umdeuten! Wir haben hierzu eine Entscheidung des früheren Kammergerichts – JW 1936, 3336 Nr. 39. Da ist gesagt, daß der Schuldner nicht gezwungen werden könne, seine Unterlagen dem Anwalt des Gegners zu getreuen Händen in dessen Büro zu überlassen. Wenn es einmal so sein sollte, daß die Vorlage nicht in den Räumen des Schuldners durchführbar sei (z. B. wenn der zu eng wohnt oder keinen Raum besitzt, der eine ruhige Prüfung zuläßt), so käme als dritter Ort doch nur ein neutraler in Frage, etwa die Geschäftsstelle des gemeinsamen Fachverbandes oder der Handelskammer u. dgl. Darüber hinaus könne in solcher Sache des persönlichen Vertrauens Zwang nicht ausgeübt werden. Das ist wohl eine ganz vernünftige Entscheidung. Sie zeigt uns, daß wir **für die Urteilsformel auch noch diese Frage des Ortes der Vorlage beachten müssen**,[1] sofern...?

sofern die Parteien durch ihren Sachvortrag dazu Anlaß geben! Es müßte also etwa der Kläger behaupten, daß eine ordentliche Prüfung der Belege beim Beklagten aus den und jenen Gründen unmöglich sei.

Aber warum erörtern wir heute diese alten Fälle aus den Jahren 1912 und 1936?

Nun, ich finde, es ist doch gerade heute ein aktuelles Problem, **wie man das Grundrecht der Wahrung der Geheimsphäre** (von dem neuerdings Nipperdey in der Festschrift für Molitor spricht) **mit dem Recht eines anderen auf ganz konkrete Auskünfte vereinbaren kann**. Weiterhin ist es lehrreich, zu erörtern, wie man den **Kompromiß**, den man auf Grund des sachlichen Rechts – Treu und Glauben! – schließlich auch in diesen Fällen erarbeiten muß,[2] in die richtige, d. h. **in der Vollstreckung brauchbare Form zu bringen vermag**. Und außerdem hat der BGH erst vor zwanzig Jahren auf jene Entscheidung des OLG Dresden hingewiesen – NJW 1954, 70.

Das ist allerdings besonders interessant. Billigt der BGH die Lösung des OLG Dresden?

Das kann man nicht sagen. Er ist ja immer sehr vorsichtig in der Formulierung. Wir können den Fall einmal besprechen, hören Sie!

---

[1] Darüber, daß merkwürdigerweise der Ort einer Leistung sonst im Urteil kaum wichtig ist, siehe *Ernst Wolff*, Bürgerliches Recht und Verfahrensrecht in Wechselwirkung, Tübingen 1952, S. 91 ff.
[2] Vgl. die interessante E. des BGH v. 16. 4. 1962 in BB 1962, S. 73.

Die Klägerin hat in einem Vorprozeß mit G, dem Rechtsvorgänger des Beklagten, einen Vergleich dahin geschlossen, daß er ihr seine gesamte Kalksteinproduktion zum Kauf anzubieten habe. Von dem Erlös derjenigen Mengen, die sie nicht übernehme und die er selbst anderweitig veräußern durfte, hatte er ihr 6% zu zahlen. – Inzwischen hat die Klägerin selbst Steinbrüche erworben und produziert selbst Kalksteine. Der Beklagte erblickt darin einen Wegfall der Geschäftsgrundlage für den Vergleich und zahlt die 6% nicht mehr. OLG Frankfurt hat ihn klagegemäß verurteilt

a) zur Rechnungslegung über die von ihm direkt verkauften Kalksteine,

b) zur Vorlage der darüber erteilten Belege;

c) bei nicht ordnungsgemäßer Abrechnung: Zur Leistung des Offenbarungseides dahin,

daß der Beklagte in der gelegten Rechnung (!) die verkauften Kalkmengen eigener Förderung nach bestem Wissen so vollständig angegeben und nachgewiesen habe, als er dazu imstande sei.

Was – Verurteilung zum Offenbarungseid, bevor überhaupt die Rechnung gelegt ist und man also übersehen kann, ob sie unzuverlässig ist?

Stopp, Herr Kollege! Ihre Frage ist richtig, aber wir sind noch nicht so weit! Ich sagte, es handele sich um ein Urteil des BGH. Dieser erörtert u. a. die Frage, ob es angehe, den Schuldner zu zwingen, in der Abrechnung die Namen seiner Abnehmer anzugeben oder ob man dem Gläubiger zumuten könne, mit einer eingeschränkten Abrechnung, einer solchen, die diese Angaben nicht enthält, zufrieden zu sein. Der BGH meint, das könne man hier der Klägerin zumuten – wittere sie dann in der Abrechnung Lücken, so könne dem durch entsprechende Ausgestaltung der Eidesformel Rechnung getragen werden.

Ich finde diese Ansicht nicht sehr weise – wie soll denn die Klägerin imstande sein, derartige Lücken zu erkennen und dem Gericht zu beweisen, wenn ihr nur etwa pauschal gesagt zu werden braucht: Wir haben im März 1962 ca. 350 Zentner Kalksteine verkauft und im April 325? Da besteht für sie doch nicht die geringste Möglichkeit zu „wittern"!

Ich bin auch der Meinung, daß der BGH hier der Klägerin statt Brot – Kalksteine gegeben hat. Aber er macht das in etwa wieder gut, er verweist nämlich auf unsere Dresdener Entscheidung, macht das OLG darauf aufmerksam, daß es prüfen müsse, ob auch hier die Möglichkeit der Bestellung eines Sachverständigen zur Prüfung der Belege bestehe, und sagt dann, daß dabei

„dem Berufungsgericht überlassen ist, ob es die Möglichkeit sieht, einen solchen Sachverständigen notfalls selbst zu ernennen und ihn nicht durch das Registergericht auswählen zu lassen".

VII. Auskunftspflicht und Geschäftsgeheimnisse

Das ist allerdings deutlich! Der BGH teilt also unsere Zweifel an der rechtlichen Möglichkeit, hier den Richter der Freiwilligen Gerichtsbarkeit einzuschalten. Aber wie sollte das OLG als Gericht 2. Instanz dazu kommen, ihn auszuwählen?

Nun, wir hatten doch schon festgestellt, das sachliche Recht könne es als richtig und billig erscheinen lassen, daß das Prozeßgericht ihn ernennt. Praktischer, so haben wir freilich ermittelt, ist allerdings *unsere* Überlegung. Es wird eine interessante Aufgabe sein, den Tenor einer solchen Entscheidung einmal zu entwerfen, wobei wir es uns angelegen sein lassen müssen, ihn so elastisch zu halten, daß er unvorhersehbaren Schwierigkeiten ohne weiteres trotzt, daß er aber auch erschöpfend genug ist, um möglichst jeden Streit über Teilfragen in der Vollstreckung auszuschließen.

Wir müssen ja auch daran denken, daß wir doch dem Sachverständigen, der an dem Prozeß nicht beteiligt ist, keinerlei Befehle erteilen können. Wie können wir eigentlich gewährleisten, daß er die Geschäftsgeheimnisse des Beklagten, also etwa die Namen seiner Abnehmer, für sich behält und nicht doch dem Kläger weitersagt?

Da bestehen keine Möglichkeiten. Man muß der Person, dem Eide des Sachverständigen vertrauen und darauf, daß er sich seiner Aufgabe im eigenen Interesse würdig erweisen wird. Gerade aus diesen Gründen ist die Frage seiner Auswahl ja ein so wichtiges Problem der praktischen Rechtspflege! Sie erkennen hier einmal, wie entscheidend wichtig und wirtschaftlich bedeutsam die richtige Handhabung des Zivilprozesses ist! Also – formulieren wir einmal!

Vielleicht ginge es so:
Der Beklagte wird verurteilt, dem Kläger über ... Rechnung zu legen.
Er wird weiterhin verurteilt, einem von der Industrie- und Handelskammer zu Hamburg vorzuschlagenden und vom Kläger zu beauftragenden Buchsachverständigen die Belege für die erwähnte Rechnung zur Prüfung vorzulegen, deren Ergebnis der Sachverständige dem Kläger mitzuteilen hat, ohne ihm die Namen der Abnehmer des Beklagten preiszugeben.

Einverstanden. Man könnte sich natürlich noch mehr an HGB § 87c anschließen – schließlich mag sich der Beklagte vielleicht doch dareinfinden, daß der Kläger selbst die Belege einsieht (vielleicht werden dem Beklagten einfach die Kosten des Sachverständigen zu hoch!), man muß ja die Möglichkeit, daß er in dieser vollständigen Form erfüllen will, in der Tenorierung des Urteils vorbedenken, man könnte also sagen ...

der Beklagte wird weiterhin verurteilt, die Belege ... nach seiner Wahl entweder dem Kläger selbst oder einem Sachverständigen (usw., wie oben!) vorzulegen.

Schön. – Wo orientieren Sie sich, wenn der Beklagte **nicht** wählt?

In § 264 BGB.

Was steht da?

Daß der Schuldner sein Wahlrecht nur bis zum Beginn der Zwangsvollstreckung ausüben kann.

Wann „beginnt" in diesem Fall die Zwangsvollstreckung?

Mit Herausgabe des gerichtlichen Beschlusses aus § 888 (Baumbach-Lauterbach, 2 B).

Genauer! Wir hatten ja schon erörtert, was man zu tun hat, wenn der Schuldner die Bücher nicht vorlegt. nachdem der Gläubiger ihn angeschrieben hat – nun würde das Gericht also von dem Gläubiger die Mitteilung bekommen, er habe den Schuldner vergeblich zur Vorlage der Belege an ihn, den Gläubiger selbst, oder den von der Handelskammer vorgeschlagenen Buchsachverständigen XY aufgefordert. Nun wolle man die Belege selbst einsehen und beantrage die Strafandrohung aus § 888.

Das Gericht (das Prozeßgericht 1. Inst.) wird nun den Beschluß fassen, daß dem Schuldner Strafe in Höhe von ... DM angedroht werde für den Fall, daß er nicht bis zum ... die Belege dem Gläubiger zur Prüfung vorgelegt habe.

Diese Androhung tritt jedoch außer Kraft, sofern der Schuldner vor Ausfertigung dieses Beschlusses die Belege dem Sachverständigen XY vorgelegt haben sollte.

Worauf beruht denn dieser Zusatz?

Auf dem 2. Halbsatz im 1. Absatz des § 264 BGB – danach kann sich der Schuldner, solange nicht der Gläubiger die Bücher vorgelegt bekommen hat, durch ihre Vorlage an den Sachverständigen von seiner Verpflichtung noch befreien – und dieser Möglichkeit muß der Beschluß Rechnung tragen.

Aber wie erfährt der Schuldner, wie der Gläubiger, wann der Beschluß „ausgefertigt" ist?

Ja, das ist natürlich schwierig. Aber das Gesetz gibt uns da kaum Spielraum, die maßgeblichen Zeitpunkte liegen nun einmal – vom Gesetz her gesehen – fest. Der interne Vorgang der Existenzwerdung jenes Beschlusses ist nun einmal, weil intern, eben auch für den Außenstehenden schwer feststellbar. Immerhin wissen ja die Beteiligten sofort, wenn der Beschluß bei ihnen eintrifft, ob inzwischen von der anderen Möglichkeit

> *Gebrauch gemacht worden ist, und sollte es der Zufall wollen, daß dies etwa um dieselbe Zeit geschehen ist, da mutmaßlicherweise jener Beschluß existent geworden ist, und sollte gleichwohl erbittert darüber gestritten werden, ob der Schuldner noch rechtzeitig erfüllt hat, so müßten eben genaue Erhebungen stattfinden.*

Stimmen die anderen Herren dem zu?

. . . . .

Es scheint so. Aber ich melde selbst Widerspruch an. Wir können hier einmal die vorausschauende Weisheit des Gesetzes bewundern:
Nach § 264 kann der Schuldner solange die Leistung seiner Wahl erbringen, als nicht der Gläubiger die Leistung seiner Wahl wenigstens teilweise erhalten hat. M. a. W.: Das Wahlrecht geht dem Schuldner verloren und auf den Gläubiger über, wenn der Schuldner nicht bis zum Beginn der Vollstreckung – hier bis zur Herausgabe jenes Beschlusses aus § 888 – seine Wahl vorgenommen hat. Aber seine Leistung gemäß seiner Wahl kann er noch mit befreiender Wirkung erbringen, solange der Gläubiger nicht die selbst gewählte erhalten oder beigetrieben hat. Daher wird also eine genaue Feststellung jener Zeitpunkte nicht mehr benötigt.

Die Formel des Beschlusses S. 101 muß also im 2. Absatz gebessert werden und so lauten:

> *Diese Anordnung tritt jedoch außer Kraft,[1] sobald der Schuldner die Belege dem Gläubiger oder dem Sachverständigen[2] vorlegt,*

und ebenso ist der Beschluß zu formulieren, der nach fruchtlosem Fristablauf (Abs. 1 der Androhung!) etwa nötig werden sollte, die *Straffestsetzung*.[3]

> *Wie ist es denn nun mit dem Offenbarungseid, zu dem das OLG Frankfurt verurteilt hat?*

Das war natürlich verfrüht, und man muß sich wundern, wie so etwas einem OLG passieren konnte. Daß die Herren nicht spätestens bei Niederschrift dieses Teils der Urteilsformel einmal an die Folgerungen, an die Vollstreckung gedacht haben, daß ihnen nicht die Frage gekommen ist: Wer stellt eigentlich fest, ob die Abrechnung „ordnungsgemäß" ist? Muß sie dazu nicht erst einmal vorliegen? Und ist die Prüfung, ob der

---

[1] das folgt aus der Natur des Beschlusses als Beugezwangsmaßnahme.
[2] das folgt aus BGB § 264 Abs. I, 2. Halbsatz.
[3] Über einen Titel mit Lösungs-(Ersetzungs-)Befugnis des Schuldners und seine Vollstreckung und die Unterschiede zur Wahlschuld s. LG Braunschweig, DGVZ, 1963, 87.

Anspruch auf den Eid begründet ist, nicht eine solche, die dann im Erkenntnisverfahren vorzunehmen ist?

Daß es sich also m. a. W. um eine Stufenklage gehandelt hat ...

Jawohl! Das alles ist dem OLG entgangen.

Unbegreiflich!

Ja. Man muß aus solchen Vorkommnissen eben lernen. Es kommt noch ganz anderes vor!

Dritte Abteilung
Der unbekannte Zivilprozeß

VIII. „Der unbekannte Zivilprozeß"

1. ENTSCHLIESSUNGEN IM TERMIN

In seinem berühmten, mit fünfzig Jahren noch tau-frischen Aufsatz über den unbekannten Zivilprozeß, den Sie in meinen „Prozeßhilfen" nachlesen können, sagt Baumbach, er habe „viele Richter kennengelernt, denen die einfachsten Kenntnisse des Prozeßrechts noch nicht aufgegangen oder bei denen sie wieder untergegangen waren", und „unzählige Anwälte gesehen, darunter Anwälte von Ruf, von Verdiensten, die hilflos dastanden, wenn die Prozeßlage eine neue Entschließung, eine Umstellung, einen neuen Antrag verlangte". Ich habe mir immer gewünscht, Baumbach würde diese schwerwiegenden Aussagen durch Schilderung einzelner Fälle untermauern. Da dies nicht geschehen ist, müssen wir versuchen zu erforschen, wo Fallstricke liegen, über die man in der Sitzung stolpern kann; wo sofortige Entschließung von den Parteien, den Anwälten gefordert werden. Schon im Voraus steht fest, daß nicht nur die einfachste Kenntnis des Prozeßrechts erforderlich ist, um solche Klippen zu überwinden, sondern eine sehr genaue, ins Einzelne gehende, die Kenntnis des Wortlauts auch als nebensächlich betrachteter Vorschriften.

a) Gehen wir einmal von einem ganz einfachen Fall aus!

Zahlungsbefehl über 5 200,- DM gegen zwei Schuldner „als Gesamtschuldner", nennen wir sie G. und S. Für den Fall des Widerspruchs ist vorsorglich, wie es das übliche Formular vorsieht, Verweisung an das LG beantragt – § 697 II.
Widerspruch des S., AG verweist an LG.
Gegen G. ergeht Vollstreckungsbefehl...

Überlegen Sie einmal dessen genaue Fassung im Hinblick darauf, daß gegenüber S. noch alles offen ist!

G. war nämlich auf Reisen und erfährt erst lange nach Ablauf der Widerspruchsfrist von der Zustellung des ZB und des VB an ihn.

Was muß für ihn geschehen?

Die Wiedereinsetzung in den vorigen Stand muß beantragt werden, § 233 ZPO.

Unter welchen Voraussetzungen wird sie gewährt?

Für den Fall der Versäumung der Einspruchsfrist gilt die einfache Tatsache unverschuldeter Unkenntnis von der Zustellung, Abs. 2.

Schön, es wird also Wiedereinsetzung beantragt – was muß G.'s Anwalt außerdem tun?

Er muß die Voraussetzungen der Wiedereinsetzung glaubhaft machen.

Stimmt das?

§ 236 Nr. 2 ZPO!

Stimmt gleichwohl nicht! Man braucht nicht schon mit dem Wiedereinsetzungsgesuch glaubhaft zu machen, man muß nur sagen, wie man glaubhaft zu machen gedenke, also in dem Termin. Man kann also schreiben:

Dies alles werde ich durch Eidesstattliche Erklärung der Sekretärin A. B. glaubhaft machen.

Ist der Unterschied so wichtig?

Diese Frage wollen wir mal Ihren Kollegen vorlegen... wer beantwortet sie?

Der Unterschied kann sehr wichtig sein, z. B., wenn der Anwalt den Auftrag zu dem Wiedereinsetzungsgesuch telefonisch am letzten Tage der Frist erhalten hat und die Eidesstattliche Versicherung so schnell nicht bekommen kann. Dann muß das Gesuch eben zum Gericht ohne sie, und der Anwalt darf beruhigt sein, daß er trotzdem ein vorschriftsmäßiges Gesuch gestellt hat.

Sehr richtig!

Was fehlt nun noch?

Die „versäumte Rechtshandlung" muß nachgeholt werden...

wie muß es also unbedingt in dem Gesuch weiterhin heißen?

Ich lege zugleich für den Schuldner G. gegen den Vollstreckungsbefehl vom ... hiermit
Einspruch
ein.

Gut. Nun wird das Gericht also Termin anberaumen, welches Gericht übrigens?

Das Amtsgericht, bei dem diese Sache ./. G. ja noch schwebt.

Woran muß der Anwalt des G. im Hinblick auf diesen Termin denken?

Er muß sich jene Eidesstattliche Erklärung von seinem Mandanten kommen lassen, damit er sie im Termin vorlegen kann.

Wenn er das vergißt – könnte er sie nachreichen?

Nein – Glaubhaftmachung ist ein Beweis, der sofort erhoben werden kann, § 294 II.

Gut. Ich gehe also in der Sache, die dieser Unterhaltung zugrundeliegt, wohlvorbereitet zu Gerichte. Der Amtsrichter ist einer von denen, die man einen „alten, erfahrenen Amtsrichter" nennt, Platte im Silberkranz. Nun, alt war er. Er empfängt mich mit den Worten:

„Über die Wiedereinsetzung entscheidet ja nun das Landgericht".

Ich erwidere

„Nein, Sie!"

Er:

„... das Gericht, dem die Entscheidung über die nachgeholte Prozeßhandlung zusteht ..."

Ich:

„Sie denken an § 237, hier aber gilt eine Sonderregelung, § 700, zunächst hat das Amtsgericht über die Ordnungsmäßigkeit des Einspruchs zu befinden, und dazu gehören natürlich die Fragen der Fristwahrung, zu welchem Zwecke hätten Sie sonst diesen Termin hier anberaumt?

Der Herr Vorsitzende läßt also vom Wachtmeister eine ZPO holen, liest lange und diktiert dann ins Protokoll:

„Die Akten gelangen an das Landgericht ... unter Bezugnahme auf § 700 ZPO."

Das ist doch gar nichts, nicht Fisch, nicht Fleisch!

Richtig! Und wie hätte der Richter formulieren sollen?

Etwa so:

I. Dem Beklagten G. wird wegen Versäumung der Frist für den Einspruch gegen den Vollstr.-Befehl vom ... Wiedereinsetzung in den vorigen Stand gewährt.

II. Sein Einspruch wird für zulässig erklärt.

III. Das Amtsgericht erklärt sich für sachlich unzuständig und verweist die Sache an das Landgericht ...

Einverstanden.

Erlauben Sie eine Frage! Warum erwähnen Sie diesen Fall im Rahmen dieses Themas? Ist er denn so schlimm?

Ich meine ja. Ein halbwegs erfahrener Amtsrichter kennt den § 700 gründlich, denn das amtsgerichtliche Mahnverfahren ist ja gegeben für Ansprüche jeder Höhe, und ans Landgericht zu verweisende Sachen sind also zahlreich. Dieser Richter kannte ihn nicht. Und er hatte sich, was schlimmer ist, auf den Termin auch nicht vorbereitet. Und er war – das muß ich nun anfügen – auch sonst hilflos. Unablässig starrte er auf kleine Notizzettel, die er sich – immerhin! – in jeder Sache anfertigte, die Parteien sah er nicht an, sie waren für ihn nicht vorhanden. Und nun betrachten Sie seine „Entscheidung" in dieser einfachen Sache! Wie Sie schon sagten „nicht Fisch, nicht Fleisch," man konnte durchaus bezweifeln, ob das Landgericht sich damit begnügen – und für gebunden!! § 700, letzter Satz! erachten – würde.

Vielleicht war er überlastet?

An diesem Vormittag standen auf seinem Terminszettel ganze 12 Sachen, nicht 120, wie ich es erlebt habe.

Hier hätten wir also einen Fall, der Baumbachs Erfahrung belegt, daß mitunter auch die einfachsten Kenntnisse des Prozeßrechts fehlen.

Was wäre denn nun aber groß geschehen, wenn G.s Anwalt nicht Bescheid gewußt und der Amtsrichter also nicht in der ZPO nachgelesen hätte?

Das mag einer Ihrer Kollegen beantworten ...

Dann wären die Akten der Sache eben „an das Landgericht gelangt", und dieses hätte irgendwann entdeckt, daß ja das dafür zuständige Amtsgericht erst noch über die Wiedereinsetzung entscheiden müsse,

die ja übrigens auch versagt werden konnte, z. B. weil die Unkenntnis der Zustellung nicht unverschuldet sei ...!

Folge jedenfalls Verzögerung, Hin- und Herwandern der Akten, Ungewißheit.

Richtig!
Der Fall ließe noch einige Erörterungen über das Wiedereinsetzungsverfahren zu, die wir uns im Kreise von Könnern, die die Feinheiten der Prozeßkunst erarbeiten, aber ersparen können.
b) Nehmen wir einen anderen Fall, ein Erbstück aus Kriegs- und erster Nachkriegszeit, als es darum ging, wieder Ordnung in die unter dem Druck der Nöte gewordenen Zustände zu bringen:

Beim AG H. erhebt Herr K. die Klage gegen B. auf Aufhebung des Mietverhältnisses und Räumung des Anbaus, den B. vor Jahren auf dem Grundstück des Klägers an dessen Wand aufgeführt hat. B. erhebt Widerklage auf Feststellung, daß er selbst Eigentümer des Anbaus sei und daher nicht K.'s Mieter sein könne, § 95 BGB. Als Wert gibt er 30000,- Reichsmark an und beantragt demgemäß die Verweisung der Sache an das LG.

Wie ist die grundsätzliche Regelung der Verweisung vom AG ans LG im Falle einer die amtsgerichtliche Zuständigkeit übersteigenden Widerklage?

§ 506 ZPO – jede Partei kann die Verweisung der Sache beantragen, und sie muß es vor weiterer Verhandlung zur Hauptsache tun.

Wenn keine Partei sie beantragt, ...

gilt die Zuständigkeit als stillschweigend vereinbart, § 39, die Rüge der Unzuständigkeit kann dann nicht mehr erhoben werden, § 274.

Ausnahme?

§ 40, § 274 II.

Inzwischen haben wir neues Recht für Gerichtsstandsvereinbarungen – wie ist § 39 ZPO nun zu verstehen?

Verhandeln ohne Rüge der Unzuständigkeit ist nun nicht mehr die Vereinbarung des angerufenen Gerichts als zuständig, sondern als eigenständige Begründung dieser Zuständigkeit anzusehen ...

ja – so *Löwe,* NJW 1974, 576, zu 3 c.

Am Ergebnis ändert sich für uns nichts.

Was wird denn nun ans LG verwiesen – die Widerklage oder der gesamte Prozeß?

Nach § 506 „der Rechtsstreit", d. h. doch wohl alles, Klage plus Widerklage.

Richtig, und die Regelung dürfte zweckmäßig sein, weil so ein und dasselbe Gericht über die Fragen, wer denn Eigentümer des Anbaus sei, und ob der Beklagte sein Mieter sei, befindet.

Außerdem dient es der Beschleunigung, wenn diese Entscheidungen in einem Zuge ergehen und die Sache nicht in zwei bei zwei Gerichten anhängige zerrissen wird.

Können Sie sich nicht aber vielleicht doch eine Ausnahme denken?

> *Ja – wenn etwa für die Klage eine ausschließliche Zuständigkeit beim Amtsgericht besteht . . .*

d. h. es müßte in unserem Falle wohl

> *abgetrennt werden und der Mietaufhebungsstreit ruhen bis das LG über die Widerklage entschieden hat; § 7 MSchG.*

Ich höre Unmut . . .

> *Ja, ich bin anderer Meinung – schließlich geht das Gesetz ja davon aus, daß das mit drei Richtern besetzte LG ein besseres Gericht ist als das AG – siehe § 10 ZPO! –, und so könnte es nichts ausmachen, wenn einmal das LG an die Stelle des AG auch in solcher Sache tritt . . .*

Hört sich gut an, übersieht aber, . . .

> *daß wir schwerlich den genannten Fehler bewußt machen dürfen.*

Richtig. Ist er einmal gemacht, so könnte der unterlegene Teil in der Berufung gegen das landgerichtliche Urteil beim OLG nicht mit der Rüge durchdringen, es habe das Amtsgericht über die Klage entscheiden müssen, . . . aber, wie gesagt, wir wollen von Anfang an richtig vorgehen, meiden den Fehler also. Wir kommen also zu dem Ergebnis, daß im Falle einer ausschließlichen sachlichen Zuständigkeit für eine der Klagen die Trennung erfolgen muß und die Verweisung der anderen Sache an das LG.

> *In diesem Falle wirkt sich also die Zuständigkeitsregelung verzögerlich und kostspielig aus!*

Ja, und man könnte sich denken, daß der Gesichtspunkt der Beschleunigung vielleicht in Sachen, die das Gesetz sonst als besonders eilbedürftig ansieht, . . .

> *z. B. solchen, die eo ipso Feriensachen sind, wie Räumungssachen,*

zu einer anderen Regelung geführt hat.

> *Darüber müßte uns das MSchG etwas sagen, bzw. seinerzeit gesagt haben (denn es ist ja inzwischen außer kraft).*

Und was finden Sie da?

> *§ 15 I erlaubte dem klagenden Vermieter die Geltendmachung anderer Ansprüche neben dem auf Aufhebung des Mietverhältnisses, jedoch nur, wenn*
> > *„sie das gleiche Mietverhältnis betreffen und das Gericht auch für sie zuständig ist".*

> *Abs. II erlaubte Widerklage nur wegen eines Gegenanspruchs, der „das gleiche Mietverhältnis betrifft".*

Halt! Für die Widerklage wird also nicht verlangt, daß auch sie in die Zuständigkeit des AG falle (bzw. durch Vereinbarung fallen könne)?

> *Offenbar doch nicht.*
> *Aber hier wird aus dem allgemeinen Prozeßrecht zu ergänzen sein – § 33 II ZPO erlaubt Widerklage wegen eines mit dem Klageanspruch „in Zusammenhang stehenden" Gegenanspruchs dann nicht, wenn die amtsgerichtliche Zuständigkeit für ihn auch nicht durch Vereinbarung begründet werden könnte, m. a. W. im Falle ausschließlicher Zuständigkeit eines anderen Gerichts kann Widerklage bei dem Gericht der Klage nicht erhoben werden,*

und das ...?

> *mußte auch für § 15 MSchG gelten, so daß auch dem MietAufhAnspruch nicht mit einer Widerklage begegnet werden durfte, wenn deren Gegenstand in die ausschließliche Zuständigkeit etwa des Landgerichts fällt. Insoweit war der Rechtszustand nach Abs. 2 dem des Abs. 1 entsprechend.*

„Ansprüche. die das gleiche Mietverhältnis betreffen" – gehört der Widerklageanspruch auf Feststellung des Eigentums des Beklagten an dem Anbau hierher?

> *Wenn man davon ausgeht, daß ein wirtschaftlicher Zusammenhang genügen muß (so Ebel, MSchG, 8. Aufl. 1938), dann würde ich die Frage bejahen, der Zusammenhang ist gegeben, Widerklage also zulässig.*

Müssen wir uns mit der Frage (über die Sie auch in den größten Kommentaren zum MSchG nichts finden, als weitausholende, semantische, textkritische Überlegungen) hier plagen?

> *Ich glaube nicht – Abs. 3 des § 15: Entweder ist der Feststellungsanspruch ein Anspruch „anderer Art" – dann „ist auf Antrag" des Klägers und kann auch ohne Antrag von Amts wegen abgetrennt werden, oder diese Feststellungswiderklage ist nicht wegen eines Anspruchs „anderer Art" erhoben, so ist auf Antrag des Klägers abzutrennen, weil die Zuständigkeitsgrenze des AG überschritten wird, letzter Satz des Abs. 3.*

in diesem Falle also keine Trennung von Amts wegen?

> *Nein, es ist also entscheidend im einen wie im anderen Falle, wie sich der Gegner, also der Kläger/Widerbeklagte einläßt, denn die Zuständigkeit des LG für die Widerklage ist ja nicht ausschließlich.*

und das entspricht ja in Zuständigkeitsfragen ganz der allgemeinen Regel, § 39 ZPO, der Kläger kann die landgerichtliche Zuständigkeit für die Widerklage ignorieren, die Widerklage also beim AG belassen. Und damit wäre der Zusammenhang dieses Falles mit unserem Thema: Unkenntnis des Zivilprozesses, ungeschicktes Verhalten im Termin, schnelle Einstellung auf neue Situationen, gegeben. Der Kläger muß sich im Falle solcher Widerklage sofort darüber klar werden, ob er die schwerwiegende Entscheidung über die Frage, wem denn jener Anbau gehöre, dem AG überläßt – auf die Gefahr hin, daß sie falsch ist –, oder ob er lieber das besser besetzte LG entscheiden läßt und die Verzögerung in der Mietaufhebungssache hinnimmt. Denn einen Antrag auf Abtrennung darf er nur vor der Verhandlung zur Hauptsache stellen, Abs. 4.

In unserem Fall hat das AG die Widerklage abgetrennt und an das LG verwiesen. Dort wurde es natürlich eine Sache umgekehrten Rubrums – also B. gegen K. – und führte zu einem Urteil nebst Kostenentscheidung. Das AG hat seine Mietaufhebungssache bis zu diesem Urteil des LG ruhen lassen, bzw. . . . ?

> *ausgesetzt, und zwar wohl auf Grund des § 148 ZPO . . .*

und das war . . . ?

> *meiner Meinung nach unzulässig, denn das Amtsgericht darf und muß selbst im Rahmen der Entscheidung über den Mietaufhebungsanspruch zunächst die Frage klären und in seinen Entscheidungsgründen behandeln, ob denn ein Mietverhältnis zwischen den Parteien bestehe, was voraussetzt, daß die Frage des Eigentums an dem Anbau geklärt ist. Diese Entscheidung kann ihm das LG nicht abnehmen, und es läuft auf reine Verzögerung hinaus, wenn das AG gleichwohl aussetzt.*

Aber wenn das LG nun diese Vorfrage anders entscheidet als das AG . . . ?

> *Das wäre natürlich unerwünscht, kommt aber immer vor und ist einfach nicht auszuschließen. Der Beklagte hätte ja die Feststellung gleich im Wege besonderer Klage beim LG beantragen können, z. B. nachdem er im Mieteprozeß in 1. Instanz schon unterlegen war, . . . es sind viele Möglichkeiten denkbar, die zu unterschiedlichen Entscheidungen der Gerichte in derselben Frage führen können.*

In unserem Fall also hätte der Kläger, als das Gericht die Frage der Aussetzung anschnitt, energisch dagegen protestieren sollen. Konnte er ein Rechtsmittel gegen die Aussetzung einlegen?

> *Ja, die Beschwerde, § 252 ZPO.*

Bei der Suche nach einer Regelung, die im Interesse der Beschleunigung die Rücksicht auf die Zuständigkeitsgrenze zurücktreten läßt, sind wir jedenfalls bei § 15 MSchG **nicht** fündig geworden – dem Kläger ist das Recht, die Abtrennung zu fordern, belassen worden. Und vielleicht konnte das Gesetz es auch so halten, da ja die **richtige** Handhabung des § 148 ZPO die mit einer Aussetzung verbundene Verzögerung hier verhindert.

Übrigens – warum verlegen wir diese Unterhaltung in die Zeit zurück, da noch das MSchG galt – angesichts des § 29a ZPO kann unser Problem sich doch auch heute jederzeit stellen?!

Auf diesen Einwurf habe ich gewartet, er ist vollkommen berechtigt. Klage auf Räumung einer Wohnung (ausschließliche Zuständigkeit des AG)/Widerklage auf Feststellung des Eigentums des Beklagten an den Räumen mit Streitwert 30 000.– DM (Zuständigkeit des LG). – Ich habe den Fall zur Zeit der Geltung des MSchG erlebt, und § 15 MSchG bietet ja besondere Auslegungsprobleme.

2. LEERLAUF

Folgender Fall:

Beim Amtsgericht XY schwebt ein Rechtsstreit auf Zahlung von 180,– DM Schadensersatz. Nach Durchführung der Beweisaufnahme schreibt der Kläger, er wolle entgegenkommenderweise auf seinen eigenen Schaden (Verdienstausfall als Vertreter) in Höhe von 75,– DM verzichten, und sein Untervertreter wolle das ebenfalls wegen des seinigen in gleicher Höhe tun. Er, Kläger, „ermäßige" also die Klage um 150,– DM.

Im Termin kann der Anwalt des Beklagten zu diesem Schriftsatz keine Erklärungen abgeben, das Gericht fordert keiner Partei etwas ab, die Sache wird vertagt.

Nunmehr Schriftsatz des Beklagten: Wenn der Kläger bereit sei, die Prozeßkosten zu tragen, so wolle der Beklagte die restlichen 30,– DM zahlen.

Der neue Termin. Kläger erklärt, daß er keinesfalls die Kosten übernehme. Den Verzicht auf die 150,– DM nimmt er nunmehr wieder zurück und stellt den (alten) Antrag über 180,– DM. Der Beklagte bittet um Abweisung, und zwar nur bezüglich der 150,– DM durch Teilurteil.

Das Gericht beraumt Verkündungstermin an. Wie wird es entscheiden?

Ich finde, es kann noch gar nicht entscheiden, denn es ist zuviel unklar: Schon der Schriftsatz nach der Beweisaufnahme mit dem „Verzicht" gab Anlaß zur Klarstellung – ob der Kläger überhaupt an einen wirklichen Verzicht auf den Anspruch gedacht hat, oder nur an eine (teilweise) Klagerücknahme. Der Richter mußte das erfragen und, wenn es tatsächlich ein Verzicht nach § 306 war ..., was im Zweifel nicht anzunehmen ist (Baumb-L., § 306 Erl. 1 B) ...,

> *wenn es aber als Verzicht aufrechterhalten wurde, dann mußte der Richter darauf dringen, daß dies in der mündlichen Verhandlung klar zum Ausdruck kam, denn nach § 306 muß der Verzicht in der Verhandlung erklärt werden (die Klagerücknahme kann auch schriftlich erfolgen, § 271 Abs. II a. E.). Daran brauchte den Richter auch nicht der Umstand zu hindern, daß der „beklagtische Anwalt", wie dieser arme Mensch bezeichnet wird, sich nicht erklären konnte – im Gegenteil: er konnte sich erst äußern, nachdem geklärt war, was eigentlich der Gegner im Sinn hatte.*

In der Tat – schon in diesem ersten Termin nach der „Klageermäßigung" sind schwere Fehler begangen worden.[1] Den einen nannten Sie – es mußte sichergestellt werden, was der Kläger meinte. Zum anderen mußte die Situation genützt und sofort auf das Ende des Prozesses hingesteuert werden – bedenken Sie: von 180,- DM nimmt der Kläger 150,- DM zurück, da **mußte man doch mit dem allergeringsten Bemühen sogleich zum vollständigen Abschluß der Sache kommen.** Was hätten Sie nach Rücknahme der Anträge zur Klage wegen jener 150,- DM getan?

> *Ich hätte den Kläger zunächst darauf hingewiesen, daß er insoweit die Kosten zu tragen habe; den Beklagten hätte ich auf den Antrag aus § 271 Abs. III ZPO aufmerksam gemacht ...*

den Antrag?

> *genau: die Anträge aus § 271 III!*

Richtig! Und weiter?

> *Angesichts der Tatsache, daß dann nur noch ein minimaler Rest blieb, wäre ich auf einen Vergleich über die gesamte Angelegenheit ausgegangen.*

Schön. Nun war das alles leider unterblieben, man vertagte. Welcher Fehler wurde weiterhin begangen?

> *Der Beklagte hat in dem nach diesem Termin eingereichten Schriftsatz einmal die zutreffende Konsequenz aus dem bisherigen Vortrag und den Ergebnissen der Verhandlung gezogen – da der Kläger nach § 271 III ohnehin ⁵/₆ der Kosten des Prozesses tragen muß, ist das Angebot, die restlichen 30,- DM zahlen zu wollen, wenn der Kläger auch das letzte Sechstel der Kosten übernehme, ganz vernünftig.*

---

[1] Wer denkt hier nicht an den ganz ähnlichen Fall, den *Egon Schneider* in JurBüro 1974, Sp. 830 vorführt – eine derartige Häufung von Unfähigkeit und Sorglosigkeiten ist offensichtlich nicht so selten wie man glauben möchte.

Einverstanden! Aber dazu ist es ja nun nicht gekommen. Wie beurteilen Sie die Vorgänge, die stattdessen stattgefunden haben?

Der Kläger hat „den Verzicht auf 150,- DM zurückgenommen" – das gibt es gar nicht. War jener Verzicht eine wirksame Klagerücknahme, wie ich annehme, so war sie nicht widerruflich. Es ist nicht ersichtlich, wie ein Widerruf sachlich-rechtlich begründet werden könnte – Anfechtung? Nichtigkeit? Nichts davon wäre doch zu rechtfertigen!

Der Kläger hat aber nun einmal erneut den alten Antrag auf 180,- DM gestellt – dieser Vorgang erfordert unsere Würdigung!

Er kann wohl nur dahin gewürdigt werden, daß man darin eine Erhöhung des bereits ermäßigten Antrages findet, mit anderen Worten: Er hat schriftlich zunächst 150,- DM zurückgenommen und erhöht nunmehr in dem Termin um 150,- DM.

Woran hätte der Vorsitzende dabei denken sollen?

Daß die Erhöhung eine Erhöhung des Prozeßkostenvorschusses nach sich zog, § 111 GKG.

Wie verhält sich der Vorsitzende, das Gericht, wenn die Klage erhöht werden soll, ohne daß zugleich der nach § 111 Abs. I, letzter Satz fällige erhöhte Vorschuß auf die Prozeßgebühr gezahlt wird?

Das Gesetz sagt, es solle solange „keine gerichtliche Handlung vorgenommen werden".

Was bedeutet das praktisch?

Das bedeutet sicher, daß vor Vorwegleistung der Erhöhung der Prozeßgebühr eine Verhandlung der Parteien über die Erweiterung des Klageantrages vom Gericht nicht zugelassen werden soll, daß es von solcher Verhandlung keine Kenntnis nimmt, daß es den Schrifsatz, der die Erhöhung ankündigt, dem Beklagten vorher überhaupt nicht zustellt.

Kann der Beklagte wegen der Erhöhung, deretwegen das Gericht den Kläger mangels Vorschußzahlung nicht verhandeln läßt, Abweisung durch Versäumnisurteil fordern?

Das erschiene mir falsch. Schließlich kann ein Antrag, der gar nicht gestellt und dessen Verlesung oder mündliche Erhebung vom Gericht nicht zugelassen ist, nicht abgewiesen werden.

Das meine ich auch. Anders *Lauterbach*, der offenbar meint, wenn man dieser Meinung sei, dann mache man es dem Beklagten unmöglich, die Sache zu erledigen, man lasse § 111 sich dann also nicht nur gegen den Kläger auswirken, sondern auch zu Lasten des Beklagten, siehe Erl. 2 D.

> *Das ist ein Trugschluß! Der Rechtsstreit kann sehr wohl vollen Umfangs erledigt werden – denn die nur erst angekündigte, nicht wirksam vollzogene Erweiterung der Klageforderung ist noch nicht im Streit.*

Nun, wir können die Frage hier[1] auf sich beruhen lassen, warum?

> *Weil das Gericht hier jedenfalls den § 111 übersehen und den erhöhten Vorschuß nicht angefordert hat. Der Kläger hat also den erhöhten Antrag auf 180,– DM gestellt, es ist über ihn verhandelt worden.*

Und nun muß sogar entschieden werden! Die todsichere Gelegenheit, die Sache in dem ersten Termin, von dem wir hier sprechen, gütlich zu beenden, ist durch richterliche Unentschlossenheit, durch Mangel an Schlagfertigkeit, Elastizität, auch an Erfahrung und Blick für die Tatsachen zerronnen, wie eine Qualle, nach der man vergeblich greift. Nun also entwerfen Sie die Entscheidung!

> *Wegen der zurückgenommenen 150,– DM denkt man natürlich an § 271 Abs. 3. Es fragt sich aber, ob denn der Beklagte der Rücknahme zugestimmt hat und ferner, ob er überhaupt den Beschluß aus Abs. 3 beantragt hat?*

Richtig, das kann durchaus fraglich sein, und hier stehen wir vor einem anderen schweren Fehler – die Protokolle besagen nichts! Den ersten Termin hat ein junger Assessor wahrgenommen, und er hat wahrlich nichts wahrgenommen!

> *Aber vielleicht kann man aus dem Verhalten der Parteien doch – mit Wohlwollen – das Notwendige herauslesen – wenn der Beklagte z. B. geschrieben hat, er werde die restlichen 30,– DM zahlen, sofern der Kläger die gesamten Kosten übernehme, so hat er doch wohl genügend ausgedrückt, daß er mit der Ermäßigung um 150,– DM einverstanden sei. Das wiederholt sich dann am Schluß mit seinem besonderen Antrag wegen der 150,– DM, die durch Teilurteil abgewiesen werden sollen – damit kann er nur die früheren 150,– DM meinen, von denen er sich sagt, daß sie, weil zurückgenommen, auf keinen Fall nun wieder gefordert werden könnten, während die Entscheidung über die restlichen 30,– DM möglicherweise auch nach der Beweisaufnahme nicht reif sei.*

Er hat aber Teilurteil beantragt, nicht den Beschluß aus Abs. 3, und der das für ihn getan hat, ist ein Anwalt!

---

[1] Anders im folgenden Fall, S. 128 ff.

> *Das ist natürlich bedenklich, wie ich einräumen muß. Aber ...*

Aber?

> *Ich möchte doch sagen, daß man diese Sache, die von dem Gericht ja so verfahren worden ist, nun beschleunigt zu Ende bringen sollte, auch wenn man die Gründe ein wenig strapazieren muß.*

Bedenklich! Sie benötigen auch keine strapazierte Begründung!

> *Ich bin anderer Meinung als der Kollege. Ich glaube, der Beklagte hat mit dem Antrag auf Teilurteil wegen der 150,- DM die neuen 150,- DM, die Erhöhung also, gemeint, von der er sich sagt, sie sei unbegründet, weil ja 150,- DM bereits wirksam zurückgenommen seien.*
> *Schon weil zwischen uns dieser Zweifel waltet, muß wohl wegen der Frage, was der Beklagte nun genau beantragen will, erneut in die Verhandlung eingetreten werden. Die Parteien müssen Auflagen erhalten.*

Und wegen der 30,- DM?

> *Da hängt die Entscheidung von der Würdigung der Beweisaufnahme ab.*

Also insoweit u. U. Teilurteil?

> *Ja, aber kaum praktisch bei dem geringfügigen Betrag.*[1]

Und was entscheiden Sie hinsichtlich der erhöhten 150,- DM?

> *Darüber möchte ich noch nicht entscheiden, weil ich damit rechne, daß der Kläger diese Erhöhung ernstlich nicht weiterverfolgen wird. Denn wenn er sich seinerzeit zur Ermäßigung der Klage um diesen Betrag entschlossen hat, so doch keineswegs aus Entgegenkommen, sondern höchstwahrscheinlich deshalb, weil die Beweisaufnahme für ihn schlecht ausgegangen ist. In diesem Falle wird er ernstlich den Antrag nicht weiterverfolgen.*

Dieser Fall ist also gewiß einer von denen, in denen wir einen Beleg für Baumbachs mehrfach erwähnte Erlebnisse sehen können – Unkenntnis auf allen Seiten, erschreckende Nachlässigkeiten!

Formulieren Sie nun den **Beschluß**

> *In pp.*
> *I. Die mündliche Verhandlung wird wieder eröffnet.*
> *II. Die Parteien werden auf folgendes hingewiesen:*
> > *1. Der von dem Kläger mit Schriftsatz v. .... ausgesprochene „Verzicht" auf 150,- DM stellt eine wirksame Klagerücknahme in dieser Höhe dar.*

---

[1] Siehe hierzu § 301 II ZPO.

Der Beklagte möge die dazu möglichen Anträge erwägen.

2. Die Rücknahme ist unwiderruflich. Indem der Kläger die 150,– DM in dem Termin v. ... erneut zur Entscheidung gestellt hat, hat er insoweit den vorher auf 30,– DM ermäßigten Klageantrag um 150,– DM erhöht.

3. Die Streitwerte werden wie folgt bestimmt:
a) bis zum ... auf 180,– DM,
b) vom ... bis zum ... auf 30,– DM,
c) ab ... auf 180,– DM.

III. Neuer Termin zur Fortsetzung der mündlichen Verhandlung wird auf den
... Uhr ..., Saal ...
anberaumt.

IV. Dazu wird das persönliche Erscheinen der Parteien angeordnet.

Warum machen Sie dies letztere?

Damit ich in der Lage bin, die Sache in dem nächsten Termin so oder so wirklich zu Ende zu bringen.

Einverstanden! Zum Vergleich darf man es nie zu spät sein lassen.
In diesen Zusammenhang paßt ein **anderer Fall**: RG 135, 224. Klage auf Zahlung von 7000,– RM, vom Landgericht abgewiesen. Kläger legt Berufung ein, beschränkt sich auf 60,– RM, sein Armenrechtsgesuch dafür wird abgelehnt. Nunmehr zahlt er die Prozeßgebühr nach dem Werte von 60,– RM, das Kammergericht erkennt auf einen vom Beklagten zu leistenden Eid.[1] Nunmehr erneuter Antrag des Klägers auf Bewilligung

---

[1] Hier ist eine kurze historische Einschaltung geboten: Bis zur Novelle v. 27.10.1933 gab es den „Beweis durch Eid", geregelt im Zehnten Titel des 2. Buches, wie jetzt die Parteivernehmung. Es war dies eine gänzlich lebensferne, im höchsten Maße anfechtbare Regelung – Beweis durch Eid, nicht etwa eines Zeugen oder Sachverständigen, sondern einer Partei selbst, Eid in eigener Sache, und dieser Eid, ausgestattet mit der stärksten denkbaren Wirkung – er erbrachte „vollen Beweis der beschworenen Tatsache", § 463 a. F. Also eine zwingende gesetzliche Beweisregel (wie wir sie jetzt nur noch für gewisse Urkunden haben). Ich kann Sie mit den Einzelheiten der damaligen Regeln über die „Zuschiebung", Annahme, Zurückschiebung des Eides verschonen und gleich sagen, daß das Gericht, wenn es meinte, es komme für die Entscheidung auf eine ganz bestimmte, aber noch nicht voll erwiesene Tatsache an, auf den Eid des Gegners der beweispflichtigen Partei zu erkennen hatte, durch sog. bedingtes Endurteil, § 460 a. F. Dieses hatte natürlich die Eidesnorm und die Folgen der Leistung und der Ablehnung des Eides genau festzulegen, § 462 a. F. Nach Rechtskraft des bedingten Endurteils (§ 460 II) war dann ein Termin abzuhalten, in dem der Schwurpflichtige sich nun zu erklären und den Eid gegebenenfalls zu leisten hatte. Dann erging, je nach seinem Verhalten, das sog. Läuterungsurteil. Das Gesetz regelt dann natürlich noch eine ganze Reihe von Tatbeständen, z. B.

des Armenrechts für einen Antrag auf Verurteilung zur Zahlung weiterer 60,- RM.[1] In dem dazu anberaumten Termin leistet der Beklagte den Eid, die Klage wird daher in Höhe von 60,- RM abgewiesen, wegen der weiteren 60,- RM das Armenrecht erneut versagt, Termin zur Verhandlung anberaumt auf den 7. 7. 1931.
Schriftsatz des Klägers v. 3. 7. 1931 – Erhöhung der Klage auf 6940,- RM. Im Termin v. 7. 7. 1931 wiederholt der Kläger sein Armenrechtsgesuch auch für den erhöhten Anspruch, es wird erneut abgelehnt, da aussichtslos. Ferner wird beschlossen,
den Kläger/Berufungskläger zur Verhandlung über den neuen Antrag nicht zuzulassen, weil der nach § 74 GKG erforderliche Vorschuß nicht gezahlt, bzw. der Zahlungsnachweis nicht erbracht sei.

Nunmehr beantragt der Beklagte ... was wohl?

Er wird Versäumnisurteil auf Abweisung des neuen Anspruchs beantragt haben.

Richtig! Und es wird auch demgemäß erkannt. Der Kläger legt Einspruch ein, er wiederholt das Armenrechtsgesuch. Dieses wird abermals abgelehnt. Termin wird anberaumt (auf den Einspruch hin). Es wird dem Kläger Frist zur Zahlung der Gebühr spätestens im Termin gesetzt, widrigenfalls er „nicht zugelassen werde". In diesem Termin v. 30. 10. 1931 wird der durch seinen zweitinstanzlichen Anwalt vertretene Kläger mangels Zahlung der Gebühr nicht zugelassen, auf Antrag des Beklagten ergeht ... was?

Das zweite Versäumnisurteil.

Welchen Rechtsbehelf gibt es gegen ein solches Urteil?

Die Revision.

Das Reichsgericht hat ausgeführt, das Verfahren des Kammergerichts sei an sich nicht zu beanstanden: Zwei Meinungen, so sagt es, bestünden bei der Auslegung des damals maßgeblichen § 74 GKG –

---

das Ausbleiben des Eidesschuldigen, seinen Tod, seine etwaige zwischenzeitliche Verurteilung wegen Eidesverletzung, den Eid bei mehreren Streitgenossen, bei Prozeßunfähigen und dgl. mehr – eine crux der Praxis und dabei keineswegs Garantie der richtigen Entscheidung! Für den, der sich mit Reformfragen beschäftigt, ist es aber nicht uninteressant, sich darüber klar zu sein, wie altmodisch und unnatürlich wir noch bis ins erste Drittel dieses Jahrhunderts in der Rechtspflege waren.

[1] Über die praktisch wichtige Frage, wie der Kl. am zweckmäßigsten verfährt, der, mit seinem Schadensersatzanspr. vom Ersterichter abgewiesen, wegen wenigstens eines Teiles in die 2. Instanz geht, vgl. *Batsch* und *Karmasin* in NJW 1974, 299 u. 982. – Einen speziellen Fall behandelt LG Mannheim, das 505.

– dabei muß ich einfügen, daß dieser § 74 der Vorgänger des heutigen § 111 ist: Was heute Abs. 1 u. 2 des § 111 GKG sind, waren damals die Abs. 2 u. 3 des § 74, und der heutige § 111 Abs. 4 war damals § 74 Abs. 4 –
die eine Meinung gehe dahin, daß vor Nachweis der erhöhten Prozeßgebühr jegliche gerichtliche Handlung verboten sei, auch eine dem Beklagten förderliche, also gebe es auch kein Versäumnisurteil gegen den Kläger.
Die andere Meinung sehe wegen dieser Folge in § 111 nur ein Verbot von dem Kläger nützlichen Handlungen, verwehre aber dem Beklagten günstige nicht. Er könne also gegen den Kläger Versäumnisurteil wegen des nicht durch Vorauszahlung gedeckten erhöhten Antrages beantragen und müsse es erhalten. Dieser Auffassung folgt das Reichsgericht.

Aus diesem Fall gewinnen wir eine brauchbare Formulierung für die Entschließung des Gerichts, bei dem der Kläger gleichwohl den erhöhten Antrag stellen möchte. Man beschließt,
den Kläger zur Verhandlung über den Antrag des Schriftsatzes vom ... (hier war es der 3. 7. 1931) nicht zuzulassen.

Kann Versäumnisurteil gegen den Kläger ergehen?

Wir konnten vorhin bei dem ersten Fall diese Frage noch dahinstehen lassen.[1] *Wenn sie jetzt beantwortet werden soll ...,*

ja, denn wir besprechen ja den Fall RG 135, 224, und da hat das OLG sogar zwei Versäumnisurteile verkündet ...!

da sie jetzt also beantwortet werden muß, so möchte ich meinen, die Versäumnisurteile durften ergehen.

Dann nehmen Sie an, daß der Kläger hier den Antrag auf Verurteilung zu 6940,– RM schon vor dem Termin v. 7. 7. 1931 gestellt hatte?

Ja, durch den Schriftsatz v. 3. Juli, vgl. § 281 ZPO.

... wobei Sie bitte berücksichtigen wollen, daß dieser Antrag von einem Armenrechtsgesuch begleitet war!

Richtig! Wieder diese Frage „Klage und Armenrechtsgesuch"!

Ja, sie wird uns immer wieder begegnen und uns solange Schwierigkeiten machen, als die Herren Kläger und ihre Anwälte sich nicht angewöhnen, stets zu sagen, ob die Klage (die Klageerhöhung) von der

---

[1] O. S. 126.

Bewilligung des Armenrechts abhängig sein soll, siehe IX. Kapitel! Siehe Prozeßhilfen, 3. Aufl., S. 89!

Vielleicht kommen wir für diesen Fall um die Ermittlung dessen, was zu dieser Frage anzunehmen ist, herum – wie das Reichsgericht ja auch darum herumgekommen ist. Es hat den Antrag als schriftsätzlich gestellt angesehen und daher seine Abweisung durch Versäumnisurteil gebilligt.

Nun muß ich Ihnen aber sagen, daß es trotz allem Urteil und Verfahren des Kammergerichts aufgehoben hat.

Ich kann unmöglich erwarten, daß Sie auf den Grund kommen, aber vielleicht ist Ihnen bei der Schilderung des Verfahrens etwas aufgefallen, das uns auf den Weg bringen könnte?

...

Nun, es ist nicht zu erwarten. Hören Sie also! Das Reichsgericht sagt, alles, was ich eben referiert habe, könne nur dann gelten, **wenn der Beklagte das Verfahren auch betreibe.** Hier sei es nach dem Akteninhalt aber der Kläger gewesen, der das Verfahren durch immer neue Anträge betrieben habe. Und weiter: Das Gericht habe schließlich den Termin anberaumt und abgehalten, bevor die Gebühr gezahlt wurde. Dann aber sei es unzulässig, im Termin dem Kläger zu eröffnen, zugelassen werde er aber nicht, er gelte als säumig. Habe das Gericht trotz der Möglichkeit, Termin zu verweigern, doch terminiert, so habe es seine Befugnis aus § 74/111 aufgegeben, es könne sie nicht nachträglich doch ausüben.

Bedeutet das, daß das Gericht auf den Einspruch des Klägers gegen das erste Versäumnisurteil hin keinen Termin hätte anberaumen dürfen, wenn es auf dem Verlangen des Nachweises der Gebühr bestehen wollte?

Genau das meint das Reichsgericht!

Diese Terminsanberaumung war doch aber verbunden mit der Ankündigung, daß der Kläger nicht zur Verhandlung zugelassen werde, wenn er diese letzte Frist zur Vorschußzahlung nun nicht nutze!

Richtig! Sagen Sie es ruhig scharf – die Terminsanberaumung war ein Entgegenkommen des Gerichts, die Auflage wegen der Gebühr kann man als Befolgung des Gebots aus § 272b betrachten – und an diesem entgegenkommenden Verhalten hängt das Reichsgericht nun das Oberlandesgericht auf und sagt, es habe sein Entgegenkommen fortsetzen und Versäumnisurteil gegen den Kläger ablehnen müssen!

Was gleichbedeutend gewesen wäre mit der Selbstdesavouierung!

Ja.

Welche Lehre ziehen Sie aus diesem Urteil

a) für das Gericht?

> *Kein Entgegenkommen zu bezeigen, sondern die Terminsanberaumung hartherzig abzulehnen.*

Und

b) für den Anwalt des Beklagten?

> *Er als Beklagter muß, sobald er erfährt, daß dem Kläger die Zahlung der Gebühr auferlegt ist, beantragen, daß auch nach fruchtlosem Ablauf der dazu gesetzten Frist Termin anberaumt werde.*

Ich möchte klarstellen:
Hat das Gericht keinen Gebrauch von der Möglichkeit gemacht, die Vorauszahlung der Prozeßgebühr zu fordern, sondern auch ohne ihren Nachweis Termin anberaumt, dann muß es in diesem Termin den Kläger auch mit seinem höheren Anträge zulassen. Dieser Grundsatz ist auf jeden Fall richtig. Ich meine aber, hier, wo es mit der Terminierung die erwähnte Ankündigung verbunden hat, ist gerade doch wohl klar zum Ausdruck gekommen, daß das Gericht an jenen Verzicht nicht denkt, sondern die Gebühr nach wie vor zu fordern gedenke. Hier durfte, ja – mußte bei weiterem Ausbleiben der Gebühr das Versäumnisurteil gegen den Kläger ergehen.

Aber wir haben noch einen weiteren Anlaß, mit dem Reichsgericht unzufrieden zu sein: Es meint, das Kammergericht habe auch Abs. 4 falsch ausgelegt. Der Kläger sei arm, zwei Armutszeugnisse habe er beigebracht gehabt, in 1. Instanz sei ihm das Armenrecht bewilligt gewesen. Hier hätte das Kammergericht sich daran erinnern müssen, daß nach Abs. 4 die Vorauszahlung **nicht** gefordert werden **muß**,
wenn ... ihm die alsbaldige Zahlung der Gebühr mit Rücksicht auf seine Vermögenslage Schwierigkeiten bereiten würde.

> *Hier war die Berufung doch aber aussichtslos!*

Diese Überlegung, so sagt Reichsgericht, läge, wenn sie bei dem Beharren auf dem Vorschuß mitgesprochen haben sollte, außerhalb der Erwägungen, die nach § 74/111 Abs. 4 in dieser Frage – des Beharrens auf dem Vorschuß – anzustellen sind.

> *Damit bin ich in der Tat nicht einverstanden! § 111 Abs. 1 macht im fiskalischen Interesse (und wohl auch im Interesse des Beklagten?) es dem Gericht möglich, die Vorauszahlung der Prozeßgebühr zu fordern, bevor es tätig wird, mit welchem Tätigwerden ja weitere Kosten entstehen. Diese Forderung des Vorschusses braucht es nach Abs. 4 im Falle der Glaubhaftmachung jener „Schwierigkeiten" nicht zu stellen, es kann sie aber auch in diesem Falle stellen. Die Entscheidung für oder wider ist Sache pflichtmäßigen Ermessens. Fragt man, an welchen Maßstäben dieses Ermessen zu bilden ist, so kommt man doch ganz unweigerlich auf die Frage*

nach den Aussichten des Prozesses, der Mutwilligkeit usw. – wie sie für die Armenrechtsbewilligung in Frage kommen.

Ich bin derselben Meinung. Ist die Auffassung des Reichsgerichts richtig, so muß ein Anwalt, der einen (Berufungs- oder Revisions-)Kläger vertritt, wenn er schnell zum Termin kommen will und das Armenrecht nicht erhoffen kann, weil er die Aussichten der Sache selbst **negativ** beurteilt (!), immer den Antrag aus Abs. 4 stellen, d. h. er muß beantragen,

auch bei Ablehnung des Armenrechts ohne Voranforderung der Prozeßgebühr Verhandlungstermin anzuberaumen, weil die Vorauszahlung ihm ... Schwierigkeiten bereiten würde, siehe oben!
und er bekommt lt. RG diesen Termin auch!

Und als Beleg würde nicht einmal ein Armutszeugnis erforderlich sein, sondern es würde die Glaubhaftmachung jener Schwierigkeiten genügen!

So sind wir denn vollen Umfangs der Meinung des **Kammer**gerichts. Wie wird denn nun aber das besprochene Verfahren weiter verlaufen sein?

Es wird vor dem Kammergericht neuer Termin stattgefunden, und darin wird man zur Sache verhandelt haben. Die Kostenvorschußfrage durfte ja keine Rolle mehr spielen, das Kammergericht war insoweit gebunden, § 565 Abs. II ZPO.

Anhang: Das Non-plus-ultra an Ahnungslosigkeit und Schlamperei von Anfang an mit horrenden Fehlern aller Prozeßbeteiligten hat uns freilich *Egon Schneider* vorgeführt: JurBüro 1974, Sp. 830. Diese Arbeit sollten Sie wirklich einmal lesen!

Ihre Achtung vor den deutschen Gerichten scheint nicht übermächtig zu sein?

Sagen wir: Die Erfahrungen in mehr als 45 Jahren praktischer Beschäftigung mit dem Recht haben meinen Respekt vor den Gerichten immer wieder zutiefst erschüttert. Aber ich kann von meinen eigenen Erfahrungen einmal ganz absehen – wenn Sie allein das bedenken, was etwa *Herbert Arndt*[1] und *Egon Schneider* an Unglaublichem referieren, müssen Sie zu tiefster Skepsis kommen – und wenn Sie dann nicht der Mann sind, der resigniert, müssen Sie der Mann sein, der kämpft, und das fordert eine klare, ungeschminkte Sprache. Es ist absolut unverständlich, warum angesichts der heftigen, radikalen, der existenzbedrohenden Angriffe auf die Justiz heute nicht ausnahmslos **jeder** Richter sich bemüht, durch

---
[1] DRiZ 1974, 250 (rechts); 1971, 256 IV.

größten Fleiß, durch peinliche Sorgfalt, durch teilnehmendes menschliches und soziales Verständnis – mit anderen Worten: durch allerbeste Arbeit in jedem Einzelfall ein jedermann überzeugendes Bild von „der deutschen Rechtspflege" zu liefern. Und es grenzt an Amtspflichtverletzung, wenn politisch Verantwortliche ihr Heil in Flickschustereien sehen statt darin, den Richter zu solch höchster Leistung zu befähigen, zu instrumentieren, letztlich – ihn zu begeistern.

Kann man das als Anwalt ebenso sprechen?

Ich habe mich als Anwalt immer an den Rat des interessantesten deutschen Juristen zu halten versucht und den „Streit mit dem Richter", d. h. den persönlichen, kränkenden Streit vermieden.[1] Aber manchmal war auch das nicht möglich. Denn es ist leider so, daß man immer wieder Unglaubliches erlebt, und ich kann nur meinen vor langer Zeit schon den richterlichen Kollegen gegebenen Rat wiederholen, selbst einmal eine eigene Sache einem ihrer Kollegen anzuvertrauen – sie werden untilgbare Erfahrungen machen, Erkenntnisse gewinnen. Was sie **nicht** erleben werden: Begeisterung ob der Leistung „ihres" Richters.

Was kann geschehen, damit es besser wird?

Diese Schrift ist nicht berufen, dazu Ratschläge zu erteilen. Aber ich kann mich auch nicht der Aufforderung verschließen, dazu ein paar Worte zu sagen, da ich nun einmal die Fehler aufzeige und deutlich anmerke. Mir scheint, es sollte das richterliche Ethos verstärkt, verbessert werden; jedem Richter sollte in jedem, schlechthin j e d e m Fall deutlich vor der Seele stehen, daß er über fremdes Gut verfügt, und das kraft einer Verfügungsmacht, die ihm nicht die Parteien übertragen haben, sondern die ihm vom Gesetz anvertraut ist kraft Prozeßordnung, einer Prozeßordnung, die für die Parteien einfach ein Befehl ist. Umsomehr Anlaß, das ihnen aufgezwungene Vertrauen zu rechtfertigen. Wir haben eine Institution, die geeignet ist, die dringend gebotene Hilfe zu bieten – die Richterakademie wird, so scheint es, auf lange Zeit der einzige Ort sein, wo auf der Basis von in der Alltagspraxis erprobten Erfahrungen die Fortbildung der Juristen und in Fernwirkung hoffentlich ein wenig auch die Heranbildung junger Kollegen vor sich geht – haben sich doch bei den Konzipienten der experimentellen Juristenausbildung bis heute noch keine brauchbaren Vorstellungen darüber geformt, wie denn nun in Zukunft „der Richter", etwa der Prozeßrichter, der Strafrichter, wie „der Anwalt" auszusehen hat; wie sie wissenschaftlich geschult und forensisch erfahren sein sollten; wie man sie informiert und wie wiederum ihre Informanten beschaffen sein sollten; wie diese dozie-

---

[1] *Seibert*, JZ 1961, 155 – goldene Worte!

ren, wie examinieren sollten. Am sog. Wiesbadener Modell hat *Raacke*[1] aufgezeigt, daß der phrasenhaft anmutenden Postulate kein Mangel ist, aber an einem faßbaren, vorstellbaren, im Detail erkennbaren Juristenbild fehlt es noch immer, von einem Richterbild zu schweigen. Und wenn man beim Stichwort „Examinieren" etwa der säkularen Kulturtat der Justizminister gedenkt, die *Barschkies*[2] mit fundierter Ironie als „Mathematisierung" glossiert und die man plastisch als Persönlichkeitsbewertung mit dem Zollstock definiert, dann kann man wahrlich nicht überzeugt sein, jene Experimente würden uns in der praktischen Arbeit brauchbare Juristen bescheren. Da war *Baumbach*[3] schon vor vierzig Jahren weiter! Alle Ausbildung ist leeres Stroh, die nicht ausgeht von den Erfordernissen des Alltags in einem Rechtsstaat. Es mag jugendliche Theoretiker erwärmen, sich an soziologisch durchtränktem Kauderhessisch zu berauschen, dem Praktiker aber hilft es keinen Fußbreit weiter. Und auch nicht dem Mitbürger in seiner Rechtsnot.

IX. Formalien von Gewicht

Meine Damen und Herren! Sie sitzen als Amtsrichter in Hamburg an Ihrem Dezernat und finden eine schmale Akte, enthaltend folgende

Klage und Armenrechtsgesuch

in Sachen

der Frau Klara Kuß geb. Liebe
in Hamburg 13, Heilwigstr. 123, Klägerin,
Prozeßbevollmächtigte: Rechtsanwältin Marianne Treu,
Hamburg-Gr. Flottbek,

gegen

ihren Ehemann, den Dipl.-Chemiker Berthold Kuß in Buenos Aires, Calle grande 345, Beklagten,
Prozeßbevollmächtigte: Rechtsanwälte Müller und Meier, Mannheim, Balduinstr. 70,

wegen Unterhalts.

Ich lasse die üblichen Formeln weg und gebe Ihnen den Antrag:

Den Beklagten zu verurteilen, an die Klägerin monatlich ab 1. August 1962 im Voraus 500,– DM Unterhalt zu zahlen.

---

[1] DRiZ 1974, 20–22.
[2] DRiZ 1974, 23. Bewertung der Kandidaten durch ein Punkt-System, also Qualität – genauer: eine Summe von Qualitäten, bzw. ihr Fehlen – ausgedrückt in einer Zahl.
[3] Siehe Prozeßhilfen, 3., S. 17/18!

Dafür wird zugleich das Armenrecht beantragt und die Beiordnung der Rechtsanwältin Treu.

Begründung:

Eheleute; Beklagter hat die Familie kürzlich verlassen und ist von seiner Arbeitgeberin, der Badischen Anilin- und Soda-Fabrik, nach Argentinien geschickt worden, wo er ein beträchtliches Gehalt bezieht. Er ist ohne weiteres zu der geforderten Unterhaltsleistung in der Lage. Das Amtsgericht Hamburg ist nach § 23a ZPO zuständig.

Nennen Sie mir einmal die Gesichtspunkte, an die Sie beim Lesen dieses Schriftsatzes denken!

„Klage und Armenrechtsgesuch" – *das ist ungenau!*

Ja – weitere Bedenken, bitte!

An die Vorschußpflicht des Beklagten für die Klage seiner Frau ist zu denken – ist er zur Zahlung von Unterhalt in der Lage, wie sie ja behauptet, so ist sie auch nicht „arm".

Richtig! Weiter!

Woher weiß die Klägerin, daß der Beklagte den Rechtsanwälten Müller und Meier in Mannheim Prozeßvollmacht erteilt hat?

Die Frage ist notwendig, warum?

Weil im Amtsgerichtsprozeß das Gericht das Vorliegen der Vollmacht von Amts wegen zu prüfen hat.

Wo steht das?

In § 88 Abs. 2 ZPO.

Und wie wird der Nachweis geführt?

Durch Abgabe der schriftlichen Vollmachtsurkunde zu den Prozeßakten, § 80 Abs. 1 ZPO.

Gut. Soweit sind wir aber noch nicht. Wie ist es denn mit der Zuständigkeit, der örtlichen Zuständigkeit?

§ 23a ist nur subsidiär, d. h. es müßte wohl zunächst einmal festgestellt werden, ob nicht eine andere Zuständigkeit gegeben ist.

Muß das schon jetzt vom Gericht geprüft werden?

An sich kann das Gericht ja wohl abwarten, ob der Beklagte die Unzuständigkeit geltend macht, § 38, § 39 ZPO, aber einmal ist, da er ja angeblich Anwälte in Mannheim hat, bestimmt mit der Rüge zu rechnen,

> *zum andern wird ja das Armenrecht erbeten, und das könnte wohl kaum bewilligt werden, solange in diesem Punkte solche erheblichen Bedenken bestehen.*

Richtig[1] aber inwiefern bestehen denn nun Bedenken gegen die Zuständigkeit von Hamburg, § 23a?

> *Die Klägerin trägt selbst vor, der Beklagte stehe im Dienst der Badischen Anilin, – dann hat er aber Vermögen in Deutschland, nämlich die Gehaltsansprüche gegen die Firma, und dieser Vermögensgegenstand befindet sich nach ausdrücklicher Regelung in § 23 Satz 2 ZPO in Mannheim. Danach wäre also Mannheim örtlich zuständig, und § 23a würde ausscheiden ... –*

§ 23a ist in Kraft seit dem 1. 1. 1962, siehe die Bekanntmachung v. 15. 12. 1961 in BGBl. 1962 II. 15.

Was tun Sie also auf diese „Klage nebst Armenrechtsgesuch"?

> *Man müßte der Klägerin, bzw. ihrer Anwältin wohl die eben angesprochenen Bedenken mitteilen.*

Richtig – nehmen Sie uns mal die Formulierung ab!

> *Ich würde schreiben:*
>
> *Auf die Anträge vom ... kann leider noch nichts veranlaßt werden:*
>
> *1. Sie haben Klage und Armenrechtsanspruch eingereicht, ohne klarzustellen, ob die Klage von der Bewilligung des AR abhängig oder ob sie ohne Rücksicht auf Bewilligung oder (teilweise oder völlige) Ablehnung des AR erhoben werden soll.*
>
> *2. Wenn, wie Sie vortragen, der Beklagte zur Zahlung von Unterhalt in der Lage ist, so kann er seiner Frau auch den Vorschuß für diesen Prozeß leisten, und er ist dazu verpflichtet, BGB §§ 1360a und 1361, beidemal Abs. 4. Klägerin hat ihre Armut also nicht belegt.*
>
> *3. Die hiesige Zuständigkeit ist zweifelhaft. Aus Ihrem eigenen Vortrag ist zu entnehmen, daß der Beklagte zumindest eine Gehaltsforderung an die BASF hat, so daß nicht Hamburg, wohl aber Mannheim örtlich zuständig ist, § 23 ZPO.*

Sehr schön! Aber die Klägerin wünscht das alles natürlich ein wenig belegt zu sehen. Auch sieht sie bzw. ihre Anwältin nicht sogleich ein, daß wir in den beiden ersten Punkten recht haben, schließlich ist die Wendung „Klage und Armenrechtsgesuch" gang und gäbe – vielleicht schreibt sie Ihnen sogar, sie sei „noch von keinem Gericht beanstandet

---

[1] Vgl. hierzu LG Bückeburg, NJW 1956, 387 m. zust. Anm. von Lent.

worden". Nun wollen Sie ihr natürlich nicht langatmige Belehrungen zukommen lassen, sondern Sie werden – und dürfen – sich mit knappen Hinweisen begnügen. Also geben Sie die bitte auch noch!

Zu 1 ist auf die Judikatur des BGH zu verweisen, der sagt, daß mit einem solchen Antrag zwei Verfahren eingeleitet werden – der Prozeß und das AR-Prüfungsverfahren, „im Zweifel" sei das so – siehe BGH 4, 315 und 11, 175. NJW 1954, 640 Nr. 9 usw. Nun dürfen aber Zweifel in einer solch wichtigen Frage gar nicht erst eintreten bzw. zugelassen werden, daher muß man gleich von vornherein auf Klarstellung dringen.

Ist diese Klarstellung wirklich so wichtig? Was kann schon geschehen, wenn man die Frage offen läßt?

Man muß sich einmal in die Lage des Beklagten versetzen – er weiß nicht, ob nun schon Klage erhoben oder nur erst ein AR-Verf. angelaufen ist. Sein Anwalt weiß es auch nicht; er weiß auch nicht, ob er zu einem Termin, der auf diese „Klage" hin anberaumt wird, erscheinen muß, wenn er Vers-Urt. vermeiden will, oder ob er ausbleiben kann, weil es sich ja nur um einen Armenrechts-Prüfungstermin handele? Er weiß nicht, welche Vorschüsse er von seinem Mandanten fordern darf – die Prozeßgebühr oder nur die Gebühr für das AR-Verfahren? Vor allem aber – ein bloßes Armenrechtsgesuch unterbricht nicht die Verjährung, wahrt nicht die Berufungsfrist u. dgl. mehr!

Zwischenfrage! „Gebühr für AR-Verfahren"?

Ja, aus § 51 BRAGO! Gegenstandswert der Wert der Hauptsache.

Das wäre hier also?

6000,– DM, § 13 GKG.

Da wir beim Kostenrecht sind, das gar nicht wichtig genug genommen werden kann –, wie ist es denn mit den Gebühren der Rechtsanwältin Treu? Hat sie z. B. mit der Einreichung des uns vorliegenden Gesuchs die Prozeßgebühr verdient?

Diese Frage kann man eben auch erst beantworten, nachdem die Antwort auf unser Schreiben an die Anwältin vorliegt. Denn wenn sie unbedingt „Klage" eingereicht haben sollte, hätte sie die volle Prozeßgebühr verdient, und § 32 BRAGO käme nicht zum Zuge (Lauterbach, das., Erl. 2a).

Schön. Aber nun weiter zu unserem Schreiben! Bitte nähere Hinweise zu Punkt 2!

Hier besteht ein echtes Dilemma – einerseits ist die Klägerin nicht „arm", wenn ihr der Beklagte den Prozeß bevorschussen kann, und das muß sie ja behaupten, wenn sie in der Sache Erfolg haben, also ein Unterhaltsurteil erstreiten will. Andererseits kann sie ein solches Urteil nicht erwarten, wenn er nicht zahlen, also auch nicht einmal den Vorschuß leisten kann; in diesem Falle müßte ihr das Armenrecht wegen Aussichtslosigkeit der Rechtsverfolgung verweigert werden. – Wie man sich aus diesem Dilemma herauswinden soll, ist wohl noch nicht überall geklärt, es gibt darüber eine Abhandlung in FamRZ 1962, S. 243, aber auch dort wird nur ein Weg zur Diskussion gestellt.

Diese Abhandlung ist von mir; ich bekenne aber, sie ist mir zweifelhaft geworden, freilich haben nun *Rosenberg-Schwab* die Ansicht *auf*gegeben, daß die Frage der Armut i. S. d. §§ 114ff. ZPO unabhängig von einer etwaigen Vorschußpflicht zu beantworten sei.

Wir wollen diese beiden Punkte hier verlassen, die Schwierigkeiten liegen woanders. Unterstellen wir einmal für das weitere Verfahren, Rechtsanwältin Treu schriebe uns, die Klage sei ohne Rücksicht auf Armenrechts-Bewilligung erhoben (das dürfte hier ohnehin allein in Betracht kommen – Beklagter: Dipl.-Chemiker bei der BASF im Ausland!) und es werde die gerichtliche Prozeßgebühr alsbald gezahlt werden, damit die Sache beschleunigt werde. Was würden Sie sich überlegen, wenn Sie mit Ihrer Mandantin, der Frau Kuß, insoweit einig geworden wären?

Ich würde beantragen, die Sache nach Mannheim zu verweisen.

Würden die anderen Teilnehmer unserer Beratung das auch tun?

Man müßte doch wohl überlegen, ob es nicht eine Möglichkeit gibt, die Sache gemäß § 23a ZPO hier in Hamburg zu behalten, wo die Klägerin wohnt, – trotz § 23.

Richtig! Die Frage ist nicht nur wegen der gebührenrechtlichen Vorteile der Anwältin wichtig, sondern auch in sachlicher Beziehung. Es ist immer für den Kläger weit angenehmer, am eigenen Wohnsitz klagen zu können, das brauche ich Ihnen nicht weiter zu belegen. Also wird die Rechtsanwältin Treu denn auch ganz gewiß nach einer solchen Möglichkeit suchen. Was bietet sich da an?

---

[1] Lehrbuch, 11. Aufl. § 90 II 1a. Eine ausführl. Entschdg. zum Prozeßkostenvorschuß: LG Düsseldorf, NJW 1963, 1619. Man sollte aber nicht übersehen, daß schon 1948, in einer Zeit „allgemeiner Verarmung", das OLG für Hessen einen auf dem Hofe seines Vaters ohne baren Lohn arbeitenden Bauernsohn nicht als „arm" angesehen, ihn also auf Vorschuß vom Vater verwiesen hat: HEZ 2, 49.

> § 16 ZPO. „*Der allgemeine Gerichtsstand einer Person, die keinen Wohnsitz hat, wird durch den Aufenthalt im Inland und, wenn ein solcher nicht bekannt ist, durch den letzten Wohnsitz bestimmt.*"

„Keinen Wohnsitz"! In Buenos Aires soll der Beklagte doch wohnen?

> *Das braucht die Klägerin doch nicht so genau zu wissen! Es richtet sich ja wohl auch nach argentinischem Recht, ob der Beklagte dort Wohnsitz begründet hat oder nicht. Man kann ja ruhig unterstellen, daß die Klägerin insoweit mit gutem Gewissen behaupten kann, ihr sei ein Wohnsitz ihres Mannes nicht bekannt, – dann müßte sie doch immer noch behaupten, er habe auch im Inland keinen Aufenthalt. und außerdem, daß sein letzter Wohnsitz hier in Hamburg gewesen sei.*

> *Das alles liegt doch aber gar nicht so fern! Schließlich haben die Eheleute ja hier vielleicht doch einmal und vor nicht allzulanger Zeit zusammengelebt, der Mann ist dann vielleicht recht plötzlich von seiner Firma nach Argentinien geschickt worden, von Wohnsitzbegründung dort ist nichts bekannt. Wenn die Klägerin einfach diese Dinge vortrüge und der Beklagte sie nicht bestritte, würde uns die Zuständigkeitsfrage ja nicht mehr stören.*

Durchaus richtig und gegenüber Ihrer Mandantin, der Frau Kuß, auch sachdienliche Überlegungen! Bevor Sie das alles behaupten können, müssen Sie es natürlich von Frau Kuß erfahren haben. Wir nehmen also an, Sie haben es so von ihr erfragt und wären die Sorge um das zuständige Gericht los. Würden Sie sich damit zufrieden geben, meine Damen und Herren?

> *Nicht so ganz. Schließlich ist der Beklagte durch Anwälte in Mannheim vertreten!*

Also?

> *Also würde ich versuchen, von Frau Kuß noch mehr herauszubekommen, um insoweit ganz sicher zu gehen. Ich denke noch einmal an § 23 ZPO – ob der Beklagte nun einmal hier in Hamburg bei oder mit seiner Frau gelebt hat, höchstwahrscheinlich hat er hier noch irgendein nicht völlig wertloses Vermögensstück, und dann wäre ja die hiesige Zuständigkeit aus § 23 S. 1 gegeben und der Klägerin die Möglichkeit gewährt, hier in Hamburg zu klagen, § 35.*

Sehr gut und umsichtig gedacht. Und nun können wir abschließen: Weil alle diese Möglichkeiten bestehen, weil das AR-Gesuch nebst Klage denkbar obenhin gehalten und einfach ungründlich sind, deshalb weisen wir es richtigerweise nicht kurzerhand unter Hinweis auf das zu § 23a und zu § 23 Satz 2 Gesagte ab, sondern machen uns die Mühe des von unserem Kollegen entworfenen Schreibens.

IX. Formalien von Gewicht

Leider, leider, meine Damen und Herren, wird unsere Mühe schlecht belohnt. (Ich erzähle Ihnen den Fall übrigens genau so, wie er mir in praxi begegnet ist.) Statt einer Antwort in der C-Sache erhalten Sie nach drei Tagen einen **Antrag auf Erlaß einer Einstweiligen Verfügung**[1] in Sachen

– nun folgt genau dasselbe Rubrum wie in der Klage nebst AR-Gesuch –

mit dem Antrage,

dem Beklagten aufzugeben, an die Antragstellerin einen Prozeßkostenvorschuß von 1250,– DM zu zahlen.

Zur Begründung wird auf die Vorgänge in der C-Sache hingewiesen.

Ist das alles?

Ja, alles.

Also kein Wort zu § 23 ZPO?

Nein, nichts.

Das ist hier aber besonders bedenklich, denn für das EinstwVerfggs-Verfahren gilt ja § 802 ZPO, d.h. die Zuständigkeiten in den §§ 937 (919), 942 sind ausschließliche, von Amts wegen zu beachten. Das Gesuch müßte also schon aus diesem Grunde zurückgewiesen werden.

Richtig, niemand würde es Ihnen übelnehmen können. Hat man einen Anwalt einmal so gründlich unterrichtet wie wir es mit dem erwähnten Schreiben getan haben, so muß er nunmehr zumindest auf die mitgeteilten Bedenken irgendwie eingehen, will er die Ablehnung vermeiden. Aber sagen Sie, wie lehnen Sie ab, durch Beschluß?

Ich würde sofort durch Beschluß entscheiden!

Lobenswerte Schleunigkeit! Aber dürfen Sie denn so ohne weiteres ohne mündliche Verhandlung entscheiden?

Grundsätzlich wird auf einen derartigen Antrag hin mündliche Verhandlung anberaumt, § 937 Abs. 2 – wenn der Anwalt nicht ausdrücklich vorträgt, die Sache sei so dringlich, daß schriftlich entschieden werden müsse, wird eben Termin anberaumt.

Richtig, und weiter?

Da aber nach § 936 auch § 922 anwendbar ist, kann ich ohne mündl. Verhdlg. zurückweisen.

---

[1] Ich schreibe Einstweilige Verfügung immer groß, weil es ein Name, ein terminus technicus ist.

Kostenpflichtig! Vergessen Sie das nicht!

Und wem stellen Sie diesen Beschluß zu? Bei der Antragstellerin ist es ja sicher einfach – da muß Rechtsanwältin Treu Ihren Beschluß erhalten. Aber wie ist es beim Antragsgegner? Hier kommen wir wieder auf die Frage, woher Frau Kuß denn eigentlich weiß, daß er von den Mannheimer Herren vertreten wird?

> *Einen Augenblick, bitte! Der Beschluß wird dem Antragsgegner überhaupt nicht zugestellt!*

Aha, und wo steht das?

> *In § 922 Abs. 3.*

Können Sie sich denken, warum ich gleichwohl noch nicht zurückweisen würde?

> *Die Antragstellerin kann ja, wenn Termin anberaumt wird, das Fehlende nachbringen.*

Richtig, aber nicht der eigentliche Grund. Außerdem würde der Termin insoweit ohne Ergebnis bleiben, als beim Ausbleiben des Antragsgegners kein VersUrt. ergehen könnte, denn nach dem bisherigen Vortrag der Antragstellerin ist unsere Unzuständigkeit offenkundig, und vor einem unzuständigen Gericht brauchte der Gegner nicht zu erscheinen. Die Antragstellerin müßte das, was sie nachzureichen hätte, schon so rechtzeitig einreichen, daß es auch dem Gegner noch rechtzeitig vor dem Termin zugestellt werden kann. Welche Frist ist denn hier zu wahren?

> *Die Einlassungsfrist von 1 Woche.*

Wo steht das?

> *In EinstwVerfggs-Sachen gibt es keine Einlassungsfrist, hier braucht nur die Ladungsfrist von 3 Tagen gewahrt zu werden, § 217.*

Aber unser Antragsgegner wohnt in Argentinien, da müßte die Frist doch wohl verlängert werden?

> *Das gibt es nicht, § 224 Abs. 2! Außerdem wird die Antragstellerin kaum den Antrag auf Verlängerung stellen, der nach § 224 Abs. 2 nötig wäre, wenn die Ladungsfrist überhaupt Verlängerung zuließe.*

Dann könnten wir also heute Termin anberaumen auf, sagen wir Mitte nächster Woche?

> *Ja, aber das wäre unpraktisch, denn bis dahin könnten wir die Zustellungsurkunde für die Ladung nicht zurückhaben.*

IX. Formalien von Gewicht

Gut, an so etwas muß gedacht werden. Wir würden also den Termin reichlich weit hinausrücken. Frage, ob das nicht der Sache allein schon die „Dringlichkeit" verleiht, die zur Abstandnahme von mündlicher Verhdlg. nötigt. § 937 II?

> *In einer Unterhaltssache dazu noch!*
> *RAin Treu hat an alles das offenbar nicht gedacht.*

Das ist anzunehmen, es ist eben auch in Anwaltskreisen nicht allgemein bekannt, daß Einstweilige Verfügungen grundsätzlich nach mündlicher Verhandlung ergehen und also, soll es anders sein, ein Antrag auf Abstandnahme davon gestellt werden und daß die Dringlichkeit glaubhaft gemacht werden muß.

Es kommt hinzu, daß wenn nicht die Anwältin, so doch gewiß ihre Mandantin, die ja das Geld braucht und haben will, um das es hier geht, sich auch mit der Frage beschäftigt hat, ob denn Hamburg nicht aus irgendeinem Grunde zuständig sei. Wenn wir nun ablehnten, würde das alles in der Beschwerde nachgeholt werden, die Beschwerde wäre erfolgreich (wenn auch die Antragstellerin die Kosten bekäme, § 97 Abs. 2, vgl. Baumb.-L., Bem. 2 B), aber es wäre inzwischen eine Verzögerung eingetreten, die zu vermeiden war.

Fassen wir einmal zusammen: Ablehnen würde ich den Antrag noch nicht, aus den eben genannten Gründen (die Begründung mag leicht zu vervollständigen sein). Termin würde ich aber auch noch nicht anberaumen, weil ich sicher bin, daß dann sofort der Antrag käme, ohne Verhandlung zu entscheiden (weil also RAin Treu einfach vergessen hat, den § 937 Abs. 2 zu beachten).

Schließlich aber denke ich noch an zwei andere Fragen –

> *Wen würde man eigentlich für den Antragsgegner zu laden haben, wenn man Termin anberaumte?*

Richtig, das ist die eine Frage. Und die andere? Wenn Sie mir die richtig beantworten, dürfen Sie sich einen Praktiker nennen, aber es gibt auch unter examinierten Juristen nicht 10%, die sie sich stellen, trösten Sie sich damit! Lassen Sie es mich sagen – ich denke an das Rubrum der Einstweiligen Verfügung, sie sei nun ein Beschluß ohne vorherige mündl. Verhandlung, oder ein Urteil (Versäumnisurteil): In dieses Rubrum muß ich doch hineinschreiben, wie es um die Vertretung des Antragsgegners bestellt ist. Sind die Mannheimer Herren seine Prozeßbevollmächtigten, so müssen sie darin erwähnt werden. Das aber setzt voraus, daß ich die Vollmacht gesehen, daß ich sie bei den C-Akten oder bei der G-Sache habe. Oder genügt insoweit etwa auch Glaubhaftmachung?

> *Wenn sämtliche Voraussetzungen sachlicher Art und sogar die Zuständigkeit nicht bewiesen zu werden brauchen, sondern es mit bloßer Glaubhaftmachung geht, § 920 Abs. 2, so müßte das eigentlich auch für die Vollmachtsfrage gelten.*

Angesichts der schon erwähnten §§ 80 und 88, die in allen ZPO-Verfahren vor dem Amtsgericht gelten, ist das aber doch unrichtig, die Prozeßvollmacht muß vorliegen und geprüft sein, Baumb.-L., 2 zu § 920. Das ist ja auch verständlich, wenn man sich vor Augen hält, welche Stellung der Prozeßbevollmächtigte im ganzen Verfahren und noch lange danach und darüber hinaus hat, s. Tafel S. 187.

In dem C-Verfahren (das vielleicht auch nur eine H-Sache war, ein bloßes Armenrechtsverfahren), konnten wir diese Frage als cura posterior behandeln, da hätten die Mannheimer Herren schon noch ihre Vollmacht vorgelegt. Hier aber, in der G-Sache, wo schnelle Entscheidungen zu fallen haben, wird sie wichtig.

> *Ergebnis also, daß wir* **erneut** *an die RAin Treu schreiben müssen?*

Ja, und nun entwerfen Sie, Herr Kollege, bitte dieses neue Schreiben!

> *Man würde wohl zunächst auf das frühere Schreiben des Amtsgerichts Bezug nehmen und nun die Zuständigkeitsfrage als erste ansprechen...?*
> *Ich würde also schreiben: In pp.*
> *vermißt das Gericht immer noch Ausführungen zur Frage seiner örtlichen Zuständigkeit, die schon in seinem Schreiben vom ... angesprochen worden ist. Auf § 802 ZPO wird aufmerksam gemacht.*
> *Alsdann wird angefragt, ob es wirklich im Sinne der Antragstellerin ist, daß Termin anberaumt wird (§ 937 II)? Dieser Termin könnte nicht vor dem ... stattfinden, da vorher kaum mit einer Rückkehr der Zustellungsurkunde für die Ladung zu rechnen sein wird, – es sei denn, Sie, Frau Rechtsanwältin, könnten dem Gericht die in § 80 ZPO vorgesehene Vollmachtsurkunde des Gegners auf die Herren Rechtsanwälte Müller und Meier, Mannheim, vorlegen.*

Sehr gut. Nehmen wir an, RAin Treu reagiert jetzt wunschgemäß, d. h. sie behauptet Tatsachen, die uns als örtlich zuständig gelten lassen können (sei es nach § 16, sei es nach § 23 Satz 1 ZPO) und macht sie glaubhaft; sie beantragt auch, „wegen Dringlichkeit ohne mündliche Verhandlung zu entscheiden", aber sie erklärt, eine ausdrückliche Vollmachtsurkunde des Gegners auf ihre Mannheimer Kollegen könne sie natürlich nicht beibringen, jedoch hätten ihr die Herren anwaltlich versichert, bevollmächtigt zu sein, was würden wir nun tun?

> *Ich möchte meinen, daß nun Termin anberaumt werden könnte.*

IX. Formalien von Gewicht

Warum nicht ohne Termin die Entscheidung – so oder so?

> *Weil die RAin Treu im Termin vielleicht die Vollmacht der Mannheimer Herren vorlegen kann (es wäre ja denkbar z. B., daß Herr Kuß ihr vor der Bemühung des Gerichts geschrieben hat, für den Fall einer derartigen Auseinandersetzung seien diese Herren von ihm bevollmächtigt)!*

Läßt sich hören, aber Sie müssen doch jederzeit prüfen, ob die Sache nicht jetzt entscheidungsreif ist!

> *Man könnte die Einstw. Vfgg. doch wohl kaum allein deshalb versagen, weil die Vollmacht des Gegners auf die Mannheimer Anwälte fehle!?*

Also erlassen wir sie ohne Termin schriftlich – wie sieht ihr Rubrum auf seiten des Antragsgegners aus?

> *Dipl.-Chemiker Berthold Kuß in Buenos Aires, Calle grande 345.*

Und die Mannheimer Anwälte?

> *Die erwähne ich nicht, denn deren Vollmacht ist nicht formgerecht nachgewiesen.*

Richtig! Damit hätten wir dann diesen einfachen Fall mit vieler Mühe erledigt. Wir wollen uns nun aber noch ein wenig in seiner Landschaft umsehen. Da finden wir noch allerhand Interessantes.

In Sachen dieser Art, die rechtlich einfach liegen und die angesichts der Vertretung beider Parteien durch Anwälte die Vermutung für sich haben, alsbald vernünftig in Güte geregelt werden zu können, ist ja ein Termin sehr wertvoll. Hier würde man vielleicht in einem Termin in der G-Sache also mit dem geringen Streitwert von 1250 DM sogar zur friedlichen Regelung der ganzen Unterhaltsfrage gelangen können, möglicherweise sogar unter Ersparung aller vollstreckungsrechtlichen Schwierigkeiten (z. B. durch Gehaltsabtretung). Ich will einmal annehmen, wir hätten uns entschlossen, doch mündliche Verhandlung anzuberaumen – wen müßten wir laden, den Antragsgegner selbst oder die Mannheimer Anwälte?

> *Wenn die Mannheimer Herren wirklich Vollmacht für den Hauptprozeß um monatlich 500 DM Unterhalt haben, dann wäre doch zunächst zu prüfen, ob diese Vollmacht sich auch auf die Einstw. Verfgg. wegen Kostenvorschuß erstreckt?*
>
> *Prozeßkostenvorschüsse sind Unterhalt, das geht aus §§ 1360a und 1361 BGB hervor. Also haben die Herren, wenn sie für den Unterhaltsprozeß bevollmächtigt sind, auch für den Kostenvorschuß Vollmacht.*

Dann müssen wir also diese Herren zum Termin laden, § 176?

> Ich meine, ja. § 176 zwingt uns, alle Zustellungen im anhängigen Verfahren an den Prozeßbevollmächtigten der Partei zu richten, und der erste Akt im rechtshängigen Verfahren, die Klagezustellung oder hier die Ladung zum Termin mit dem Antrag auf Erlaß einer Einstw. Verfgg., gehört natürlich schon in das Verfahren, er ist zugleich seine Grundlage, der wichtigste Bestandteil, für ihn muß § 176 auf jeden Fall gelten.
>
> Die ZPO behandelt doch aber das EinstVerfggsverfahren als selbständiges Verfahren! Siehe § 178!

Richtig! Daraus gewinnen wir eine interessante Einsicht – § 82 dehnt zwar die Vollmacht für den Unterhaltsprozeß um monatlich 500 DM aus auf das EinstwVerfggsverfahren um 1200 DM Kostenvorschuß, zustellungsrechtlich aber hat dies keine Entsprechung, § 178 behandelt das EinstVfggsVerf. gleichwohl als besonderes Verfahren gegenüber dem Prozeß. D. h. also – wir dürften die Mannheimer Herren zum Termin in der G-Sache laden, sind dazu aber nicht etwa durch § 176 gezwungen, s. u. Tafel S. 184! Wir könnten also Versäumnisurteil gegen den Antragsgegner erlassen, wenn weder er, noch die Herren aus Mannheim erschienen oder sich vertreten ließen, wenn ...?

> ... wenn wir wenigstens in der C- (oder H-)Sache Prozeßvollmacht in der Form des § 80 hätten!

Richtig. Wenn das aber nicht der Fall ist, wird man, um in dem Termin auf alle Möglichkeiten vorbereitet zu sein und notfalls Versäumnisurteil verkünden zu können, vorsichtshalber beide laden, den Antragsgegner in Buenos Aires und die Mannheimer Anwälte.

> Dann muß also aus diesem Grunde der Termin weit hinausgerückt werden?

Es läßt sich nicht ändern. Besser, als ein erfolgloser Termin, der vertagt werden muß!

> Ich würde einfach nach § 175 ZPO durch Aufgabe zur Post laden.

Netter Gedanke! Welchen Vorteil bietet uns § 175?

> Wir brauchen uns gar nicht um die Zustellung der Ladung in Buenos Aires zu kümmern, sondern die Ladung gilt als zugestellt, wenn sie hier in Hamburg zur Post gegeben ist.

Prächtig! Und das geht so ohne weiteres? Wollen Sie nicht einmal zunächst den § 174 lesen?

§ 174

> Wohnt eine Partei weder am Ort des Prozeßgerichts noch innerhalb des Amtsgerichtsbezirkes, in dem das Prozeßgericht seinen Sitz hat, so kann

IX. Formalien von Gewicht

> *das Gericht, falls sie nicht einen in diesem Ort oder Bezirk wohnenden Prozeßbevollmächtigten bestellt hat, auf Antrag anordnen, daß sie eine daselbst wohnhafte Person zum Empfang der für sie bestimmten Schriftstücke bevollmächtige. Diese Anordnung kann ohne mündliche Verhandlung ergehen. Eine Anfechtung des Beschlusses findet nicht statt.*
>
> *Wohnt die Partei nicht im Inland, so ist sie auch ohne Anordnung des Gerichts zur Benennung eines Zustellungsbevollmächtigten verpflichtet, falls sie nicht einen in dem durch den ersten Absatz bezeichneten Ort oder Bezirk wohnhaften Prozeßbevollmächtigten bestellt hat.*

Und dieses Verfahren soll schon bei dem ersten Akt eines Verfahrens zulässig sein? Es soll also möglich sein, Ihnen, der Sie gerade auf eine längere Reise gegangen sind, auf diese Weise eine Klage zuzustellen? Das geht natürlich nicht. §§ 174, 175 gelten nur innerhalb eines bereits anhängigen Verfahrens, nicht für den Beginn des Verfahrens. Der Antragsgegner müßte also nach § 174 Abs. 2 sobald er unsere Ladung erhalten hat, was tun?

> *Er müßte in dem Termin oder dem dazu eingereichten Schriftsatz den Zustellungsbevollmächtigten benennen.*

Richtig! Erst wenn er von dem gegen ihn anhängigen Verfahren weiß und doch nicht dafür sorgt, daß er schnell erreichbar ist, kann es gerechtfertigt erscheinen, gegen ihn die Versäumnisfiktion des § 175 anzuwenden.

Im übrigen ist § 175 wenig praktisch – wer vom Ausland her in Hamburg klagt oder verklagt ist, wird in aller Regel dafür sorgen, hier auch vertreten zu sein und einen Prozeßbevollmächtigten bestellen, nicht nur einen Zustellungsbevollmächtigten. Sonst nimmt er eben die Versäumnisfolgen auf sich.

Könnte man übrigens § 175 auch im Armenrechtsprüfungsverfahren anwenden?

> *Ich meine nein, denn bei diesem Verfahren handelt es sich um einen Fremdkörper in der ZPO, um ein Verwaltungsverfahren, das gerade nicht nach den Regeln des ZP verläuft.*
>
> *Es wird ja sogar die Meinung vertreten, daß in diesem Verfahren für den Gegner keine Erscheinungspflicht bestehe, daß er nur Auskunftsperson, aber nicht Zeuge oder gar „Partei" sei (Stein-Jonas, § 118a, Erl. 1, 2) Zwangsmittel gegen ihn seien unzulässig.*

Ja, ich würde die Anwendbarkeit des § 175 hier ebenfalls verneinen, aus den genannten Gründen.

Wie wird übrigens die Zustellung „durch Aufgabe zur Post" bewerkstelligt? Was ist der Unterschied zur Zustellung durch die Post?

> *„Aufgabe zur Post"* ist eine Handlung des Urkundsbeamten der Geschäftsstelle, siehe § 213. Im Parteibetriebe ist es eine Handlung des Gerichtsvollziehers auf Veranlassung der zustellenden Partei, vgl. § 192 (Baum.-L., § 175, Erl. 1 C). Sie ist immer Zustellung im Inlande, denn sie wird als hier erfolgt angesehen. – Dagegen ist Zustellung *„durch die Post"* eine Handlung des Postbeamten, der dabei Vertreter des Urkundsbeamten der Geschäftsstelle oder des Gerichtsvollziehers ist, und die am Orte der Zustellungsadresse erfolgt, §§ 193ff., 180/186.

Wenn Sie einmal in die Lage kommen sollten, von § 175 Gebrauch zu machen, so müssen Sie das natürlich klar und eindeutig anordnen. Nehmen wir an, die Klage sei unserem Herrn Kuß bereits in Buenos Aires zugestellt worden, nun sei der Klägerin das Armenrecht bewilligt, es wird Termin anberaumt,

Sie verfügen:

1. **Termin** zur Verhandlung über die Klage wird auf den .... in Saal ...... anberaumt.

2. **Laden**
   a) Kl.,
   b) Bekl., und zwar durch Aufgabe zur Post!

Um alsbald prüfen zu können, ob der Urkundsbeamte der Geschäftsstelle dies richtig gemacht hat, verfügen Sie weiterhin:

3. Nach 1 Woche.

Ich verweise jetzt auf die Gegenüberstellung: unten S. 187.
Stellt in den dort unter 12–15 genannten Fällen das Gericht dem Proz.-Bev. (des Hauptverfahrens) zu, so kann es natürlich auch Versäumnisurteil gegen die Partei erlassen, wenn für sie niemand erscheint.

Das gilt doch aber wohl nicht für das Amtsgericht?

Richtig, hier gilt ja immer § 88 – die Vollmacht muß hier von Amts wegen geprüft werden. Liegt also – auf den Fall Kuß zurückgegriffen – im Hauptprozeß (C- oder H-Sache) die Prozeßvollmacht auf die Mannheimer Herren vor, so darf man diese für den Antragsgegner auch zur Verhandlung über die Einstw. Vfgg. laden und beim Ausbleiben Versäumnisurteil gegen ihn erlassen, das jene Herren als seine Prozeßbevollmächtigten aufführt; liegt sie nicht vor, so lädt man auf jeden Fall den Antragsgegner selbst (und sicherheitshalber auch die Mannheimer Anwälte) und erläßt beim Ausbleiben aller drei Versäumnisurteil, das die Mannheimer Herren nicht nennt.

IX. Formalien von Gewicht

Ich bin noch nicht ganz zufrieden – sollten wir uns nicht einmal fragen, welchen Sinn in den eben erörterten Unterschieden zwischen §§ 81 u. 82 einerseits und §§ 176 u. 178 ZPO andererseits besteht?

Was meinen die anderen Herren?

Es erscheint mir als natürlich und sachgemäß, daß jemand, der für den Hauptprozeß Vollmacht hat, auch zu allen anderen, in der linken Spalte unserer Gegenüberstellung S. 184 aufgeführten Schritten und Verteidigungsmaßnahmen befugt ist. Es ist aber auch wegen der notwendigen Klarheit und Sicherheit des Verfahrens geboten, daß dies alles im Gesetz geregelt wird. Die in Nrn. 12–15 erwähnten Auseinandersetzungen aber sind – vom Hauptprozeß aus gesehen – neue Verfahren, und es ist nicht notwendig, den Grundsatz der Konzentration des Verfahrensbetriebes – § 176 – auch auf sie auszudehnen, es erscheint dem Gesetz vielmehr ausreichend, wenn nur die Partei geladen wird.

... bis diese etwa Vollmacht auf einen Prozeßbevollmächtigten für diese neue Sache vorgelegt hat. Für den gälte dann wieder § 176.

Auch ich habe noch eine Frage – wie wird in Argentinien vollstreckt – von hier aus?
Vielleicht brauchen wir diese Frage nicht zu prüfen – wenn Herr Kuß eine Gehaltsforderung gegen eine Firma in Mannheim hat, kann man doch die pfänden!

Ihre Frage und Ihre Antwort, meine Herren, sind gut und lobenswert. Gehen wir einmal der Antwort nach, die wieder unseren Herrn Kuß ins Spiel gebracht hat – welches Gericht hätte die Gehaltsforderung zu pfänden?

Hat Herr Kuß in Deutschland keinen allgemeinen Gerichtsstand (so wollen wir jedenfalls annehmen, andernfalls ja kein Problem bestünde: § 828 II ZPO), so käme als Vollstreckungsgericht nur das in Betracht, bei dem
„nach § 23 gegen den Schuldner Klage erhoben werden kann" – § 828 II. Also Hamburg (§ 23, S. 1) oder Mannheim (S. 2).
Auch diese Regelungen erscheinen sinnvoll – daß der allgemeine Gerichtsstand des Schuldners auch das Vollstreckungsgericht bei der Forderungspfändung bestimmt, ist richtig – man kennt dort den Schuldner und ist auf Erinnerungen usw. besser vorbereitet als irgendein anderes Gericht. Fehlt es aber an diesem Gericht, so ist der natürlichste Bezugspunkt der Wohnsitz des Drittschuldners, der „Sitz" der zu pfändenden Forderung oder der Ort, wo er anderes Vermögen besitzt.

Und wie vollstreckt man in Argentinien?

Zu dieser Frage finden Sie Information auf dem Wege über § 791 ZPO im internationalen Recht, und über dieses etwa bei **Bergmann-Ferid**, Intern. Ehe- u. Kindschaftsrecht, Bd. I, 48. Lfg. 1974, wo sich ein ausführl. Kapitel mit dem Codigo Procesal Civil y Comercial de la Nacion v. 20. 9. 1967 beschäftigt (III A Nr. 4); und bei *Bülow-Böckstiegel*, Der Internationale Rechtsverkehr in Zivil- und Handelssachen, 2. Aufl. 1973.

X. Eine Sache von drei Minuten: Konkurs greift ein

Folgender Fall:

Über das Vermögen des Beklagten ist am 22. 1. 1960, 12.30 Uhr das Konkursverfahren eröffnet worden.

Am 22. 1. 1960, um 12.33 Uhr ist beim BGH seine Revision gegen ein Urteil des Oberlandesgerichts Hamburg eingegangen.

Wer diesen Fall als konstruiert ansieht, möge ihn in ZZP 75 (1962) S. 354 = BGH 36, 258 nachlesen!

Mit Schriftsatz v. 16. 3. 1961, eingegangen am selben Tage, erklärt der Beklagte, der Konkursverwalter habe ihm am 16. 2. 1961 mitgeteilt, daß er das Verfahren nicht aufnehme und ihm den Streitgegenstand freigebe. Er, Beklagter, nehme daher selbst auf.

Bei dem Streitgegenstand handelt es sich um einen Anspruch aus § 717 Abs. 3 ZPO im Betrage von etwa 16400,– DM.

Es stellt sich heraus, daß der Konkursverwalter dem Beklagten bereits am 18. 1. 1961 die Freigabe erklärt und mitgeteilt hat, daß er, der Konkursverwalter, den Prozeß nicht aufnehme.

Ist die Revision richtig eingelegt und ist sie rechtzeitig?

> *Als die Revision beim Bundesgerichtshof einging, war drei Minuten zuvor in Hamburg der Konkurs über das Vermögen des Beklagten und Revisionsklägers eröffnet worden. Diese Revision war also wirkungslos, §§ 240, 249 Abs. II ZPO.*
>
> *Danach käme es doch darauf an, ob der Beklagte außer dieser Revision vom 22.1.1960 noch mit einem weiteren Schriftsatz Revision eingelegt hat?*

Richtig gefragt! Der BGH nimmt an, daß ein späterer Schriftsatz, nämlich der v. 16. 3. 1961, diese weitere Revisionseinlegung darstellt, da er alle Voraussetzungen einer solchen erfülle.

> *Dann müßten wir nun wohl prüfen, ob, als diese Revision vom 16. 3. 1961 in Karlsruhe einging, die Unterbrechung des Prozesses noch wirksam oder ob sie inzwischen beendet war – denn wenn der Prozeß noch immer unterbrochen war, würde ja auch diese zweite Revision unwirksam sein.*

Richtig! Und nun prüfen Sie also, ob inzwischen wirksam die Unterbrechung beendet war und ...

> *und weiterhin wäre zu prüfen, ob der Beklagte mit dieser Revision die Monatsfrist des § 552 ZPO ab Ende der Unterbrechung gewahrt hat.*
>
> *Nach dem von Ihnen geschilderten Sachverhalt käme als Aufnahmeschriftsatz des Beklagten ja nur derjenige vom 16. 3. 1961 in Frage, der zugleich die neue Revision darstellen soll. Ob man ihn zugleich als ordnungsmäßige Aufnahme bezeichnen kann, ist zweifelhaft, weil er nicht beim Oberlandesgericht eingereicht ist, wohin die Aufnahme noch gehörte.*

Dazu hat der BGH gesagt, – hören Sie genauer her! – der Schriftsatz stelle eine natürliche Einheit von Aufnahme und Revision dar; daß sie bei verschiedenen Gerichten einzureichen gewesen wären, könne „demgegenüber vernachlässigt werden".

> *Das ist eine erstaunliche Großzügigkeit des BGH.*

Immerhin scheint aber Baumbach-L., 2 G zu § 239, keine Bedenken dagegen zu haben, daß über die Aufnahme usw. bei zulässigem Rechtsmittel gleich die höhere Instanz mitentscheidet. Indessen empfehle ich Ihnen doch, die kritische Anmerkung von Prof. Henckel zu der Entscheidung des BGH in ZZP 75 aufmerksam zu lesen.

> *Nun bliebe aber für die Zulässigkeit der Revision immer noch zu prüfen, ob denn hier überhaupt der Beklagte das Ende der Unterbrechung herbeiführen konnte. Wäre das zu verneinen, so würde er Revision zum zweitenmal während unterbrochenen Verfahrens eingelegt haben.*

Worauf müssen wir nun abstellen?

> *Darauf, ob es sich um einen Masse-Aktivprozeß gehandelt hat, oder einen Passivprozeß.*

Ich sagte, der Beklagte habe einen Anspruch aus § 717 Abs. III verfolgt.

> *Der Beklagte ist also durch Urteil des Oberlandesgerichts verurteilt worden, er hat demgemäß geleistet oder wurde dazu durch Vollstreckung gezwungen, und fordert nun die bei Aufhebung des Urteils als ungerechtfertigt anzusehende Bereicherung vom Kläger zurück. Dabei geht es also um einen Wert, den er zu seiner Konkursmasse zu ziehen wünscht, einen Aktivprozeß. Nachdem der Konkursverwalter ihn freigegeben hat, kann der Beklagte selbst seinetwegen den Prozeß aufnehmen, § 10 II KO, er konnte also auch die durch Konkurseröffnung erfolgte Unterbrechung des Prozesses beenden und wirksam Revision einlegen.*

Nun also zur Frage der Wahrung der Revisionsfrist!

Wenn der BGH es als zulässig erachtet, daß mit demselben Schriftsatz a) aufgenommen und b) Revision eingelegt wird, so kann die Rechtzeitigkeit nicht zweifelhaft sein.

Die Revision ist am 16. 3. 1961 eingelegt, der Konkursverwalter hatte am 18. 1. freigegeben!

Nicht diese interne Erklärung des Konkursverwalters läßt die Verfahrensunterbrechung enden, sondern erst die daran sich anschließende Aufnahme durch eine Partei. Der BGH meint, das ergebe sich schon aus § 10 II. Er hält es – gegen die herrschende Meinung – für richtig, weil allein geeignet, Unklarheit, Unsicherheit zu vermeiden.

Prof. Henckel stimmt ihm insoweit zu.

Da bleibt aber noch eine Unebenheit – Revision wird eingelegt durch Einreichung der Revisionsschrift beim BGH, – die Aufnahme aber ist erst vollzogen mit Zustellung des Aufnahmeschriftsatzes, § 250, die ja einige Tage braucht. Also geschieht die Revisionseinlegung noch während des unterbrochenen Verfahrens und müßte also, wenn sie zugleich mit der Aufnahme erklärt wird, ebenfalls noch unzulässig sein – wie jede andere, die während der Unterbrechung erfolgt.

Das ist eine sehr gute Bemerkung! Aber der BGH hat[1] dieses Problem erkannt – er zitiert sein Urteil in BGH 30, 112 (119), wo gerade zu dieser Unebenheit Ausführungen gemacht sind. Dort handelte es sich um eine Unterbrechung infolge Verlustes der Geschäftsfähigkeit eines beteiligten Anwalts, § . . . ?

§ 244 ZPO!

. . . Der BGH spricht davon, daß es „sinnlose Formalität" wäre, wenn man verlangte, daß der Rechtsmittelschrift noch ein Schriftsatz vorangeschickt würde. Daß diese Unebenheit überhaupt noch bestehe, beruhe darauf, daß früher sowohl die Aufnahme als auch die Einlegung von Rechtsmitteln nur durch Zustellung an den Gegner rechtswirksam erfolgen konnten (er verweist dafür auf die Fassung von 1877). Jedenfalls sei die mit der Aufnahme verbundene Rechtsmitteleinlegung „eine natürliche Einheit" und müsse also als solche Einheit wirksam sein.

Die Begründung erscheint mir schwach – das Gesetz nimmt auf natürliche Einheiten sonst durchausnicht immer Rücksicht, z. B. im Sachenrecht.

---

[1] Prof. Henckel in seiner Anm. ZZP 75, 359 hat es natürlich auch erkannt und erörtert es ausführlich. Er sagt, es geben keine Vorschrift, die ähnlich § 66 II ZPO die Verbindung von Aufnahme und Rechtsmitteleinlegung in 1 Schriftsatz ausdrücklich gestatte.

X. Eine Sache von drei Minuten: Konkurs greift ein

Ich finde die Begründung auch nicht überzeugend, denn schließlich geht es um die Ordnung und damit um die Sicherheit des Verfahrens. Bedenken Sie aber, daß die herrschende Meinung die Verletzung des § 249 für heilbar erachtet, heilbar durch Verzicht des Gegners (Stein-Jonas, III 3 und IV 2 zu § 249. Rosenberg, § 122 Erl. IV 2.), und das ist jedenfalls in unserem Falle sinnvoll: Die vom Gesetz mit der Konkurseröffnung verbundene Zäsur des Verfahrens beruht doch auf dem Gedanken, daß die von dem Konkurs betroffene Partei nunmehr ohne Vertretung ist – denn der Gemeinschuldner verliert ja die Prozeßführungsbefugnis, § 6 KO. Wenn er nun aber gleichwohl (nach Freigabe durch den KonkVerw.) weiterprozediert, indem er Rechtsmittel einlegt während unterbrochenen Verfahrens, so muß der vom Konkurs gar nicht betroffene Gegner das doch genehmigen können! Vielleicht sollten wir in diesem Zusammenhang aber auch daran denken, daß Wieczorek (C Ib zu § 249) die Unwirksamkeit von Prozeßhandlungen während der Unterbrechung gegenüber dem Gericht leugnet und dabei ausdrücklich die Rechtsmitteleinlegung erwähnt. Das Rechtsmittel darf seiner Meinung nach auch nicht als unzulässig verworfen werden.
In unserem Falle ZZP 75, 354 ff. hat offenbar der Kläger jene Unebenheit nicht gerügt ...

> *und außerdem konnte sich der BGH ja an das frühere Urteil BGH 30, 112 halten!*

Ja.
Geben wir dem Fall noch eine kleine Variante bei! Nehmen wir einmal an, der Oberlandesgerichtsanwalt des Beklagten in Hamburg hätte unmittelbar nach dem freigebenden Brief des Konkursverwalters v. 18. 1. 1961 beim OLG Hamburg das Verfahren aufgenommen, und der BGH-Anwalt würde bis zu jenem 16. 3. 1961 mit seinem neuen Schriftsatz gewartet haben ... was würde dann gelten müssen?

> *Dann wäre die Revision wohl verspätet eingelegt – denn die Aufnahme beim OLG war jedenfalls nicht verboten, sie war also zulässig und wirksam. Da sie etwa am 20., 21. 1. dem Kläger zugestellt sein dürfte, würde von da ab die Monatsfrist für die Revision zu laufen begonnen haben, sie wäre also am 16. 3. verstrichen gewesen.*

Richtig! Sie sehen, wie **eng und prompt die Anwälte der Partei in den Instanzen zusammenarbeiten müssen,** um Pannen zu vermeiden, die den Mandanten schwer schädigen können! Konkurseröffnung im Prozeß ist für die beteiligten Anwälte auf beiden Seiten immer ein Alarmsignal, ist rotes Licht!

Was wird der BGH in unserem Fall ZZP 75, 354 nach Klärung dieser prozessualen Fragen getan haben?

Er wird in der Sache selbst entschieden haben.

Wie sieht das Rubrum seines Urteils aus?

Genau so, wie vor der Konkurseröffnung, denn es streiten ja dieselben Beteiligten, nachdem der Konkursverwalter ausgeschieden, bzw. desinteressiert ist.

Was würde sich an dem Fall ändern, wenn die Reihenfolge anders wäre – also Revision um 12.30 Uhr, Konkurseröffnung drei Minuten später?

Dann wäre die Revision ordnungsgemäß eingelegt, die Begründungsfrist aber wäre unterbrochen. Die Aufnahme würde ohne Zweifel allein beim BGH zu erklären sein, er hätte es nicht nötig gehabt, die von uns erörterten Bedenken zu klären und zu „vernachlässigen".

Wir kommen auf das Thema „Unterbrechung durch Konkurs" noch einmal zurück – S. 179.

Vierte Abteilung

XI. Die Grundsätze des Zivilprozesses

Immer wieder zwingt uns der Einzelfall, darüber nachzudenken, woher die Grundsätze ihre Rechtfertigung beziehen, die unserem Zivilprozeß und seiner gesetzlichen Regelung zugrunde liegen, und wie sie ineinandergreifen und miteinander arbeiten. Auf zwei Grundlagen kann man sie zurückführen – einmal auf die Tatsache, daß es private Interessen sind, die im Zivilprozeß (künftig: ZP) ausgetragen werden, zum anderen auf den Umstand, daß der Staat diesen Austrag in Ordnung, in Formen und mit der möglichsten Sicherheit für vernünftige Erledigung wünscht und – da er die Selbsthilfe verbietet, auch garantieren muß.
Der Apparat ist vorgegeben, der Staat gehorcht dem Anruf des Grundgesetzes, das einem sozialen Rechtsstaat die Ordnung gegeben hat, Art. 20 I. Daher Art. 92, daher die Vorschriften des GVG über das Richteramt, über die sachlichen Zuständigkeiten, diejenigen über Ausschluß und Befangenheit von Richtern in der ZPO. Aber hier begegnen wir bereits dem ersten Niederschlag der Tatsache, daß die Parteien um ihre Interessen streiten – § 43 ZPO: Hat eine Partei bei einem Richter verhandelt, den sie hätten ablehnen können, aber nicht abgelehnt hat, so hat sie das Ablehnungsrecht für den ganzen weiteren Prozeß verloren, hier setzt sich dann also das Gebot schleuniger Erledigung des Verfahrens und dasjenige der Sicherheit und Klarheit durch. Zum Apparat gehören natürlich weiter die Bestimmungen der ZPO über die örtliche Zuständigkeit, den Gerichtsstand für den einzelnen Prozeß. Hier treffen wir auf den zweiten Fall der Rücksichtnahme auf das private Interesse der Beteiligten: Wo nicht eine ausschließliche Zuständigkeit infrage steht, können sie eine Zuständigkeit vereinbaren, durch Nichtrüge einer Unzuständigkeit die Zuständigkeit herbeiführen (die dann aber nun unveränderlich ist – § 263 II 1, was vielfach übersehen, mitunter bewußt vernachlässigt wird, vgl. meinen Aufsatz JR 1962, 450.[1]
Man kann sogar das staatliche Gericht gänzlich außer Funktion setzen – Schiedsrichterliches Verfahren, §§ 1025 ff. Aber dafür werden gewisse Sicherheitsgarantien gefordert – §§ 1026, 1027, 1036, 1039, 1042 ff.
Wir kennen jetzt die Einrichtungen. Nun soll und kann geklagt werden – der Entschluß darüber, ob, wie, in welcher Art Verfahren, mit welchem Zweck geklagt oder sonst vorgegangen werden soll, ist allein Sache der Parteien – Parteibetrieb. Aber wird der erste Schritt getan, so kommt nun zunächst die offene Hand des Staates, er fordert Kosten-

---

[1] So jetzt auch BGH, MDR 1963, 205 Nr. 22 – NJW 585 Nr. 7.

vorschuß. Da die Gerichtskosten aber seinen Aufwand nicht decken, wird weiterhin die Frage des Rechtsschutzinteresses wichtig, und für die besondere Klage aus § 256 das für sie vom Gesetz besonders geforderte Feststellungsinteresse (dessen Fehlen nach richtiger Meinung zur Prozeßabweisung führt).

Und dann bemächtigt sich der Staat, nun müssen wir sagen: das Gericht der Sache, der Amtsbetrieb setzt ein, damit ein sicheres, geordnetes Verfahren ablaufe.

Was heißt hier „sicheres Verfahren"?

Sicheres Verfahren heißt vielerlei – jede Partei muß darauf vertrauen können, daß sie Gelegenheit hat, sich auszusprechen, ihre Beweise zu erbringen – der Anspruch auf rechtliches Gehör muß ihr voll erfüllt werden. Dazu bedarf es gewisser Einrichtungen, z. B. der mündlichen Verhandlung, der ausreichenden Überlegungsfristen, dazu ist die Wahrung bestimmter Formen notwendig (z. B. muß geregelt werden, wann überhaupt eine ordnungsgemäße Klage vorliegt, wie ein Rechtsmittel auszusehen hat, wie und wo es richtigerweise einzulegen ist usw.). Dazu kommen die Vorschriften über die Zustellungen, die Ladungen usw. Daher kommt auch die Erkenntnis, daß Prozeßhandlungen bedingungsfeindlich sind: RG 144, 72 begründet das einleuchtend. – Und nun die Fristvorschriften, die einerseits ausreichende Überlegung gewährleisten, andererseits der Beschleunigung dienen. Aber auch der Sicherheit dienen sie, – inwiefern wohl?

Ist eine gesetzlich vorgeschriebene Frist ungenutzt abgelaufen, so ist die daran geknüpfte Rechtsfolge eingetreten – also z.B. ein erstinstanzliches Urteil rechtskräftig geworden. Darauf soll sich der Gegner verlassen können.

Sobald die Sache zu Gericht gelangt ist, beginnt, was wir richterliche Prozeßleitung nennen – schleunige Terminierung (§ 216: binnen 24 Stunden!). Sinngemäß gehören hierher die Vorschriften, die das richtige und brauchbare Ende des Verfahrens im Blickpunkt haben – den Vergleich, der jederzeit anzustreben ist (§§ 296, 349, 608, 118a RechtspflG. § 19 Nr. 4 – auch der Rechtspfleger kann im Armenrechtsverfahren einen Vergleich herbeiführen, der Vollstreckungstitel ist). Der Amtsbetrieb läßt die Sache aber nicht los – es muß geladen werden; damit die Sache möglichst in wenigen oder nur in einem Termin erledigt werde, können besondere Maßnahmen getroffen werden – der wichtige § 272b, von dem ich jedoch hier nur erst das sagen will, daß wichtiger als die Masse dessen, was er uns erlaubt, das Maß ist, das wir darin halten. Wie die Verhandlung schriftsätzlich vorzubereiten ist, das gehört hierher, §§ 129 ff., § 272, wie bei Überraschungen zu verfahren, die dem

Gegner dabei mitunter widerfahren, § 272a, § 279a. Sie haben gesehen, welchen Apparat, welche Tätigkeiten eine Klage auslöst. Nun fragen wir wieder nach dem Inhalt, dem Wesen des Streits, richtiger: des Streitens, des Parteiverhaltens im Prozeß. Es steht unter dem Grundsatz, daß es die Parteien selbst sein müssen, die dem Gericht den Stoff bringen – wir stehen vor der Verhandlungsmaxime, die das Reichsgericht noch in der NS-Zeit, die ganz anders dachte, als den „obersten Grundsatz des ZP" bezeichnet hat (RG 151, 93–101). Wo ist er im Gesetz niedergelegt?

Expressis verbis überhaupt nicht.

Aber er muß doch eine gesetzliche Stütze haben, eine erkennbare Stütze!

§ 128 spricht von der „Verhandlung der Parteien vor Gericht", vor „dem erkennenden Gericht" – da waltet doch die Vorstellung von dem an der Verhandlung unbeteiligten, die Erörterungen der Parteien nur zur Kenntnis nehmenden Gericht.

Ich möchte auch die Vorschriften über die Form der Klage hierher rechnen, denn sie besagen, daß der Kläger den Stoff vorzutragen und seinen Antrag zu formulieren hat.

Und ich weise einmal auf eine Vorschrift hin, die ein Schattendasein führt und doch so kennzeichnend ist, § 285, insbes. den Abs. II. Hier geht das Gesetz doch davon aus, daß zwar den Parteien, nicht aber dem Gericht die Ergebnisse einer auswärtigen Beweisaufnahme bekannt sind, bzw. es will sie solange nicht als Streitstoff gelten lassen, als sie nicht von den Parteien ihm vorgetragen sind. Und nun denken Sie einmal daran, wie das in der Praxis aussieht! Das LG Flensburg etwa hat das AG Konstanz um die Vernehmung eines Zeugen ersucht, es hat ihm seine Akten geschickt, AG Konstanz hat den Zeugen gehört, fügt den Prozeßakten sein Protokoll bei und schickt alles nach Flensburg zurück. Dort wird nun wieder Verhandlungstermin anberaumt, die Parteien erhalten mit der Ladung die Abschrift jenes Protokolls aus Konstanz. Wenn einer diese auswärtige Zeugenvernehmung kennt, dann ist es also das LG Flensburg, das Prozeßgericht. Und wenn jemand sie erst nach dem Prozeßgericht erfährt, dann sind es die Parteien und ihre Anwälte, die ja nicht immer zu einer solchen Beweisaufnahme selbst reisen. Und doch verschließt das Gesetz die Augen vor diesem Tatbestand und verlangt den Vortrag der Parteien über dieses auswärtige Geschehen, das dem Prozeßgericht nur zu gut bekannt ist! Ich habe in dieser Vorschrift immer ein besonders starkes Indiz für die Geltung der Verhandlungsmaxime gesehen. Es gibt natürlich noch viele andere einschlägige Bestimmungen. Wesentlich aber ist noch der Umstand, daß dem Gesetz, der ZPO, eine Vorschrift der Art des § 12 FGG fehlt.

Prozeßleitung beschränkt sich nicht auf den äußeren Antrieb des Verfahrens, sie ist vor allem die notwendige Ergänzung der Verhandlungsmaxime, notwendig warum?

Weil die Parteien befangen, voreingenommen, ungeschickt sind oder doch meistens sind und daher der Leitung bedürfen.

Ja – man braucht sich nur einmal an einen Angehörigen des eigenen Bekanntenkreises zu erinnern, der viel redet – haben Sie nicht schon oft über seine Weitschweifigkeit, seine Schwatzhaftigkeit gestöhnt, haben Sie nicht schon oft gefunden, wie scharf man ihn anfassen muß, damit er zur Sache komme und dabei bleibe? Und wenn Sie öfter Schriftsätze lesen, die Laien in ihrer Sache an das Gericht schicken, dann werden Sie volles Verständnis haben für § 139 ...

und übrigens noch für eine andere Einrichtung, welche wohl?

...

für den **Anwaltszwang**, meine Damen und Herren, § 78! Ein Richter kann ihn nur als einen Segen betrachten. – Was alles unter die Prozeßleitung fällt, sagt § 139, es sagen aber auch andere Bestimmungen, z. B. der schon erwähnte § 272b. Ein weiteres Gegenelement der Verhandlungsmaxime ist die **Wahrheitspflicht der Parteien**, § 138, eine Pflicht wohlgemerkt, keine bloße Last!

Sie finden am Schluß des Buches eine Zusammenstellung, die Ihnen die sogenannten unheilbaren Fehler und ihre Wirksamkeit in den verschiedenen Instanzen verdeutlichen soll – Sie werden die Verletzung der Wahrheitspflicht vermissen; und ob man ein Geständnis (oder was ihm gleichsteht – das Ausbleiben im Termin) unbeachtet lassen darf, weil man das Gegenteil als bereits erwiesen ansieht, das ist eine Frage, die man dreimal prüfen sollte – *Egon Schneider* hat sie jedenfalls mit überzeugenden Gründen verneint (DRiZ 1963, 342), ein Aufsatz, den Sie immer wieder lesen sollten, denn er gehört zu den Arbeiten, aus denen man Prozeßrecht lernt. Wir heben den Zivilprozeß in seiner gesetzlichen Ordnung aus den Angeln, wenn wir die Verhandlungsmaxime – jenen „obersten Grundsatz", s. o. – annagen – von der Frage der Praktibilität solchen Unterfangens abgesehen (auch sie spricht *Schneider* an).

Zu den Spielregeln, die das Gesetz den Parteien vorschreibt, gehören das Verbot der Klageänderung und der Klagerücknahme, sobald der Beklagte sich sachlich eingelassen hat, §§ 264, 271. Die Vorschriften dienen jedoch im wesentlichen dem Interesse des Beklagten, deshalb hat sein Einverständnis die Wirkung, daß es jene Maßnahmen zulässig macht, § 269, 271.

Und daher läßt seine Nachsicht alle Fehler verzeihen, die nicht gerade vom Gesetz als unheilbar bezeichnet oder von der Auslegung so eingestuft worden sind – § 295, auch 530, 558.
Für die Form der Verhandlung hat das Gesetz den Grundsatz der Mündlichkeit und zugleich den der Öffentlichkeit herausgestellt. Es ist nun einmal nach aller Erfahrung zweckmäßig, mündlich zu verhandeln, das bedarf heute keiner Begründung mehr. Nicht-mündliches, also schriftliches Verhandeln ist umständlich, zeitraubend, zudem bleibt es geheim, auf die Parteien beschränkt – wie wichtig aber gerade auch die Öffentlichkeit der Verhandlung sich auswirken kann, das hat das RG noch 1938 in einem Urteil dargelegt, dessen Lektüre ich nur empfehlen kann – RG 157, 341 ff. Es ist nicht so, wie *Baumbach-Lauterbach* meinen, die Öffentlichkeit spiele im ZP keine Rolle mehr.
Darüber, wie mündliches und schriftliches Verfahren sich mengen, kann in diesem Zusammenhang nicht ausführlich gesprochen werden – insoweit wird Ihnen aber meine Zusammenstellung in den Prozeßhilfen, 3. Aufl., S. 126 ausreichend Aufschluß geben. Hier sei nur vor gemischt mündlich-schriftlichem Verfahren eigener Erfindung dringend gewarnt (wie es leider überall anzutreffen ist).
Mit der Mündlichkeit ist eng verbunden die Unmittelbarkeit des Verfahrens (auch der Beweisaufnahme). Aus der Mündlichkeit folgt die Form der Entscheidung – das Urteil, und dessen Existentwerden durch Verkündung.
In der Verhandlung der Sache kann nun überall wieder das Partei-Interesse sich durchsetzen, diesmal auf Grund einer Möglichkeit, die wir die Dispositionsmaxime nennen – die Parteien können über den Prozeß insoweit verfügen, als sie über seinen Gegenstand bestimmen können – sie können sich vergleichen, die Sache für erledigt erklären, ihre Anträge einschränken oder zurücknehmen oder sie erweitern, können verzichten oder im Gegenteil anerkennen. Der Kläger bestimmt mit zwingender Wirkung für das Gericht die Reihenfolge der gerichtlichen Prüfung bei mehreren Anträgen, mehreren Klagegründen. Über die Anträge darf das Gericht nicht hinausgehen, § 308 – unverzichtbare Forderung des Gesetzes![1]
Kommen sich die Parteien aber nicht näher, wird **gestritten**, so **muß** das Gericht **entscheiden**, sobald die Sache dazu reif ist – § 300, Schleunigkeit! Und arbeiten die Parteien nicht zügig mit, so drohen Nachteile in der Sache selbst (§ 272a, 279, 279a, 283 II, 529 II ff., 554 VI, 557) oder doch im Kostenpunkt (vgl. meine Übersicht in Prozeßhilfen S. 170).
Beweislast der Parteien ist uns schon selbstverständlich. Ebenso aber auch, daß das Gericht die Beweisaufnahme in der Hand hat, daß für sie feste Regeln gelten (denn sie ist ja oft der entscheidende Teil des Ver-

---

[1] Siehe hierzu den interessanten Fall des OLG Hamm, JMBl. NRW 1963, 32.

fahrens!), und ebenso, daß das Gericht ohne Rücksicht auf Beweisangebote und Beweislast gewisse Ermittlungen von sich aus veranlassen kann. Unanfechtbar auch, daß es in der Beweiswürdigung ebenso frei ist (von wenigen zwingenden Regeln abgesehen, die wir früher schon einmal gestreift haben), wie in der Rechtsanwendung. Einigen sich die Parteien auf einen bestimmten Sachverständigen, so muß ihn das Gericht ernennen, § 404 Abs. IV – warum sollte es auch nicht? Wenn schon die Parteien übereinstimmend gerade diesen Herrn als den sachlich und persönlich geeignetsten schätzen, besteht kein Grund, ihn nicht zu Rate zu ziehen, sie streiten ja um ihr Geld! (Es wird schlechthin überall versäumt, ihnen Gelegenheit zu solcher Einigung zu geben! Vgl. dagegen meine Muster für Beweisbeschlüsse, Prozeßhilfen, S. 147).

Ich hoffe, Sie haben nun einen besseren Eindruck von der angeblich so trockenen und formalistischen Regelung unseres Zivilprozesses und erkennen, wie wichtig, aber auch wie interessant es ist, die Gesichtspunkte zu kennen und gegeneinander abzuwägen, die für jede einzelne Regelung maßgebend sind und im Zweifelsfall von Ihnen selbst erwogen werden müssen.

Die schon erwähnte Zusammenstellung S. 189 bedarf kaum der Erläuterung – § 295 ZPO: Heilung von Verfahrensmängeln durch Verlust der Rüge oder Verzicht auf sie. Diese Heilung tritt nicht ein bei besonders wesentlichen Mängeln, und so ist denn gerade eine solche Zusammenstellung besonders geeignet, uns klar werden zu lassen, welches das **unantastbare Gerüst eines einwandfrei geführten Zivilrechtsstreits** ist, uns die Stellen aufzuzeigen, an denen sich das Allgemeine Interesse, die öffentlichen Belange, die bei dieser Erscheinung „Zivilprozeß" jeweils mit engagiert sind, gegen die Parteiherrschaft, gegen die Dispositionsbefugnis durchsetzen.

Zunächst aber eine sprachliche Mahnung – Sie finden unter § 295 die absonderlichsten Formulierungen, z. B. schreiben Baumbach-Lauterbach unbekümmert von „Unverzichtbaren Mängeln". Überlegen Sie sich diesen Begriff einmal einen Augenblick – „unverzichtbarer Mangel", also wohl ein Mangel, der in keinem Prozeß entbehrt werden, auf den man nicht verzichten kann? Gemeint ist natürlich die unverzichtbare Rüge eines unheilbaren Mangels. Und das ist *Baumbach!*[1]

Es ist nützlich, sich die Wirkungen der Prozeßgrundsätze im Einzelfall an Hand von Beispielen deutlich zu machen, denn nur so gewinnen sie Leben für uns, nur so erfahren wir ihren Zwang, nur so verschaffen wir uns ein Bild davon, wie sehr ihre **Beherrschung und Beachtung** zu Buche schlagen – und ihre Nichtachtung an den Beutel geht.

---

[1] Erschütternd, zu sehen, wie hartnäckig sich auch schwere sprachliche Schnitzer am Leben erhalten!

Auch hier ist die Beschränkung auf wenige Themen ratsam, daher wollen wir es bei drei Fallgruppen belassen:

A. Entscheidungen zum Thema Zulässigkeit des Rechtswegs;

B. Entscheidungen, die das Zusammenwirken der Verhandlungsmaxime und der richterlichen Prozeßleitung klären und zeigen, wie Versäumnisse an dem einen oder anderen etwa in der Revision behoben werden können;

C. Entscheidungen, die das unabdingbare Gerüst des Zivilprozesses zeichnen.

A zeigt auf, wann wir überhaupt Zivilprozeß haben dürfen,

B gibt einen Begriff von der Elastizität der Prozeßordnung und den Möglichkeiten der Parteien, der Anwälte, der Gerichte,

C aber läßt die Mauern erkennen, über die alle Elastizität, alle Prozeßkunst nicht hinwegkommt, nicht hinwegkommen darf, soll Rechtssicherheit sein.

A. Zulässigkeit des Rechtsweges

1. RG 70,179 (VZS v. 19. 10. 1908):

(LG Lübeck, OLG Hamburg)

Der Beklagte hatte in erster Instanz zur Hauptsache verhandelt, ohne die Unzul. d. RW zu rügen. LG hat wegen Unzul. d. RW Klage abgewiesen.
OLG hat RW für zulässig erklärt und die Sache an das LG zurückverwiesen. Dies letztere hält d. Bekl. für unzulässig.
Bisherige Meinung d. RG und der Kommentare: OLG durfte nicht zurückverweisen, weil Bekl. keine „Einrede" d. Unzul. d. RW vorgeschützt habe, § 538 Nr. 2 ZPO.
RG: Es handelt sich bei § 538 um Ausnahmen vom Devolutiveffekt d. Berufung (525). Genauer bestimmt § 537 den Umfang der Devolutiv-Wirkung; er sagt, daß es nicht auf die erstinstanzl. Verhandlung, sondern auf das erstinstanzl. Urteil ankommt. Aus dem Inhalt des Urteils ist die Antwort auf die Frage zu entnehmen, wieweit das BerGer zur Entscheidung des Rechtsstreits berufen ist. Nur soweit ein Anspruch zu- oder aberkannt ist, hat das BG darüber von neuem zu befinden. Der BR soll nicht über einen schon in erster Instanz erhobenen Anspruch erstmalig, gewissermaßen als 1. Instanz, erkennen; jede Partei hat vielmehr Anspruch auf zweimalige Entscheidung über jeden Anspruch. Dagegen hat keine Partei Anspruch auf zweimalige Entscheidung über jeden Streitpunkt.

184: Im Falle der Klageabweisung aus prozessualen Gründen entsteht durch die Berufung eine zwiespältige Prozeßlage. Das Urteil hat nur prozessuale Bedeutung: absolutio ab instantia. Der Sachanspruch ist weder ab- noch zuerkannt worden. Der Prozeß als solcher wurde für unzulässig befunden. Hätte nun das BG, falls es die Prozeßabweisung mißbilligt, in der Sache selbst zu entscheiden, so würde der Gegenstand des Urteils ein anderer sein als in 1. Instanz: es würde über den Anspruch erstmalig entschieden. Dadurch würde nicht nur § 537, sondern u. U. auch § 536 verletzt – reformatio in pejus! Daraus folgt, daß der Gesetzgeber in diesem Falle dem BG die Entscheidung zur Hauptsache nicht belassen konnte, willte er nicht die wesentlichsten, das Berufungsverfahren beherrschenden Grundsätze preisgeben. Die Zurückverweisung der Hauptsache in die 1. Inst. ist also nicht Durchbrechung der Regel, sondern als eine zur Durchführung der Regel notwendige, dem Gesetzgeber durch die Rechtslogik aufgezwungene Anordnung.

(Das Reichsgericht behandelt sodann die Frage, was die ZPO unter „prozeßhindernden Einreden" versteht – Rechtsbehelfe von ganz verschiedenem Wesen nebeneinander! Die ... Zuständigkeit, die Zulässigkeit des Rechtsweges, die Partei-, die Prozeßfähigkeit u. dgl. sind positive Prozeßvoraussetzungen f. d. Zulässigkeit des Rechtsstreits. Unerheblich, wie sich d. Bekl. dazu verhält.)

187: Das nach verhandelter Sache zur Urteilsfällung schreitende Gericht hat vor allem die Zulässigkeit des Prozesses, das Dasein der Prozeßvoraussetzungen zu prüfen. Deckt diese Prüfung die Unzuständigkeit des Gerichts, die Unzulässigkeit des Rechtswegs ... auf, so hat das Gericht die Klage aus diesem prozessualen Grunde, und nur aus diesem Grunde abzuweisen. Alles, was zur Hauptsache verhandelt war, wird damit gegenstandslos. Das Gericht ist nicht berechtigt, zugleich zur Hauptsache zu entscheiden, auch nicht eventualiter, wahlweise. Das alles gilt, ob der Bekl. die Unzulässigkeit gerügt hat oder nicht.

2. RG 154, 144 (3. 3. 1937). § 566a III: Sprungrevision „kann nicht auf Mängel des Verfahrens gestützt werden". Schadensersatzklage wegen Amtspflichtverletzung bei Rücknahme der Zulassung zur Anwaltschaft, BGB 839. LG Aurich weist ab wegen Unzul. d. RW.

Berufg. an OLG zurückgenommen.

Fristgerecht stattdessen Sprungrevision. Zulässig; Rücknahme d. Berufung ist „Übergehung d. BerGer."

Zwar 566a Abs. 3 – aber er bez. sich nicht auf solche VerfMängel, die in jeder Lage des Verf. von Amts wegen zu beachten sind. Das ist bei der Frage der Zul. der RW der Fall.

XI. Die Grundsätze des Zivilprozesses –A–

3. RG 105, 192 (26. 9. 1922):
Beschlagnahme von Quecksilber im Auftrage des Reichsschatzministeriums als aus Marinebeständen stammend. (VO v. 23. 5. 1919 – RGBl. 477.) Klage auf a) Herausgabe, oder b) Wertersatz, 7050 M. LG Kiel: Abgewiesen wegen Unzul. d. RW. OLG Kiel: Zurückw. d. Berufg. bez. a), RW wegen b) f. zul. erklärt. Rev. d. Bekl. erfolglos.

4. RG 105, 196 (22. 9. 1922): § 839 BGB. Verletzung der Pflicht der Vorgesetzten, sich in Berichten über den Untergebenen beleidigender Äußerungen zu enthalten. RW?
Telegrafensekretär. 1916, 1917 von der Prüfung ausgeschlossen, führt das auf wahrheitswidrige Berichte des damaligen Vorgesetzten zurück. (1918 zugelassen, 1919 bestanden.) Fordert Gehaltsdifferenz. LG/OLG Königsberg weisen ab wegen Unzulässigkeit des RW. Dabei nun hat OLG den prozeßrechtlichen Überlegungen längere Ausführungen darüber angefügt, daß die Klage auch unbegründet sei. **Diese Häufung der Gründe ist unzulässig.** BG will aber den Kläger offenbar nur darauf hinweisen, daß die Klage aussichtslos erscheine – diese Ausführungen sind daher unschädlich und so zu behandeln, als wären sie überhaupt nicht vorhanden.[1] Unzulässigkeit des RW zu Unrecht angenommen! § 839! Daher zurückverwiesen.

5. RG 156, 279–291 (Gr. ZS vom 21. 12. 1937). Klage zwischen Mitgliedern eines Milchwirtschaftsverbandes (VO vom 17. 4. 1936, RGBl. I, 374) auf Zahlung von 3600,– RM. Beklagter macht geltend, der Rechtsweg sei unzulässig, und stützt das auf § 3 I der VO vom 26. 2. 1935, RGBl. I, 293, über die Bildung von Schiedsgerichten für die landwirtschaftliche Marktordnung. LG und OLG haben die Einrede verworfen. Wie kann das geschehen sein?

Entweder in den Gründen der Entscheidung zur Hauptsache oder durch selbständig anfechtbares Zwischenurteil nach § 275.

Der Kläger legt Revision ein, was prüft das RevGericht zunächst?

Ob die Revision überhaupt zulässig war:

Entscheiden Sie selbst, ob sie es war!

Die Revisionssumme war nicht erreicht. Zugelassen war die Revision offenbar auch nicht. Das war damals noch gar nicht möglich! Also scheiterte sie an § 546.

Sind die anderen Herren derselben Meinung?

Es mußte noch § 547 geprüft werden! Da wurde Absatz II wichtig, und zwar Nr. 1 – wenn es sich um die Frage der Zulässigkeit des Rechts-

---

[1] Ebenso Arndt, Juristische Schulung, S. 92, Nr. 5.

weges handelt, kam es weder auf eine Beschwerdesumme an, noch auf die Zulassung der Revision durch das OLG.

Richtig! Das RG wird nun also geprüft haben, ...

... ob es sich bei der gesetzlich begründeten Zuständigkeit jener marktwirtschaftlichen Schiedsgerichte um eine Frage der Zuständigkeit (§ 274 Nr. 1 ZPO) gehandelt hat, oder um eine der Zulässigkeit des Rechtsweges, (Nr. 2). Wenn das erstere der Fall wäre, würde die Revision unzulässig gewesen sein, im zweiten Fall war sie gegeben.

Es wäre unergiebig, das Für und Wider zu erörtern, worauf das RG viele Seiten verwendet. Sein Ergebnis ist diese Definition (abweichend von der bisherigen reichsgerichtlichen Praxis): Die Trennungslinie gegenüber der ordentlichen Gerichtsbarkeit, dem ordentlichen Rechtsweg verläuft nicht zwischen Verwaltungsbehörden und -gerichten einerseits und ordentlichen und besonderen Gerichten andererseits, sondern zwischen ordentlichen Gerichten einerseits und allen anderen öffentlichen Stellen andererseits (also auch Sonder- und Schiedsgerichten andererseits). Die Frage des ordentlichen Rechtsweges ist auch nach dieser Entscheidung in jeder Lage des Verfahrens von Amts wegen zu prüfen.

6. Das WohnEigentGes. entzieht eine Reihe von Differenzen der Beteiligten dem ord. RW und überträgt sie dem Richter der Freiw. Gerichtsbarkeit – § 43. Indessen muß genau ermittelt werden, in welcher Eigenschaft die Beteiligten der Auseinandersetzung angesprochen sind. Der RW kann gegeben sein, wenn sie zwar Miteigentümer am Wohnrecht, aber nicht gerade in einer der in § 43 genannten Eigenschaften streitbeteiligt sind – BGH, NJW 1974, 1552.[1] (Kläger war auf Grund besonderen Vertrages Partner der WEigentümer und zugleich Eigentümer des Nachbargrundstücks.)

Zum Ausschluß des RW bei WohnEigentum s. auch BayObLGZ. 1973, 1.

7. Eine bei einer Stadtverwaltung geführte Liste der im Reihum-Verfahren zu beauftragenden Unternehmer. Die Streichung von dieser Liste kann im Wege der ordentl. Klage angegriffen werden, RW zulässig: OLG Stuttgart, BB 1973, 1142.

8. Vereins-Autonomie und ord. Rechtsweg. „Die teilweise und begrenzte Außerkraftsetzung der Anordnung des Ruhens der Mitgliedschaft des Klägers ... ist trotz des Grundsatzes der Vereinsautonomie zulässig" – so lautet der in miserablem Deutsch daherkommende Leitsatz einer Entscheidung des OLG Celle, BB 1973, 1190. Zu deutsch: „Das Gericht kann trotz Autonomie des Vereins die von dessen Orga-

---

[1] BB 1974, 1045.

nen entzogene Vereinsmitgliedschaft teilweise und begrenzt wieder herstellen",

z. B. um dem ausgeschlossenen Mitglied die Wahrnehmung seiner Interessen in dem Ausschlußverfahren zu ermöglichen, da es sonst dafür nicht mehr die Aktivlegitimation hätte, und das wäre offenbar unbillig. Unter diesem Aspekt unterliegen auch Vereinsbeschlüsse der gerichtl. Nachprüfung.

B. Verhandlungsmaxime – Richterliche Prozeßleitung Möglichkeiten der Revision

Die Verhandlungsmaxime, der Grundsatz, daß es den Parteien überlassen ist, dem Gericht den Tatsachenstoff zu unterbreiten (und noch einiges mehr), ist immer noch der oberste Grundsatz des Zivilprozeßrechts. Ergänzung und Korrektur findet er in der richterlichen Mit-Verantwortung für sachgemäßen und vollständigen Vortrag, § 139. Wo es am einen oder anderen gefehlt haben könnte, stellt sich den Parteien die Frage, ob in der Revisionsinstanz die Möglichkeit der Reparatur besteht. Wir wollen dies alles einmal an Hand einiger Fälle betrachten.

1. RG 54, 143 (30. 6. 1910)

Der neunjährige Beklagte hat beim kindlichen Spiel den gleichaltrigen Kläger mit einem Stein am Auge getroffen und verletzt. Das Oberlandesgericht hat die Klage jedoch abgewiesen, weil der Beklagte nicht die erforderliche Einsicht in die Gefährlichkeit seines Tuns gehabt habe, § 828 II BGB. Das Reichsgericht hat dieses Urteil aufgehoben und die Sache an die zweite Instanz zurückverwiesen – der Beklagte habe sich nicht einmal selbst auf dieses angebliche Fehlen der notwendigen Einsicht berufen. Wenn der Beklagte aber nichts zu dieser Frage geltend mache, so habe sie für die rechtliche Beurteilung auszuscheiden.

Wie ist es denn aber mit § 139 ZPO – muß in solchem Falle nicht das Gericht nachhelfen?

Die Frage ist sehr berechtigt, – sie hat auch in diesem Falle des Reichsgerichts eine Rolle gespielt. Zunächst – muß das Revisionsgericht immer prüfen, ob § 139 ausreichend beachtet ist?

Nein, es muß das nur, wenn die Verletzung des § 139 ZPO in der Revisionsbegründung ausdrücklich gerügt ist, denn es handelt sich um eine Verfahrensnorm, § 559 ZPO.

Richtig! Hätte also hier das Oberlandesgericht den Beklagten verurteilt, ohne ein Wort zur Frage seiner Entlastung aus dem Grunde des Fehlens seiner Einsichtsfähigkeit – eben § 828 II – zu sagen, so könnte das zur Begründung der Revision

des Beklagten!

nur dienen, wenn er in der Revisionsbegründung ausdrücklich als Fehler gerügt hätte, daß OLG es versäumt habe, darauf aufmerksam zu machen, daß es seine, des Beklagten, Sache sei, zur Frage seiner Einsichtsfähigkeit etwas vorzutragen.

In dem Fall des RG aber liegt der Fehler anders, und zwar schlimmer – es ist, so sagt RG – hier zum Nachteil des Klägers und Revisionsklägers auch sachliches Recht verletzt, eben § 828, der davon ausgeht, daß das über 7 Jahre alte Kind eben grundsätzlich die Einsicht hat, so daß, wenn die Parteien zu diesem Punkt nichts vortragen,

die Klage nicht abgewiesen, sondern der Beklagte verurteilt werden muß!

Jawohl! Das Urteil steht daher unter der Überschrift: Behauptungs- und Beweislast im Falle des § 828 BGB. Übrigens – wie wird die Sache weitergegangen sein?

Man wird sich beim Oberlandesgericht wiedergesehen haben, der Beklagte wird nunmehr ausdrücklich vorgetragen haben, daß ihm jene Einsicht gefehlt habe, und das OLG wird Gelegenheit genommen haben, zu erklären, ob es bei seiner ja schon im ersten Urteil zu dieser Frage geäußerten Auffassung zu verbleiben gedenke.

So denke ich es mir auch, und ich meine, die Sache müßte dann zum Vergleich gekommen sein (zumal § 278 II, § 279 ZPO drohen!). Aber denkbar wäre immerhin auch, daß es der Beklagte und seine Eltern abgelehnt haben, sich auf solchen Mangel zu berufen (nehmen wir doch einmal an, der Beklagte wäre schon 17½ Jahre alt gewesen, in einem Alter, in dem man sich schämen würde, sich für so unklug zu erklären!) – sie würden also den Wink des Reichsgerichts bewußt ignorieren, was hätte in solchem Fall das Gericht zu verkünden?

Dann hätte es den Beklagten zu verurteilen, ohne die Frage seiner Einsicht zu erörtern.

Richtig! Und hier sehen Sie eine Rechtfertigung der Verhandlungsmaxime – besteht für den Staat irgendein Anlaß, in einem solchen Streit um Geld, einen zur Klageabweisung führenden Umstand zu erörtern, wenn der Beklagte selbst darauf verzichtet, ihn für sich ins Feld zu führen? Solcher Anlaß besteht nicht, und das zeigt den Verhandlungsgrundsatz als hier, im Zivilprozeß, ganz am Platze. Übrigens ist der Gesetzgeber außerdem der Meinung, daß das eigene Interesse die Parteien schon zum Vortrag aller irgendwie nach dem Sachverhalt möglicher tatsächlicher Gesichtspunkte veranlassen dürfte, und für die überwiegende Mehrzahl der Fälle ist das ja auch psychologisch gerechtfertigt. Beide Gesichtspunkte, das eigene Interesse der Parteien und der Wunsch des Gesetzgebers, daß ein richtiges Urteil ergehen möge, haben die Verhandlungsmaxime zu dem beherrschenden Grundsatz des Zivilprozesses gemacht.

2. RG 151, 93 (6. 4. 1936)
Der Sachverhalt ist zu kompliziert, um ihn hier mit Gewinn auszubreiten. Was das Urteil uns hier geben kann, läßt sich aber auch so aus ihm gewinnen. Es geht um die Frage: Darf der Richter zur Begründung des Klageanspruchs Tatsachen heranziehen, die diesen als in der Person des Klägers entstanden erscheinen lassen, obwohl der Kläger den Anspruch nur auf abgetretenes Recht gestützt hat? Eine Frage, die das Reichsgericht verneint. Das OLG hatte sich die Frage ebenfalls vorgelegt und bejaht. Das Reichsgericht bezeichnet die Darlegungen des OLG jedoch als „unhaltbar" und sieht sich daher außerstande, noch die sachlich-rechtlichen Ausführungen zu überprüfen. Zwar sei es Aufgabe des Klägers allein, die Tatsachen vorzutragen, aus denen er die Entstehung des Klageanspruchs ableitet. „Aber rechtlich geprüft werden dürfen nur die Tatsachen, auf die sich der Kläger zur Begründung seines Antrages beruft (Sperrungen vom Reichsgericht). Das Gericht darf nicht Tatsachen, die irgendwie in der Verhandlung auftauchen, von Amts wegen an Stelle derjenigen setzen, die vom Kläger als Stütze seines Antrages vorgetragen werden. Das würde dem obersten Grundsatz der Prozeßordnung (sic!), dem Verhandlungsgrundsatz, widersprechen." Das sagt das Reichsgericht noch am 6. 4. 1936!

Wie muß man sich denn in diesem Fall die weiteren Erörterungen vor dem OLG vorstellen?

Überlegen Sie es einmal selbst! Was wird der Kläger wohl tun?

Er wird vor dem OLG nun natürlich ausdrücklich vortragen, er stütze seinen Antrag auch auf in seiner Person entstandenes Recht.

Natürlich, er wäre töricht, wenn er das unterließe. Aber wie treten der Beklagte, wie das Gericht dieser neuen Lage gegenüber?

Ich könnte mir vorstellen, daß der Beklagte diesem neuen Vortrag widerspricht, weil es sich um eine unzulässige Klageänderung handele.

Richtig! Und wäre es auch Ihrer Meinung nach eine Klageänderung?

Ja. Es handelt sich doch um ganz etwas anderes, als um den Klagevortrag. Dort Rechte, in der Person eines XY entstanden und von ihm an den Kläger abgetreten – hier Ansprüche, entstanden in der Person des Klägers.

Das ist auch die Meinung des Reichsgerichts. Am Schluß sagt es nämlich, daß, wenn der Kläger sich jetzt etwa auf diese angeblich in seiner Person entstandenen Ansprüche berufe, der Gesichtspunkt der Klageänderung in Betracht komme. „Denn zum Klagegrund gehört auch die Angabe, daß der Anspruch in einer bestimmten Person entstanden ist." Hier sind wir auf die schwierige Lehre vom Streitgegenstand gestoßen. Sie sehen, wie eng alle Begriffe zusammenhängen! Wenn wir nun also der Meinung sind, daß Klageänderung vorläge, sofern der Kläger seinen Vortrag den reichsgerichtlichen Hinweisen anpaßte, wäre die Sache dann für ihn zu Ende?

Nein, dann käme es darauf an, ob das Gericht die Klageänderung als sachdienlich zuläßt, § 264, ... oder ob der Beklagte in sie einwilligt.

Richtig! Und diese Regelung hängt wieder mit den in unserer Übersicht zusammengefaßten Gesichtspunkten zusammen – das Verfahren soll seine Ordnung haben, wozu in erster Linie eine klare und bleibende Klagegrundlage gehört, der Beklagte soll nicht überrascht, in seinem Anspruch auf rechtliches Gehör verletzt werden. Daher denn auch die Zulassung jeglicher Klageänderung, wenn er einwilligt. Und wenn das nicht der Fall wäre hier, würden Sie die Änderung als sachdienlich zulassen?

Nachdem das Oberlandesgericht die Frage nun schon in seinem Urteil ausgiebig erörtert hat und die Parteien sich während des Revisionsverfahrens ausreichend mit ihr beschäftigen konnten, wird man wohl sagen dürfen, daß jedenfalls in diesem Falle die Zulassung nunmehr als sachdienlich angesehen werden kann.

Einverstanden. Übrigens muß das Gericht auch hier an die Vorschriften in §§ 278 II, 279 ZPO denken und durch ihre Erörterung den Vergleich fördern.

Die Frage bleibt, wann das Gericht den § 139 verletzt hat?

Man kann ruhig noch etwas schärfer formulieren: Wann ist das Gericht aus § 139 verpflichtet, auf Lücken im Parteivortrag hinzuweisen, damit sie ausgefüllt werden? Das ist ein schwieriges, nur von Fall zu Fall zu lösendes Problem. Sie werden sich denken können, daß die Judikatur dazu unübersehbar ist, denn ...

denn die Parteien werden immer bestrebt sein, Versäumnisse, die ihnen selbst unterlaufen sind, dem Gericht anzulasten mit der Behauptung, das Gericht hätte sie verhindern müssen.

Wir wollen uns dazu auf wenige Entscheidungen beschränken:

3. RG 158, 40 (v. 21. 7. 1938)
Nichtiger Übergabevertrag. Klage eines Miterben gegen den anderen auf
a) Einwilligung in Grundbuchberichtigung durch Eintragung der Erben der Eheleute XY als Eigentümer;
b) Befreiung des Grundstücks von inzwischen eingetragenen Belastungen;
c) Auskunft über gezogene Nutzungen;
d) Herausgabe der Nutzungen und der Fahrnis an die Nachlaßmasse.

LG erkennt durch Teilurteil a) und b) dem Kläger zu. OLG bestätigt a), hebt zu b) auf und weist insoweit ab. Revision des Klägers wegen b), vom RG zurückgewiesen. Das OLG hat die Frage des Verbleibs der Valuta für die Hypotheken dahinstehen lassen, weil Kläger nicht gemäß § 812ff. Zahlung gefordert hat, sondern Freistellung. Die Revision des Klägers rügt Verletzung des § 139. RG dazu (S. 48): Es handelt sich um zwei nach Grund und Gegenstand verschiedene Ansprüche, für das OLG bestand kein Anlaß, dem Kläger die Änderung seiner Klagebitte nahezulegen. Die Stellung eines neuen Antrages zwecks Einführung eines neuen Anspruchs in den Prozeß anzuregen,[1] ist schon im allgemeinen nicht Aufgabe des Gerichts (RG 106, 115 (119). Der Kläger hatte zu b) falsch geklagt, LG hat ebenso geirrt, OLG hat Irrtum berichtigt – ein besonderer Freistellungsanspruch ist nicht gegeben. Der Kläger mag die Bereicherung, die dem Beklagten etwa aus der zwischenzeitlichen Belastung des Grundstücks zugeflossen ist, durch Erweiterung des noch beim LG anhängigen Herausgabeanspruchs zur Geltung bringen.

4. BGH 7, 208 (v. 25. 9. 1952)
Dem Hauptantrag auf Herausgabe des Geschäfts kann nicht schlechthin entsprochen werden. Das Geschäft ist eine wirtschaftliche Einheit von Sachen, Rechten und sonstigen Gütern des Rechtsverkehrs, die unter den Begriff der Rechtsgesamtheit fällt. Man kann nur die Herausgabe der einzelnen dazugehörigen Sachen und die Übertragung und Einräumung der zu der Rechtsgesamtheit gehörigen Rechte verlangen. Der Hauptantrag auf Herausgabe des Geschäftsbetriebes kann daher keinen Erfolg haben. Beachten Sie, daß der BGH hier kein Wort zur Frage ...

zur Frage der Umdeutung oder Auslegung des Antrages sagt!

Richtig! Der BGH denkt eben daran, daß auf beiden Seiten erfahrene Anwälte gestanden haben. Das Urteil wendet sich sodann der Verurteilung auf Herausgabe eines Fleischereikutters zu und meint, dieser Anspruch sei mit Recht abgewiesen worden, da nicht erwiesen sei, daß

---
[1] Schlechtes Deutsch!

der Beklagte ihn noch besitze. „Der Kläger hat wegen des Kutters keinen Schadensersatzanspruch geltend gemacht. Das BG war nicht, wie die Revision meint, nach § 139 ZPO verpflichtet, dem Kläger nahezulegen, seinen Herausgabeantrag zu ändern und Schadensersatz zu fordern. Er mußte mit der Abweisung rechnen und sich darauf einstellen, gegebenenfalls mit einem Hilfsantrag. Das Gericht ist nach § 139 nicht verpflichtet, die Parteien zu veranlassen, ... auf anderen Anspruchsgrundlagen beruhende Anträge zu stellen."

Hier also war nach Meinung des BGH die Rüge, es sei § 139 verletzt, unbegründet. Der Kläger hat zuviel vom OLG verlangt. Anders aber denkt der BGH von einem weiteren, ebenfalls auf Verletzung des § 139 gestützten Revisionsangriff: S. 212: Anspruch auf Herausgabe von Wohn- und Geschäftsräumen. Vom OLG allein unter dem Gesichtspunkt des § 812 geprüft, als Anspruch auf Wiedereinräumung des Besitzes. Indessen hatte der Kläger genügend dafür vorgetragen, daß die Möglichkeit, dieser Anspruch sei als Schadensersatzanspruch aus § 823ff. begründet, nahelag. (Der Beklagte sollte sich den Besitz der Räume erschlichen haben.) Hier mußte das BG fragen.

5. BGH, ZZP 65 (1952) S. 278: Ehesache. Wann kann die Nichtausübung des Fragerechts aus § 139 ZPO die Revision begründen? Revision rügt zu Unrecht, daß das BG den Kläger nicht nach der Entwicklung der inneren Seite der Ehegemeinschaft befragt habe. BG konnte davon ausgehen, daß sich der Kläger dazu erschöpfend geäußert habe. „§ 139 ZPO hat nicht die Bedeutung, daß die Parteien von ihrer Pflicht, ihre Behauptungen genau zu substantiieren und unter Beweis zu stellen, entlastet werden sollen, sondern die Vorschrift soll nur im Interesse einer gerechten und sachdienlichen Entscheidung Vorsorge treffen, daß nicht ein bloßes Versehen oder Übersehen den Parteien zum Nachteil gereicht."

Wir wollen es mit diesen Beispielen bewenden lassen. Durch die Besprechung noch anderer würden wir nicht klüger werden. Sie sehen jedenfalls schon aus diesen wenigen Entscheidungen, wie flüssig die Grenzen sind, wie unsicher im Grunde die Entscheidung. Man kann daraus nur den Rat gewinnen, daß man als Vorsitzender eines Gerichts von dem Fragerecht aus § 139 gar nicht genug Gebrauch machen kann, und als Anwalt muß man einsehen, daß es lohnt, jeden Fall zu durchdenken und einfach alle irgendwie vorstellbaren Möglichkeiten als real in die Rechnung einzustellen und seinen Vortrag vor Gericht darauf einzurichten. Erinnern Sie sich daran, daß der BGH in der oben als 4. besprochenen Entscheidung sogar einem Oberlandesgericht angekreidet hat, daß es den Anspruch wegen der Räume nur als Bereicherungsanspruch, nicht aber als Ersatzanspruch aus unerlaubter Handlung erkannt hat!

Übrigens haben wir in der Entscheidung unter Nr. 5 sowohl von einer „Pflicht der Parteien" zu genauem Vortrag gehört, und von der „Entlastung" von dieser Pflicht – wie nennt man die Notwendigkeit der Parteien, ihren Sachvortrag richtig zu halten?

> *Es ist dies eine „Last". Wird sie nicht genau genommen, so hat die Partei den Schaden.*[1] *Was sie aber vorträgt, muß vollständig und wahr sein, § 138, die Verletzung dieser Pflicht kann prozeßrechtliche, privatrechtliche und sogar strafrechtliche Folgen haben.*

6. Mit einem Urteil des BGH muß ich Sie in diesem Zusammenhang aber doch noch bekanntmachen, einem Urteil des VIII. Zivilsenats vom 30. November 1960 (NJW 1961, 363; MDR 61, 230; ZZP 74 [1961] 238). Es ist überschrieben: Eine ungeschriebene, aber verbindliche Grundnorm des Verfahrensrechts geht dahin, daß das Gericht den Parteien Vorgänge des Prozeßverfahrens, die erkennbar für sie wesentliche Tatsachen enthalten, bekanntgeben muß. Sehen wir über das monströse Wort „Prozeßverfahren" hinweg und beachten wir um so ernster das Wort „Grundnorm" und sodann natürlich den Inhalt des Satzes! Der Vorgang, um den es geht, war folgender: Vor dem OLG Düsseldorf war Termin zur Beweisaufnahme anberaumt. Ein Zeuge teilte dem Senat schriftlich mit, er werde die Reise zu den Termin von H aus antreten müssen – seine sämtlichen die Sache betreffenden Akten und Unterlagen befänden sich seit Jahren verschnürt in seiner Wohnung in Frankfurt, wohin er nur selten komme. Er müsse daher zunächst nach Frankfurt fahren, anschließend zum Termin nach Düsseldorf kommen. Er bitte um „Direktiven". Der Berichterstatter des OLG ließ ihn wissen, daß er zu erscheinen habe; den Parteien teilte er mit, daß der Zeuge seine Reise zum Termin von H aus unternehmen werde, der Senat bitte um einen weiteren Auslagenvorschuß.

> *Der Berichterstatter hat sich offenbar an Ihre Bemerkungen in den „Prozeßhilfen" gehalten, daß man jedes überflüssige Wort im Schriftverkehr sparen solle* ...

und hat sie mißverstanden! Denn – nachdem Sie die Überschrift der Entscheidung kennen, die ihr in den verschiedenen Veröffentlichungen vorangestellt ist, können Sie sich ja denken, was der BGH gerügt hat ...

---

[1] Hierzu haben wir eine wichtige Entscheidung: BGH v. 16. 5. 1962 JZ 1963, 32 –. Danach richtet sich der Umfang der Darlegungspflicht nach der Einlassung des Gegeners. Die Entscheidung (nebst Anm. *Scheuerle*) ist besonders wertvoll wegen ihrer Warnung vor vorweggenommener Beweiswürdigung, ein altes Anliegen *Scheuerles* (s. d. Nachw. in Prozeßhilfen, S.137): Man kann – auch als OLG – eine Behauptung nicht abtun und die Beweisaufnahme über sie ablehnen mit der Bemerkung, sie sei „ungewöhnlich"!

> *er wird hier die große Sparsamkeit der erwähnten Mitteilung an die Parteien bemängelt haben.*

Richtig – es war in der Tat ungeschickt von dem OLGR, den Parteien nicht Abschrift des ganzen Schreibens des Zeugen zu geben. Denn es liegt doch auf der Hand, daß die Mitteilung des Zeugen, es bestünden Unterlagen über den Streitstoff, für beide Parteien von allergrößter Bedeutung sein mußte. Leider **muß man immer wieder feststellen, daß Richter sich nicht in die Lage der Parteien und ihrer Anwälte hineindenken können.** Wie hätte man hier den Beweistermin noch retten, noch nutzbringend gestalten können, wenn man – etwa als Senatspräsident beim Aktenstudium vor dem Termin – auf diese Ungeschicklichkeit des Berichterstatters gestoßen wäre?

> *Man könnte an § 377 Abs. 3 ZPO denken, schriftliche Auskunft des Zeugen.*

Jawohl, – aber diese Möglichkeit ist mit Vorsicht zu benutzen, es fehlen der persönliche Eindruck des Zeugen, es fehlt die heilsame Gelegenheit zu Vorhaltungen seitens der Parteien. Immerhin kann man es zunächst einmal versuchen. Aber es wäre nur eine Aushilfe gewesen – denn das Entscheidende, daß die Parteien nicht nur von der Existenz jener Unterlagen erfuhren, sondern auch die Möglichkeit erhielten, **den gesamten Streit noch einmal auf der Grundlage des Inhalts jener Urkunden zu durchdenken,** das war auf jeden Fall schon versäumt. Dabei mochte es doch durchaus sein, daß ein einziges Schriftstück in jenen seit **Jahren verschnürten Akten den ganzen Prozeß entschied,** – wenn, ja wenn man es nur kennte!

> *So hätte also u. U. auch die ganze Beweisaufnahme vor dem OLG entbehrlich werden können!*

Ja natürlich! Das alles läßt man sich entgehen, wenn man nicht auch nur einen Schritt über das Nächstliegende hinausdenkt, wie jener Berichterstatter eines OLG.

Wenn nun das Gericht nicht von § 377 Gebrauch macht, den Zeugen also erscheinen läßt, wie kann es auf andere Weise erreichen, daß jene Akten dem Prozeß irgendwie nutzbar werden?

> *Es hat m. E. genug getan, wenn es die Parteien auf die Akten aufmerksam gemacht hat. Nun wäre es Sache der Parteien, sich um ihren Inhalt zu kümmern und danach dem Prozeßgericht bestimmte Behauptungen vorzutragen, Beweise anzutreten.*

Welcher Art Beweisantritt wäre das?

> *Das wäre Urkundenbeweis, § 428 ZPO.*

Könnte man nicht einfach dem Zeugen aufgeben, die Urkunden zu seiner Vernehmung mitzubringen?

Damit würde man wohl § 428 umgehen, was mir nicht zulässig erschiene. Natürlich kann der Zeuge freiwillig seine Unterlagen mitbringen, er ist auch verpflichtet, sie vorher einzusehen, um sein Gedächtnis aufzufrischen, denn er muß ja mit Beeidigung rechnen, aber zur Herausgabe und zum Anschleppen der Akten ist er so formlos nicht zu verpflichten.

Viel kann der Vorsitzende natürlich schon durch überlegte Fragen ermitteln. Eine Zeugenvernehmung kann auch in solchem Fall durchaus nützlich gestaltet werden!

Formulieren Sie nun einmal einen Beschluß, der § 377 Abs. 3 ZPO berücksichtigt!

Ich würde einen Beweisbeschluß in der üblichen Form niederlegen und darin nach Anführung der zu vernehmenden Zeugen etwa so fortfahren: III. Dem Zeugen Franz Müller wird jedoch gestattet, dem Termin fernzubleiben, sofern er bis zum ... an der Hand seiner Bücher und Aufzeichnungen schriftlich die Beweisfrage beantwortet und die Richtigkeit seiner Antwort eidesstattlich versichert (auf die Strafbarkeit einer falschen eidesstattlichen Versicherung wird er ausdrücklich hingewiesen).[1]

Gut, so kann man es machen.

Wird der Zeuge nun außerdem noch zum Termin geladen?

Gewiß erhält er eine Ladung, der Beschluß nimmt ja ausdrücklich darauf Bezug und erlaubt dem Zeugen unter bestimmten Bedingungen das Ausbleiben. Ohne Ladung wäre aber kein Zwang für ihn zum einen wie zum andern, zum Erscheinen oder zum Schreiben.

C. Unheilbare Fehler

Die Behauptungslast der Parteien und die in § 139 normierte richterliche Prozeßleitung berühren und durchdringen sich unablässig. Immerhin – Fehler, die hier gemacht werden, also Lücken im Antrag und die Vernachlässigung des Fragerechts, lassen sich oft reparieren, wie die besprochenen Entscheidungen gezeigt haben. Nun müssen wir aber einmal einen Fragenkreis ansprechen, wo es unangenehmer steht, müssen **Fehler erörtern, die irreparabel sind**. Sie werden sehen, daß die Möglichkeiten dazu überall lauern, daß sie im unscheinbarsten Detail stecken. Hier also hilft nicht die Kenntnis der Maximen, hier kann man sich nicht hindurchwinden, hier muß man einfach **wissen**, – wissen, wie das Gesetz es geregelt hat. **Und danach handeln!** Beides ist bei uns im Argen.

---

[1] Prozeßhilfen, s. S. 149.

Amtsbetrieb und Parteibetrieb

Wo eine Maßnahme im Amtsbetriebe erfolgen muß, ist die fälschlicherweise im Parteibetriebe erfolgte unwirksam,[1] und umgekehrt. Sie werden denken, das müßten doch alle Prozeßbeteiligten wissen, ob eine Ladung von der Partei oder dem Gericht auszugehen hat, eine Ladung oder eine sonstige Zustellung u. dgl. Es ist leider nicht so. Folgende Fälle:

1. RG JW 1936, S. 2709 Nr. 8: Klage aus § 111 GenG. Diese Klage ist an eine Notfrist gebunden ... wo regelt das Gesetz diese Fristen?

> *In ZPO § 223 Abs. 2 und 3.*

Und worin bestehen ihre Besonderheiten?

> *Sie laufen auch in den Gerichtsferien, Abs. 1 i. V. m. Abs. 2; sie laufen auch, wenn das Verfahren ruht, § 251; sie können weder verkürzt noch verlängert werden, §§ 223, 224; sind sie versäumt, kann Wiedereinsetzung in den vorigen Stand gewährt werden, § 233.*

In unserem Fall war folgendes geschehen: Die Klage war innerhalb der Notfrist beim Amtsgericht eingereicht worden – vgl. Sie dazu § 112 GenG! Der Richter hatte aber nicht sogleich Termin anberaumt,

> *... entgegen § 216 Abs. 2 ZPO!*

Sehr richtig, das war sein Fehler! Er hatte die Sache einfach ohne Zustellung der Klage, ohne Termin an das Landgericht verwiesen ...

> *„die Akten gelangen an das Landesgericht", s. o. S. 117!*

– so könnte man sagen. Was hat er damit bewirkt?

> *Zumindest eine bedeutende Verzögerung.*

Nun, die wäre zu verkraften gewesen. Kann denn eine solche Sache überhaupt an das Landgericht verwiesen werden? Lesen Sie doch mal § 112 Abs. 1 GenG!

> *Da ist das Amtsgericht ausschließlich für zuständig erklärt. Aber Abs. 2: Verweisung an Landgericht!*

So ohne weiteres?

> *Auf Antrag einer Partei, der wohl in mündlicher Verhandlung gestellt werden muß.*

---

[1] Beschluß im Offenbarungseidverfahren. Zustellung im Parteibetriebe – unwirksam: OLG Düsseldorf, JMBlNRW 1962, 93.

Es war also auf jeden Fall fehlerhaft, nicht binnen 24 Stunden Termin vor dem Amtsgericht anzuberaumen. Aber ich wollte hören, was der Amtsrichter durch die Unterlassung – die das Reichsgericht eine schuldhafte Amtspflichtverletzung nennt! – bewirkt hat?

Ich überlege mir, ob er damit vielleicht verhindert hat, daß die fristgemäß eingereichte Klage auch „demnächst" zugestellt wurde – § 496 Abs. 3 ZPO?

Sehr gut! Das ist es! Das Reichsgericht sagt, die gemäß § 496 Abs. 3 ZPO demnächst erfolgende Zustellung sei eine unerläßliche Voraussetzung für die Wahrung einer Notfrist. Das Erfordernis bestehe im öffentlichen Interesse (der Rechtssicherheit!) und sei daher unverzichtbar. Wegen des Schadens, der dem Kläger aus den Vorgängen erwachsen ist, könne er sich an seinen Prozeßbevollmächtigten halten, denn der hätte nicht untätig bleiben dürfen. Hier ahnen Sie wieder etwas von der **großen Verantwortung des Anwalts**. Und es wird Sie gewiß besonders überzeugen, daß ein namhafter Anwalt der damaligen Zeit, RA *Carl*, Düsseldorf, der Entscheidung zugestimmt hat.

2. BGH, ZZP 68 (1955) S. 395: Klage auf Feststellung des Nichtbestehens der unehelichen Vaterschaft (ohne Beschränkung auf ihre materiellen Wirkungen). Rechtsmittelfrist beginnt hier mit der von Amts wegen erfolgten Urteilszustellung, §§ 640, 625. Parteizustellung hat auf den Fristbeginn keinen Einfluß. Es handelt sich um einen Statusprozeß. Daß das Urteil nach der Amtszustellung vom 4. 4. 1954 noch einmal im Parteibetriebe zugestellt wurde; daß das OLG der Meinung war, es handele sich nicht um einen Statusprozeß, vermag daran nichts zu ändern. Das Ergebnis dieser Unsicherheiten? Das LG hatte nach dem Klageantrage erkannt, also die uneheliche Vaterschaft des Klägers verneint. OLG hat LG-Urteil aufgehoben, Klage als unzulässig abgewiesen, Revision zugelassen. BGH hebt Ber.-Urteil auf und verwirft Berufung gegen LG-Urteil als unzulässig (verspätet)! Und das alles wirkt sich nun lebenslang auf die beteiligten Personen und ihre Angehörigen aus! **Vergessen Sie das niemals, die Wirkung Ihrer Taten, Ihrer Fehler, Ihrer schlechten und auch Ihrer guten Arbeit! Es werden Menschen von ihr betroffen, Menschen wie Sie selbst!**

3. BGH 28, 398 (26. 11. 1958)
Der Kläger fordert von der Freien und Hansestadt H. 5000,– DM Entschädigung wegen Ausbildungsschäden (nach dem BEG). LG weist ab. Am 31. 7. 1958 legt Kläger Berufung ein. Auf Antrag des Beklagten erläßt der Präsident des Senats des OLG am 11. 8. 1958 eine Verfügung dahin, daß die Sache – vorbehaltlich der Entscheidung des Senats – zur **Feriensache** erklärt werde. Was bedeutet solche Erklärung?

> *Sie bewirkt, daß diese Sache von den Gerichtsferien nicht beeinflußt wird, sie muß auch während der Gerichtsferien verhandelt und entschieden werden, § 200 GVG.*

Ist das alles?

> *Nein. Es kommt hinzu, daß solche Sachen auch keine Fristenhemmung durch die Gerichtsferien erfahren. ZPO § 223 Abs. 2. So laufen also in einer Feriensache sowohl die Berufungsfrist als auch die Frist zur Begründung der Berufung – §§ 516 und 519 – auch in den Gerichtsferien, bzw. beginnen auch während ihrer zu laufen.*

Richtig. In unserem Fall war die erwähnte Verfügung den beiderseitigen Anwälten gem. § 212a ZPO zugestellt worden – was ist das für eine Zustellung?

> *Das ist die Form der amtlichen Zustellung, die der Zustellung von Anwalt zu Anwalt nachgebildet ist, über die sich § 198 ausspricht.*

Also eine Zustellung im Amtsbetriebe. Die Berufung nun war später als innerhalb eines Monats nach dieser Zustellung begründet worden, nämlich am 19. 9. 1958. Sie war also ...

> *verspätet und damit unzulässig.*

Bestand nun eine Möglichkeit, sie noch zu retten?

> *Wenn man an den der Verfügung des Senatspräsidenten beigefügten Vorbehalt denkt, ...*

Ja, und was meinen Sie zu diesem „Vorbehalt"?

> *... daß er nicht mehr besagt, als daß dem vollbesetzten Senat die Befugnis zustehe, die Sache wieder von der Ferienrolle abzusetzen. Solange das aber nicht geschehen ist, muß doch die Verfügung des Präsidenten Wirkung haben.*

Das sagt auch der BGH und weist daher die Revision zurück. Er legt aber grundsätzlich klar, daß die Bezeichnung als Feriensache eine der förmlichen Zustellung bedürftige Maßnahme sei, auf die § 187 S. 1 nicht angewendet werden könne. Zwar setze die Erklärung keine Notfrist in Lauf – Satz 2 –, aber im Ergebnis wirke die Versäumnis einer Frist in einer Feriensache eben doch wie die Versäumnis einer solchen, sie lasse ein Rechtsmittel unwirksam sein, und deshalb sei es geboten, Satz 2 auf diese Maßnahme anzuwenden.

> ***Wenn man also als Anwalt einmal eine richterliche Verfügung zugestellt bekommt, daß eine bestimmte Sache zur***

Feriensache erklärt werde, muß man sofort schalten und an die Fristen denken, an die §§ 200 GVG, 233 ZPO.

4. BGH 32, 371: (15. 6. 1960). Das Landgericht Wiesbaden hat in einer Entschädigungssache im Schriftlichen Verfahren ein Urteil gefällt, es hat die Klage abgewiesen. Der Kläger wohnt im Ausland. Ebenso sein beim Landgericht D. zugelassener Anwalt, ...

geht denn das – daß ein bei einem deutschen Landgericht zugelassener Anwalt im Ausland wohnt?

Sehen Sie sich dazu einmal BRAO §§ 27, 29, 30 an! Dieser Anwalt hatte angezeigt, daß eine Firma XY – die nicht in D. domiziliert – seine Zustellungsbevollmächtigte sei. Der Urkundsbeamte der Geschäftsstelle hat das Urteil dem Anwalt im Ausland gemäß § 175 i. V. m. § 213 ZPO durch Aufgabe zur Post zugestellt.

... wie in BRAO § 30 Abs. 3 vorgesehen!

Er hat aber in die Akten nicht den in § 213 ZPO vorgeschriebenen Vermerk aufgenommen. Er hat vielmehr gewurstelt – er hat gar nicht durch Aufgabe zur Post zugestellt, sondern mittels Postrückschein. (Der beklagten Stadt war ordnungsgemäß zugestellt.) Sie erinnern sich hier vielleicht unseres Falles mit Beklagtem in Argentinien, oben, IX. Kap. Zustellung in Argentinien – damals haben wir § 213 genau betrachtet. Hier können Sie das verwerten. Das OLG ist genau ebenso verfahren – schriftliche Verhandlung, schriftliches Urteil, zugestellt vom UdG des OLG (Frankfurt) in derselben Weise wie beim Landgericht – es lebe das Simile! Der BGH erklärt schlicht beide Zustellungen für unwirksam, weil fehlsam. Die Bestellung jener Firma als Zustellungsbevollmächtigte zwar sei unwirksam gewesen, daher habe ...

die Zustellung an den Kläger doch wohl an sich nach §§ 175, 213 erfolgen dürfen?

Jawohl, aber **wie** wird sie bewirkt?

Es ist, wie wir im Argentinien-Fall ermittelt haben, eine fingierte Zustellung – mit der Hinausgabe der Urkunde von der Geschäftsstelle an die Post ist sie erfolgt, obwohl die Urkunde zu diesem Zeitpunkt das Gericht noch gar nicht verlassen, sondern den Weg zum Empfänger erst noch vor sich hat.

Richtig – ist dieser gerichtsinterne Vorgang aber die Zustellung, so ist klar, daß sein Zeitpunkt und der Name des zustellenden Beamten festgehalten werden müssen. Daher § 213, und ohne den dort vorgeschriebenen Vermerk ist die Zustellung eben einfach unwirksam, so schon

BGH 8, 314. Das Fehlen des Vermerks habe dazu geführt, daß nun nicht mehr festgestellt werden könne, ob die Zustellung durch den zuständigen UdG der Kammer erfolgt sei, auf dessen Einschaltung es ankomme. Was wird der BGH zur Frage der Rettung der Sache aus dem Gesichtspunkt des § 187 S. 1 ZPO sagen?

> *Dessen Anwendung liegt doch sehr nahe – denn die Rückscheine beweisen doch, daß der klägerische Anwalt die beiden Urteile jedenfalls erhalten hat, und sie bezeugen ja im Zweifel auch genau den Zeitpunkt, an dem das jeweils geschehen ist!*

Und doch – obwohl hier also zweifelsfrei diese Zeitpunkte feststehen, hat der BGH den erwähnten Fehler als unheilbar angesehen, wegen § 187 Satz 2 – der Beginn der 5-Monats-Frist des § 516 bzw. des § 552 ZPO hänge von der richtigen Zustellung ab, und diese Fristen seien so gut wie Notfristen (erinnern Sie sich des vorigen Falles!)

> *Das Ergebnis wäre also: Die tatsächlich erfolgte und durch die Rückscheine belegte Übergabe der Urteile an den Anwalt im Ausland bleibt unbeachtet; es fehlen die Aktenvermerke über die fiktiven Zustellungen in der Geschäftsstelle der Gerichte, und daher sind die Urteile auch nicht „zugestellt!". Da versagt dann alle (Prozeß-)Kunst.*

Ja – und ich glaube, Sie haben mit diesem Fall viel vom Prozeßrecht und der Bedeutung der für ihn gesetzlich vorgschriebenen Formen mitbekommen. Im Grunde aber ist das Ganze wohl doch nicht so enttäuschend und formalistisch, wie man meinen möchte – eine Zustellung ins Ausland durch Aufgabe zur Post ist ja doch ein seltener Vorgang; sollte man nicht fordern können, daß ein Justizbeamter, der einmal in Jahren vor diese Aufgabe gestellt wird, sich die eine Bestimmung des § 213 im Gesetz ansieht und befolgt und daß seine Richter darauf achten und ihm helfen!? Das Gesetz hat schon seine Gründe. Aber so ist es vielenorts – man ist klüger als das Gesetz selbst und macht sich seine ZPO selbst. Aber wie wird der BGH seine Entscheidung formuliert haben, was ist schließlich erfolgt?

> *Meiner Meinung nach fehlt es bisher noch an einem existenten Urteil des Landgerichts. Das Schriftliche Urteil wird doch erst mit der letzten Zustellung wirksam, und an der für den Kläger fehlt es doch noch!*
>
> *Aber es hat doch schon das Oberlandesgericht entschieden!*
>
> *Ja, aber dessen Urteil ist ja auch noch nicht wirksam geworden! Dann müßte der BGH doch an das OLG zurückverwiesen haben mit der Weisung, erst einmal ans Landgericht zurückzuverweisen? Müßte dazu aber nicht erst die Berufung noch einmal eingelegt werden?*

Meine Herren, alle Ihre Überlegungen sind richtig. Ich sage Ihnen einfach, was der BGH getan hat: Er hat das Urteil und das Verfahren des OLG aufgehoben. Er hat die Sache zurückverwiesen an das Landgericht und dazu ausgeführt, es möge zunächst erst einmal sein Urteil (das es nicht mehr ändern könne...

§ 318 ZPO!

jawohl) an den Kläger ordnungsgemäß zustellen. Dann müsse das OLG über die Berufung, die nicht erneut eingelegt zu werden brauche, sachlich entscheiden

... und naturgemäß auch sein neues Urteil ordnungsmäßig zustellen!

Dabei müsse es dann auch über den Kostenpunkt entscheiden – über die Kosten der ersten Berufung und die der Revision.

Kann der BGH denn einfach an die 1. Instanz zurückverweisen?

Lesen Sie dazu bei *Baumbach-Lauterbach*, 1 A zu § 565 nach! Wollen Sie Näheres zur Praktizierung des schriftlichen Verfahrens wissen, so lesen Sie meine Arbeit JR 1961, 247: Versäumnis im schriftlichen Verfahren.

Unterbrechung durch Konkurs

5. RG 64, 361 (15. 11. 1906): Der Beklagte, nach Konkurseröffnung (18. 1. 1906) wegen eines zur Masse gehörenden Anspruchs verurteilt, hat das in der Revision nicht gerügt. (Letzte Verhandlung vor OLG: 5. 2. 1906). Er ist zur Zahlung verurteilt worden. Kläger beantragt ... was?

Er wird beantragen, die Revision zu verwerfen, da sie ja während der Unterbrechung eingelegt wurde.

Ja. Beklagter weist darauf hin, daß weder seinem OLG-Anwalt, noch dem OLG die Konkurseröffnung bekannt gewesen sei, weil nämlich tatsächlich eine Versicherung den Prozeß für den Beklagten geführt hat.

Darauf kommt es nicht an!

Richtig. Ich habe Ihnen zwei Daten gegeben – was folgt aus ihnen? Denken Sie an den Fall Hamburg – drei Minuten![1]

Schon die letzte Verhandlung vor dem OLG fällt in die Unterbrechung!

Jawohl! Und was folgt daraus?

Es müßte nun also auch diese Verhandlung ohne rechtliche Wirkung sein.

---

[1] S. 149.

So ist es auch nach Meinung des RG. Es führt dann weiter aus, diese Unwirksamkeit teile sich „notwendig" der auf Grund der Verhandlung ergangenen Entscheidung mit, wenn diese auch, als richterliches Urteil, nicht schon – wie die Prozeßhandlungen der Parteien – von Gesetzes wegen wirkungslos sei, sondern erst auf Rechtsmittel beseitigt werden müsse.

Der Beklagte hat doch aber dies alles unerwähnt gelassen, also die etwaigen Mängel nicht gerügt!

Richtig. Dazu meint das RG nun aber, es handele sich um einen Mangel, der von Amts wegen in jeder Instanz zu beachten sei. § 559 könne hier nicht zum Zuge kommen.

Wir wollen das zur Kenntnis nehmen, uns dabei aber daran erinnern, daß der BGH anscheinend den Mangel für heilbar hält, und wir sahen ja an dem Fall ZZP 75, 354, daß der Sinn und Zweck des § 240 da nicht im Spiele sind, wo der durch ihn geschützte Teil es ist, der trotz Unterbrechung handelt, den Prozeß fördert.[1] Das Urteil aus dem Jahre 1906 dürfte daher überholt sein – lehrreich bleibt es.

Bindung des unteren Gerichts an Rechtsmeinung des oberen

6. RG 94, 11 (7. 10. 1918):

In der Revisionsinstanz ist von Amts wegen zu beachten, ob sich das OLG an die in einem früheren (aufhebenden und zurückverweisenden) Revisionsurteil niedergelegte Rechtsauffassung gehalten hat, § 565 II. Wo ist übrigens die entsprechende Vorschrift für das Verhältnis der 1. zur 2. Instanz?

Eine ausdrückliche Bestimmung, die dem § 565 II entspräche, fehlt anscheinend, aber die Bindung folgt wohl aus allgemeinen Grundsätzen.

Ja, so ist es, siehe *Baumbach-Lauterbach*, § 538, Erl. 1. Das RG sagt nun, diese Regelung gehöre „zu den unverrückbaren Grundlagen des Verfahrens überhaupt, zu den Prozeßvoraussetzungen. Die Bindung verpflichtet nicht nur das Berufungsgericht, sie bleibt auch maßgebend für die weitere Entscheidung des Revisionsgerichts". Sie ist von Amts wegen zu beachten.

Nochmal:

Formen und Fristen

7. RG 131, 261 (2. 2. 1931):

Ob Form und Frist für einen Wiedereinsetzungsantrag gewahrt sind, muß von Amts wegen geprüft werden. Rüge ist unverzichtbar. (Indessen

---

[1] X. Kap.

kann auf die in § 236 Nrn. 1 u. 2 bezeichneten Angaben nach Meinung des RG verzichtet werden, wenn diese Tatsachen sich aus den Akten ergeben. Dabei ist zu beachten, daß über das WEGesuch ja nach mündlicher Verhandlung entschieden wird, in der § 139 zum Zuge kommen muß).

8. RG 156, 385 (18. 6. 1937):
Verlängerung der Berufungsbegründungsfrist. Sie braucht nicht förmlich zugestellt zu werden, denn sie setzt keine Frist in Lauf, vielmehr schließt sich die Verlängerung unmittelbar an den Ablauf der ersten Frist an, § 224 III, so daß über den Fristenlauf keine Unklarheit bestehen kann. Fraglich nur, wann die Verfügung des Vorsitzenden, der die Frist verlängert hat, wirksam geworden ist; denn nur, wenn das noch in der ersten Frist war, ist die Verlängerung wirksam.
Wirksamwerden der Verlängerungsverfügung – mit Abgang aus der Geschäftsstelle (ein Vermerk darüber in den Akten bezeugt diesen Zeitpunkt mit der gebotenen Sicherheit).

9. RG 159, 83 (20. 12. 1938):

Zulässigkeit der Berufung

ist in der Revisionsinstanz von Amts wegen zu prüfen!

10. RG 161, 216 (20. 7. 1939):

Überschreiten der Berufungsanträge

Die Revision ist begründet insoweit, als das BerG die im langerichtlichen Urteil enthaltene Schuldigerklärung des Klägers beseitigt hat, denn die Frage, ob den Kläger ein Verschulden trifft, war nicht Gegenstand der Verhandlung und Entscheidung des BerG, §§ 536, 537.
Der Kläger hat diesen Verstoß zwar nicht gerügt, aber die Rüge ist unverzichtbar, der Mangel von Amts wegen zu beachten.

Öffentlichkeit des Verfahrens

11. RG 157, 341 (4. 5. 1938):
OLG hatte die Privatgutachter der Parteien von der Teilnahme an Beweisaufnahme und Verhandlung ausgeschlossen, ohne daß dies etwa durch die Enge des Raumes o. dgl. gerechtfertigt gewesen wäre. Zwar steht die Beschränkung der Öffentlichkeit im Ermessen des Gerichts, die räumlichen und örtlichen Verhältnisse können sie begründen. Hier lagen solche Gründe nicht vor, OLG hielt die Anwesenheit der Sachverständigen nur für entbehrlich (aber auch das war sie nicht, denn die Sachverständigen hätten den Parteien in technischer Hinsicht bei der

Beweisaufnahme durchaus behilflich sein können). Das RG hat also § 551 Nr. 6 für gegeben erachtet.

Woraus zu entnehmen ist, daß selbst bei Oberlandesgerichten wesentliche Verfahrensfehler vorkommen!

Sehr richtig – „wesentliche Fehler", denn auch auf die Rüge ungerechtfertigter Beschränkung, also der Verletzung der Öffentlichkeit, kann nicht verzichtet werden. Immerhin sollen Sie auch wissen, daß das OLG Neustadt kürzlich einen ohne Wissen des Gerichts vom Urkundsbeamten verursachten Verstoß in einem Strafprozeß für unerheblich befunden hat: DAR 1963, 169.

Fehlendes Rechtsschutzinteresse

12. RG 160, 204 (21. 4. 1939):

Widerklage über 100 000,– RM. Sachbefugnis des Klägers aber nur für 3000,– RM gegeben (der Rest steht dem Streitgenossen zu).

208: Anerkannter Grundsatz, daß Voraussetzung einer jeden Klage das Vorhandensein e. RSchBed. ist (zahlr. Nachw.).

209: Über die Frage der Folgen des Fehlens des RSchB gehen die Meinungen auseinander.

RG: Echte Prozeßvoraussetzung. Senat tritt *Seuffert-Walsmann* bei:

a) das sachl. Recht bestimmt, ob jemand einen Anspruch hat,

b) das Prozeßrecht bestimmt, ob ein Bedürfnis für den Rechtsschutz dieses Anspr. gegeben ist. Daher führt Mangel zu b) zur Prozeßabweisung.

In jeder Lage v. A. w. zu beachten! Z. Z. d. Urteils muß d. RSchB vorliegen. Es ist auch Voraussetzung f. d. Zulässigk. d. Rechtsmittel; fordert das Gesetz für diese eine bestimmte Beschwerdesumme, so ist es die Beseitigung dieser Beschwer, die mit dem RM angestrebt wird. Die ProzVorauss. stellt sich somit jetzt als Vorauss. d. Zul. d. RM dar. Das Rechtsmittel ist aber nur statthaft für die Beseitigung einer Beschwer, die diese Summe erreicht.

13. BGH 36, 11 (v. 29. 9. 1961): Die Frage, welcher DM-West-Betrag im Wege der Zwangsvollstreckung aus einem DM-Ost-Urteil eines sowjetzonalen Gerichts beizutreiben ist, ist im Zwangsvollstreckungsverfahren zu klären.

Die Parteien sind in Rostock geschieden. Der Beklagte wohnt jetzt in Düsseldorf. Klägerin vollstreckt aus einem Urteil des Kreisgerichts Rostock über „8000,– DM" nebst Zinsen usw. Der Beklagte hat 1980,– DM-West gezahlt, erachtet seine Schuld für beglichen. Klägerin fordert

Feststellung, daß der Beklagte verpflichtet sei, die ihr in dem Urteil des Kreisgerichts Rostock vom ... zuerkannten Beträge in voller Höhe in DM-West zu zahlen.

LG und OLG haben die Klage für zulässig erachtet und sachlich entschieden. LG hat abgewiesen, OLG nach Klage erkannt, Revision zugelassen.

BGH hebt auf und weist die Berufung der Klägerin gegen das landgerichtliche Urteil zurück.

Er meint, der Klageantrag sei nicht eindeutig:

a) Klägerin habe vorgetragen, schon das Kreisgericht Rostock habe ihr 8000,- DM-West zugesprochen;

b) sie habe aber für den Fall, daß es sich um die Zuerkennung nur von DM-Ost gehandelt habe, die Meinung vertreten, der Beklagte sei auch in diesem Falle zur Zahlung in DM-West im Verhältnis 1:1 verpflichtet.

Der BGH erwägt nun zu beiden Möglichkeiten folgendes:

zu a): Hier sei das rechtliche Interesse an der Feststellung allerdings gegeben. Zweifel an der Tragweite der Urteilsformel könnten im Wege der Festst.-Klage ausgetragen werden. Indessen hält er die insoweit zulässige Klage für unbegründet und billigt die Auffassung des OLG, daß das ostzonale Gericht der Klägerin DM-Ost zuerkannt habe.

zu b): Eine Festst.-Klage mit dem zu b) erwähnten Ziele sei unzulässig. Die Frage, wie eine eindeutige und keiner weiteren inhaltlichen Klärung mehr bedürftige Zahlungspflicht zu vollstrecken ist, sei eine allein im ZV-Verfahren zu klärende, für die dort die einfacheren Mittel der §§ 766 und 793 zur Verfügung stünden. Insoweit kein rechtl. Interesse an Klage.

Anhang: Die Verneinung d. RSchBed. kann eine Erscheinungsform d. Mißbrauchs d. Gedankens der Prozeßökonomie sein. – *Eike Schmidt,* Der Zweck des Zivilprozesses und seine Ökonomie, 1973.

Die Unterschrift eines best. Schriftsatzes, eines Beglaubigungsvermerks und die Folgen von Mängeln

14. Das Reichsgericht – 7, 371 (v. 12. 7. 1882) und 14, 335 (v. 1. 3. 1884, beides übrigens Hamburger Fälle) – und das BayObLG – SeuffA 59, Nr. 19. (v. 4. 7. 1903) haben früher angenommen, es genüge für eine ordnungsgemäße Beglaubigung, wenn der abschließende Vermerk mit dem Namensstempel des beglaubigenden Anwalts vollzogen ist. Über die Form einer Beglaubigung sage das Gesetz nichts. Der Stempel weise den

Vermerk aber ebenso als von dem Anwalt stammend aus, wie dessen Unterschrift.

In RG 119,62 (v. 11. 11. 1927) deutet sich jedoch schon ein Wandel an. Hier war bei dem OLG statt der Urschrift der Berufungsbegründung eine Abschrift eingegangen (solche Versehen kommen vor, der Bürovorsteher, der Anwalt selbst können gar nicht genug aufpassen!), die unter dem Beglaubigungsvermerk nicht die Unterschrift des Anwalts aufwies, sondern seinen Namensstempel. Das Reichsgericht erklärt dazu, bei bestimmenden Schriftsätzen genüge das nicht, hier müsse Sicherheit gegeben sein, und diese sei nur durch den Namenszug zu gewährleisten. Was sind „bestimmende Schriftsätze"?

Das sind Schriftsätze, die – im Gegensatz zu den bloß vorbereitenden Schriftsätzen – ein Verfahren einleiten, wie die Klage, die Berufung, der Arrestantrag, der Einspruch; oder solche, die ein unterbrochenes aufnehmen; oder auch die ein Verfahren beenden, wie die Klagerücknahme.

Zwar könne, so meint RG, auch eine nur gestempelte „Beglaubigte Abschrift" ihren Zweck erfüllen (hier haftet die Entscheidung noch im Bisherigen), aber das gelte jedenfalls da nicht, wo die Begl. Abschrift eine Urschrift vertrete, wie etwa die Berufungsbegründung (die auch zu den bestimmenden Schriftsätzen gehört!), und die daher der Unterschrift bedürfe.

15. RG 151, 82 (v. 15. 5. 1936 – GrZS!) erklärt sodann ohne Einschränkung, in Anwaltsprozessen müßten bestimmende Schriftsätze von einem bei dem Prozeßgericht zugelassenen Anwalt eigenhändig unterzeichnet sein – soweit nicht Einlegung durch Telegramm erfolge. Der Begriff der „bestimmenden Schriftsätze" ist zwar, sagt RG, im Gesetz nicht ausdrücklich festgelegt. Er ergibt sich aber aus der Natur der Sache und ist auch vom Gesetz als gegeben vorausgesetzt.

Unser BGH ist derselben Meinung – in den Entscheidungen v. 18. 4. 1952 – NJW 1952, 934 – und v. 15. 4. 1957 – BGH 24, 116 – lehnt er die ältere reichsgerichtliche Auffassung ab und erklärt, ein Beglaubigungsvermerk müsse eigenhändig unterschrieben[1] sein, und das gelte auch dann, wenn dem Zustellungsempfänger mit der Beglaubigten Abschrift zugleich die Urschrift[2] vorgelegt werde, aus der er sich über die Übereinstimmung der Abschrift mit ihr überzeugen könne – er könne nicht darauf verwiesen werden, dies sogleich bei Empfang der Zustellung zu tun, es müsse ihm vielmehr überlassen sein, die zugestellte Urkunde zu prüfen, wann es ihm passe, und daher müsse die Abschrift eben die Übereinstimmung gewährleisten. Andernfalls werde ihm eine

---

[1] Eigenh. Unterschr. ist nicht durch Fotokopie oder ähnliches zu ersetzen! BGH v. 29. 5. 1962, BB 1962, 688. – Wegen Ber.-Begründ. s. BGH, JR 1962, 461.

[2] Die er ja mit Quittung ü. d. Empfang d. begl. Abschr. sofort zurückzugeben hat!

Last aufgebürdet, die das Gesetz dem zustellenden Anwalt auferlege. § 170 II. Die abweichende Ansicht führe letztlich dahin, auch eine unbeglaubigte Abschrift ausreichen zu lassen.
Es handele sich um einen unverzichtbaren Mangel – **hier haben wir sogar beim BGH das schlimme Deutsch!**

16. Damit stehen wir vor der Frage, welche Folgen sich denn an einen Mangel der bezeichneten Art knüpfen? Dazu sagt eine nützliche Entscheidung des RG – 99, 140 v. 4. 8. 1920 – folgendes: Mängel der Urteilszustellung (§ 317) werden nicht durch Unterlassen der Rüge (in der Berufungsbegründung) geheilt, es handelt sich also um unheilbare Mängel. Der Fall lag so, daß der Anwalt des Klägers bei der Zustellung des landgerichtlichen Urteils an den Beklagten die Abschrift des Urteils nicht beglaubigt hatte (ich sagte ja schon: solche Fehler kommen vor, aber ein sorgfältiges Anwaltsbüro sollte sie vermeiden). Der Anwalt des Beklagten aber hatte den Mangel gar nicht bemerkt und in seiner Berufungserwiderung auch nicht gerügt. Man hatte zur Sache verhandelt, und jetzt kam der Beklagte auf den Fehler und rügte ihn. RG hatte zu entscheiden, ob er jetzt noch rügen könne. Wovon hing die Antwort ab?

Von der Antwort auf die Frage, ob es sich um eine unverzichtbare Rüge handelt.

Dazu hatte nun schon das OLG interessante Überlegungen angestellt, die das RG ausführlich wiedergibt: Notfristen könnten durch Parteivereinbarung nicht verlängert und nicht abgekürzt werden, § 224 I. Ob eine Rechtsmittelfrist – also eine Notfrist – begonnen habe, das sei keine Tatsache, die nur das Partei-Interesse angehe, denn davon hänge die Rechtskraft des Urteils ab. Nach § 516 habe der Rechtsakt der Zustellung des Urteils den Beginn der Berufungsfrist zur unmittelbaren Folge. Diese Folge knüpfe sich aber nur an eine gültige Zustellung. Mache der Gegner eine ungültige Zustellung durch Unterlassen der Rüge oder Verzicht auf sie gültig, so führe er damit unmittelbar den Fristbeginn herbei. Diese unmittelbare Einwirkung aber widerspreche der ausdrücklichen Ausschließung von Parteivereinbarungen in § 224. Das Reichsgericht hat dem zugestimmt, und der BGH hat in der schon erwähnten Entscheidung NJW 1952, 934 unter ausdrücklichem Hinweis auf RG 99, 140 den Satz aufrechterhalten, daß Mängel der Urteilszustellung nicht durch Verzicht auf ihre Rüge oder einfache Unterlassung einer Rüge geheilt werden können.[1]

---

[1] Darüber, wie eine Unterschrift auszusehen hat, um als solche gelten zu können, mögen sich die Inhaber **unleserlicher** Handschriften in Leitsatz 6 der **Berliner Prozeßrichterlichen Vereinigung** – JR 1955, 294 – u. in BGH, MDR 1960, 396 unterrichten sowie neuestens in BGH, NJW 1974, 1090! Klage **ohne** Unterschrift im Verwaltungsverfahren: OVG **Münster**, NJW 1963, 2044.

Meine Damen und Herren! Diese Dinge sind weder Kleinigkeiten, noch Spielereien! Es hängt einfach das Vermögen oder doch der Anspruch Ihres Mandanten daran, daß Sie als Anwalt oder Anwaltsgehilfe hier sorgfältig arbeiten. Stellen Sie sich vor, Sie übersehen einen solchen Fehler, glauben, etwa am 3. des nächsten Monats die Rechtskraft des Ihrem Mandanten günstigen Urteils sich bescheinigen lassen zu können, und erleben dann, daß infolge eines solchen minimal erscheinenden Fehlerchens die Rechtsmittelfrist überhaupt noch nicht angefangen hat, zu laufen! Und stellen Sie sich vor: Sie haben schon das Rechtskraftattest in Händen – und zwei, drei Monate später kommt das – zulässige! weil fristgemäße – Rechtsmittel!

Schließlich noch die Entscheidung des BGH-E 36, 62 v. 2. 11. 1961 –. Hier war es so, daß der Anwalt des siegreichen Teils dem Gegner eine **Fotokopie** des Urteils zugestellt hatte, bei der auf der Vorderseite des letzten Blattes zwar ein Beglaubigungsvermerk vorgesehen, aber offen geblieben war (wie schon wiederholt gesagt: so etwas kommt vor, kommt immer wieder vor), während auf der Rückseite der Zustellungsvermerk stand: „Beglaubigte Abschrift vorstehenden Schriftstücks habe ich heute dem ... zugestellt.

. . . . . ."

Dieser Vermerk war handschriftlich unterzeichnet.

Der BGH stand vor der Frage, ob eine beglaubigte Abschrift Gegenstand des Zustellungsaktes gewesen ist? Er führt zunächst aus, auch eine Fotokopie oder sonstige mechanische Vervielfältigung sei eine Abschrift. Er erwähnt, daß die Frage, ob eine beglaubigte Abschrift zugestellt sei in einem Falle wie diesem, vom RG verneint worden ist (RG, JW 1931, 1085 = DJZ 1931, 500). Er selbst aber bejahe sie. Es war hier also wirksam zugestellt, und der Revisionskläger, der behauptete, daran fehle es noch, wurde abgewiesen. „Die Bescheinigung des zustellenden Anwalts beglaubigte Abschrift einer vollständigen Urteilsausfertigung zugestellt zu haben, enthält auch dann die Erklärung der Beglaubigung des Urteils, wenn darauf ein gesonderter Beglaubigungsvermerk vorgesehen, versehentlich aber nicht unterschrieben worden ist."

Fünfte Abteilung
Tafeln

1.

1. Der Umfang der Prozeßvollmacht und derjenige des § 176 ZPO
(Zustellung an ProzBev.)

Umfang der Prozeßvollmacht	Pflicht des Gerichts zur Zustellung an ProzBevollm. (§§ 176, 178 [208])

§ 81 ZPO
I. Der ProzBev. hat Vollmacht zu allen den Rechtsstreit betr. Erklärungen, insbes. zu
  1. Verzicht
  2. Anerkenntnis
  3. Vergleich
  4. Vertreterbestellung
  5. Widerklage
  6. Bestellg. d. ProzBev. f. d. höhere Instanz
  7. Empfangnahme d. erstatteten Prozeßkosten
II. Er hat ferner Vollmacht zu besonderen Verfahren und für bes. Abschnitte d. Verfahrens, nämlich
  8. die durch die ZV veranl. Verfahren zwischen d. Prozeßparteien
  9. die Wiederaufnahme
 10. das Einspruchsverfahren
 11. das Verf. nach Rückverweisung
	Was in diesen Fällen 1–11 zugestellt werden muß, muß dem ProzBevollmächtigten des Adressaten zugestellt werden!

12. die durch die ZV veranl. Verfahren mit Dritten (z. B. § 771 ZPO) **§ 82** 13. die Hauptintervention 14. den Arrest 15. die Einstweilige Verfügung	In diesen Fällen – Nr. 12–15 – keine Pflicht zur Zustellung an ProzBev., es reicht die an die Partei selbst!

2.
Fristen

Von Zeit zu Zeit müssen wir unsere Fall-Besprechungen unterbrechen und uns ganz systematisch den Stoff betrachten, ihn in Gruppen zusammenfassen, in bildhaften Gegenüberstellungen sichtbar und merkbar machen, – die Masse dessen, was wir unter Prozeßrecht verstehen, verlangt es, sie ist ohne das nicht zu bewältigen.

Das Recht der Fristen ist recht unübersichtlich geregelt. Hier kann uns eine solche Übersicht sehr nützlich sein.

Wir unterscheiden

1. Gesetzliche Fristen und unter ihnen

    A. die Notfristen (Begriff: § 223 III ZPO), d. s.

    §§ 104,
    339 (508 II),
    516,   Sie können weder abgekürzt,
    552,   noch verlängert werden: § 224.
    577,   s. aber 339 II!
    586.

    B. die gewöhnlichen gesetzlichen Fristen, und zwar

    a) 217,   a) sie sind abkürzbar, § 226.
       262, 499   s. aber auch 262 II, 499 II!

    b) 519,   b) sie sind verlängerbar, §§ 224 II
       554   i. V. m. 519 bzw. 554.

    c) 234,
       320,
       321,   c) sie sind weder abkürzbar,
       692,   noch verlängerbar, § 224 II.
       929 II

2. Richterliche Fristen

    272a,
    279a,   sie sind abkürzbar und ver-
    926,   längerbar, § 224 II.
    942.

3.

Hier schließt sich gut die folgende

Übersicht

an über den

Beginn der sof. Beschwerdefrist:

Bei	beginnt sie mit
A. Urteilen (§§ 93, 99 II) und Zwischenurteilen (§§ 71, 135 II, 387, 402) B. Beschlüssen, und zwar I. verkündeten a) ganz allgemein (§ 329 I)	Zustellung im Parteibetriebe: § 577 II;
b) jedoch bei 1. denen aus §§ 336, 952 2. dem Zuschlagsbeschluß (98 ZVG) für im Termin anwesende Beteiligte 3. der Versagung des Zuschlags 4. dem Teilungsplan (113 ZVG)	Verkündung: 577 II, ZVG 98, 113;
5. dem (nicht schon besonders zugestellten – LG Ulm, NJW 1963, 867) bei Verhaftung vorgezeigten Haftbefehl aus ZPO § 901	Vorzeigung, ZPO 909;
6. dem Zuschlagsbeschluß für die im Termin abwesenden Beteiligten II. nicht verkündeten (ZPO § 329 III)	Zustellung von Amts wegen, ZVG 98, 88. ZPO 329 III

4.
Unheilbare Verfahrensfehler, unverzichtbare Rügen

Von Amts wegen z. beacht. sind Mängel betr.	sind sie auch in 2. Inst. z.b.?	auch in 3. Inst.?	begr. sie Wiederaufnahmeverf.?
1.	2.	3.	4.
Besetzung d. Gerichts, GG 101	ja	ja	§ 579¹,²,³
ausschl. Zuständigk., und zwar			
sachliche	nein*)	nein†)	
örtliche	nein**)	nein††)	
– § 40 ZPO. RG 156, 291. –			
Zulässigk. d. Rechtswegs, GVG 13 (RG 156, 291)	ja	ja	
Einrede d. Rechtshängigkeit, 263	ja	ja	
Zul. d. Feststellungsklage, 256	ja	ja	
Zul. d. bes. Prozeßarten	ja	ja	
Zul. d. Anspruchshäufung, 260	ja	ja	
Partei-, Postul.-, Proz.-Fähigk. 50ff.	ja	ja	§ 579⁴
Anwaltszwang, 78	ja	ja	§ 579⁴
Vollm. d. AG-Anwalts, 88 II	ja	—	§ 579⁴
Öffentlichkeit, GVG 169. RG 157, 341	ja	ja	
Anspr. a. rechtl. Gehör, GG 103	ja	ja	§ 579 III
Beibringungsgrundsatz, RG 156, 376	ja	ja	
Unterbrechung durch Konkurs, 240 (RG 64, 361? – BGH 36, 258 = ZZP 75, 354!)	ja	ja	
Notfristen, 223 II, III	ja	ja	
Vorauss. d. Wiedereinsetzg., 233 (RG 131, 261)	ja	ja	
Protokollform, 160 II 6/164	ja	ja	
Existentwerden d. Urteils, 310	ja	ja	
Bindung d. Ger. a. Anträge, 308 (RG 156, 376)	ja	ja	
Ordnungsmäßigk. d. Verlängg. d. BerBegrFr. § 519 II a.E.		ja	ja

* § 528 S. 2. § 10.   ** § 512a.   † § 559.   †† § 549 II.

Von Amts wegen z. beacht. sind Mängel betr.	sind sie auch in 2. Inst. z. b.?	auch in 3. Inst.?	begr. sie Wiederaufnahmeverf.?
1.	2.	3.	4.
	Zulässigk. d. Berufung, 519b	ja Zul. d. Rev. § 554a Bindg. d. OLG an BerAntr.: § 536/537 – Bindg. d. OLG an Weisg. d. RevGer.: § 565 II	

Schlußwort

Am Ende unserer Gesprächsrunde lassen Sie mich Ihnen Dreierlei mit auf den Weg geben:
Zunächst die Mahnung, sich nicht zufriedenzugeben mit dem, was wir gemeinsam erarbeitet haben. Sie haben zwar von einem entscheidend wichtigen Teil des Prozesses viel erfahren, aber eben nur von einem Teil, von der Planung, der Vorbereitung, der Anlage. Sie wissen nun auch, daß entscheidende Fehler hier den Erfolg des ganzen Unternehmens infragestellen, und es ist Ihnen gegenwärtig, daß solche Fehlerquellen nicht das Merkmal der großen, spektakulären Zivilprozesse sind, sondern daß „der Teufel" im unscheinbarsten Fall der amtsgerichtlichen Alltagspraxis stecken kann. (Und Sie sind mit mir, so hoffe ich, bescheiden genug, unserer „Kunst" den passenden Stellenwert zuzuweisen als einer Kunst des zweckgebundenen Möglichen.) „Den" Zivilprozeß beherrschen Sie damit noch nicht, das wissen Sie.

Unsere Zivilrechtspraxis ist da, wo weder die Prozeßhilfen, noch das Stuttgarter Modell praktiziert werden, in Gefahr, zu einem Reservat derjenigen zu werden, die es sich leisten können, auf das Ende eines Prozesses ein Jahr, zwei, drei Jahre oder noch länger zu warten, und die seinen Verlust verschmerzen können, zumal sie seine Kosten absetzen. Das darf nicht sein. Sie müssen sich daher darüber klar sein, daß sich Ihre Kunst nur auswirken kann, wenn sie auf ein dafür empfängliches Gericht trifft. Aber leider muß man immer wieder erfahren, daß es da zwar nicht an der positiven Bewertung der eigenen Leistung mangelt, wohl aber am Fleiße, am Konzept, an der Technik, an der Bereitschaft aus Erfahrungen zu lernen, am Einfühlungsvermögen und der mitmenschlichen Hilfsbereitschaft, am sozialen Verständnis, an Berufsauffassung. Richter sollten also als Teilnehmer unserer Beratungsrunden beträchtliche fachliche Bereicherung davontragen – die menschliche Substanz, die jene eben genannten persönlichen Bedingungen wachsen läßt und antreibt, müssen sie mitbringen. Hier kann kein Buch helfen, hier kann nur das Vorbild wirken. Bemühen Sie sich, mit dem hier Erfahrenen jenes Geschenkte zu entwickeln, zu bilden, zu vervollkommnen! Für den Zivilprozeß bedeutet das die Intensivierung des „Rechtsgesprächs" unter dem Gesichtspunkt, das richtige Ergebnis konzentriert und ohne Verzug zu erarbeiten. Und darin liegt, so meinte vor Jahrzehnten schon Baumbach, „die Rettung des Zivilprozesses".

Und schließlich dies: Nehmen Sie sich der deutschen Sprache an! Was an ihr im Gerichtsbetrieb gesündigt wird, kann kein Mensch auch nur annähernd vollständig beschreiben. Es ist schauderhaft, was wir da in Schriftsätzen, in Niederschriften und Entscheidungen immer wieder vorgesetzt bekommen! Dabei hat doch gewiß jeder Jurist schon einmal erlebt, wie wichtig auch in der rechtlichen Sphäre die richtige Wortwahl sein kann, und schon deshalb sollte Sprachpflege einfach Berufspflicht – und Lehrfach! – sein. Ganz abgesehen davon, daß ein Elaborat, das ungeschickt formuliert ist, holperig, hölzern, stroh-trocken, langweilig, unplastisch, blaß, anfängerhaft, niemanden beeindruckt, niemanden fesselt, niemanden überzeugt. Besinnen Sie sich auch im täglichen juristischen Geschäft auf die Schönheit, den Reichtum, die Bildhaftigkeit, die Biegsamkeit, die Treffsicherheit unserer gemeinsamen Sprache und erleben Sie die Freude an ihr und an ihrer Beherrschung! Neben BGB und ZPO sollte Ludwig Reiners' „Stilkunst" Ihnen immer zur Hand sein.

Prozeßkunst gesellt sich so zwanglos zur Stilkunst, und sie ehrt sich selbst, indem sie ihr huldigt.

Register

Römische Zahlen bezeichnen die Kapitel, arabische Zahlen und Buchstaben die Unterteilungen. Arabische Zahlen in Klammern = Seiten, aA = am Anfang, aE = am Ende, FN = Fußnote

Abbrucharbeiten (Lärm) III F (68)
Ablehnung des Richters XI
Abrechnung VII
Abschaffung e. Haustieres I, 1
Abtrennung d. Widerklage VIII, 2
actio communi dividendo II
Aktivprozeß X
Allgem. Persönlichkeitsrecht VI, VII
Amtsbetrieb XI C
Amtshaftung XI A
Amtspflichten des Gerichtsvollziehers I, 4
Androhung v. Strafe I, 1, 2. VI
Anfechtungsklage nach GenGes. XI C
Annahmeverzug d. Schuldners IV
Anwalt, im Ausland residierend XI
- -Sozietät als Gesamtgläubiger I, 3 (26, FN)
- Verantwortung XI C (175)
- zwischen den Instanzen X (153)
- -szwang VI (101), XI (158)
Arbeitsausschuß f. technische Lärmabwehr III (67)
Arbeitsring s. Deutscher Arbeitsring
Argentinien, Beklagter in A. IX
Armenrecht trotz Unterhaltsanspruch? IX
- Klage u. AR-Gesuch VIII, 2. IX
„Aufgabe zur Post" IX (146). XI (177)
Aufhebung e. Mietvertrages, Räumung e. Anbaus VIII, 2
Aufnahme d. Prozesses nach Konkurseröffng. V, X
Aufnahmeschriftsatz zugleich Rechtsmitteleinlegung? X
Auseinandersetzung durch Klage II
Auskunft, schriftliche e. Zeugen XI (171)
Auskunftspflicht VII
Ausschluß a. Verein, a. Genossenschaft VI. XI C
Aussetzung VIII, 2
Auswahl e. Sachverständigen VII
Auswärtige Beweisaufnahme XI

Bäckerei (Lärm) III E (68)
Baracke, Entfernung I 4 e
Baustellenlärm III F (68)
Bedingtes Endurteil VIII 2 (128 FN)
Bedingungsfeindl. Prozeßhandlungen XI
Begl. Abschrift XI C (183)
Belästigung durch Immissionen III
Benachrichtigung d. Ortspolizei wg. bevorst. Zwangsräumg. I 4
Berufung, Zulässigk. d. B. auch in 3. Instanz zu prüfen XI C
- Erhöhung d. Antr. VIII 2 (129 FN)
Berufungsbegründungsfrist, Verlängerung XI b, c
Besitzer, ZV I, 3
Bestimmender Schriftsatz XI C (183)
Beugestrafe I, 1, 2. IV. VI, VII
Beweislast XI
Bezifferter Antrag, sachl.-rechtl. Kostenanspruch I 3 (31)
Bild, unbefugte Aufnahme V
Bindung d. Gerichts an Auffassung d. höheren XI C (180)
Bismarck, Photo 1898 V
Brauchbare Titel I, 1, 2, 3
Briefe, Urheberrecht VI
Bürge u. Hauptschuldner I, 3

condictio ob injustam causam V

DAL, Deutscher Arbeitsring für Lärmbekämpfung, III (72)
„demnächst" XI C (175)
Dezibel – dB (A) – III
DIN-phon III
Dispositionsmaxime XI
DM-West/DM-Ost XI
Druckschrift, periodische VI
Duldungstitel I, 1. III (64)

Ehefrau, Herausgabe I 2 (20, FN)
Ehel. Gemeinschaft – Gewahrsamsbegründung? I, 3 (36)
Eheleute als Gesellschafter II

Ehrenschutz VI
Eid, "Beweis durch Eid" VIII, 2 (128 FN)
Eigener Eindruck vom Grade e. Störung III (59)
Eigenh. Unterschrift XI C (183)
Einfühlungsvermögen d. Gerichts XI
Einlage i. Gesellschaft II (48, 51)
Einstw. Verfgg. Gegendarstellung VI
– ProzKostenVorsch. IX (141)
Entfernung e. Baracke I 4 e
– e. Haustieres I, 1
"Entgegenkommender Verzicht" VIII, 2
Entgegnung, s. Gegendarstellung VI
Entscheidungsreife IX (145). XI (159)
Erben-Auseinandersetzung II, bes. (50)
Erhöhung d. Klageanspr. VIII, 2
Erinnerung i. d. ZV I 1, 4 d
Erledigung d. Räumungstitels I, 3
"Ermächtigung zum Verkauf" als Urteilsformel II
Ermäßigg. d. Klageanspr. VIII, 2
Entschädigungssachen XI
Experimentelle Juristenausbildung VIII, 2

Fabriklärm III (73)
Fahrzeuggeräusche III (67, 68)
Faktische Gesamtschuld I 3, bes. (36 FN)
Familie d. Räumungsschuldners I, 3, 4 c
Feriensache XI C (175)
Fernsehansagerin VI
Festsetzung d. Strafe I, 1, 2. VI
Feststellungsklage vor Auseinandersetzung II (47)
Formalien von Gewicht IX
Formen und Fristen IX. XI (156), (180)
Fortschritt v. Wissensch. u. Techn. nutzen III (60)
– muß sich in wirkungsvollen Dämpfungseinr. äußern III (71)
Fotokopie XI C (186)
Freiw. Gerichtsbark. b. Auseinandersetzung II
Fristen XI, Tafeln (188, 189)
Fuhrunternehmer, Lärm III B (66)

Gastwirtschaft als Bestandt. e. Vermögens II
– Lärm III A (65)
Gegendarstellung VI
Geheimsphäre VII
Genossenschaft, Ausschluß VI XI C

Geräusche, Messung, Beurteilung III
Gerichtsstand f. Gegendarstellung VI
Gerichtsvollzieher I, 1, risikoreiches Amt I, 4
Gesamtschuld I, 3. VIII, 1.
Gesamtschuldnerschaft hins. Kosten I, 3
– bei Räumung I, 3
Geschäftsbücher, Geheimsphäre VII
Geschäft, Herausgabe e. Geschäfts? XI
Geschäftsstelle d. Gerichts IX (148) XI (177)
Gesellschaft unter Eheleuten II
Gesellschafteranteil, Verfügg., ZV II (aE)
Geständnis XI
Gewahrsam I, 3, 4 a
Glaubhaftmachung VIII, 1 a
Grundrechte VI
Grundsätze d. ZP XI
GVGA I, 3

Häufung v. Entscheidungsgründen trotz Prozeßabweisung XI
Hammern (Lärm) III
Handlungen, vertretbare u. unvertretb. I, 1, 2 VI
Hauptschuldner u. Bürge I 3
Haupt- u. Hilfsantrag i. d. ZV (§§ 887, 888) I, 1
Heilung von Verfahrensmängeln XI
Heizung I 2
Herausgabe, Baracke I 4 d
– Ehefrau I 2 (20, FN)
– Einverst. d. Dritten (§ 809 ZPO)I 4 a
– e. Geschäfts? XI
– e. Kindes II (53, FN)
– ist nicht "Entfernung" I 1, 4; nicht "Vorlage!" VII
– als Bereicherungsanspr. u. als SchadensersA XI
Holzschuppen b. Zwangsräumung d. Grundstücks I 4 d
Hundegebell III

Immissionen III
ImmSchGes. 1974 III aA
Innere Seite e. Ehe, ihre Entwicklung zu erfragen (§ 139) XI

Kind als Bekl. wegen Schadensersatz (§ 828 BGB) XI B
– Herausgabe II (53 FN)
Klage und AR – Gesuch IX
– -antrag, Person d. Bekl. beachten I, 2. V

– -antrag e. Auseinandersetzungsklage II (47, 50)
– -änderung XI (157)
– -rücknahme VIII, 2. XI
Klarstellende Erklärung VI
Koffer-Rundfunkgerät III D (67)
Kompressor. Lärm III F (69)
Konkurs V (Friedrichsruh 1898). X (Hamburg 1960). XI (1906)
KostenerstattAnspruch (sachl.-rechtl.) I 3 (29)
Kostenvorschuß bei Klageerhöhung VIII, 2
– Verhandlung trotz fehlenden KV? VIII 2 (129)
– bei ZV gem. § 887 ZPO I 4 d
Kosten b. Beschwerde i. d. ZV I 3, 4 e

Ladung durch Aufgabe zur Post IX (146). XI (177)
Ladungsfrist b. EVfg. IX (142)
Lärm III. Bäckerei (68), Baustelle (68), Fabrik (73), Fahrzeuglärm (67, 68), Fuhrunternehmer (66), Gastwirtschaft (65), Hammern (67), Hundegebell (67), Kofferrundfunk (67), Kompressor (69), Lautsprecher (67), Lieferwagen (58), Motorlärm (66), normale Sprache (68), Reparaturwerkstatt (66), Schankwirtschaft (65), Straßenverkehr (68), Ventilator (58, 65), Wäscherei (62), Warenautomat (66), Werkstatt (68)
Last, prozessuale XI B
Läuterungsurteil VIII 2 (128 FN)
Lautstärkengrenzwerte III (67)
Leerlauf VIII 2
Leistungsort i. Urteil VII (109)
Leserzuschrift statt Gegendarstellung VI
Lieferung v. Wärme I 2
Lieferwagen, Lärm (58)
Lösungsbefugnis d. Schuldners VII
Lücken i. Parteivortrag XI

Mangelnde Einsicht (BGB § 828) XI
Masseprozeß V
Maximen d. Prozeßpraxis XI
Mareriellrechtl. KostenerstAnspr. I 3
Mathematisierung d. Examensergebnisse VIII
Mehrere Gläubiger, mehrere Schuldner I 3
Mieter, Zwangsräumung I 3

Mitgewahrsam durch Ehe? I 3
Mitbringen v. Unterlagen z. Termin XI
Motorenlärm (66)
Mündlichkeit XI
mündl.-schriftl. Verfahren XI

Nachbar als Lärmquelle III aA u. (64)
Namensstempel XI
Neuer Anspr. vom Ger. anzuregen? XI (169)
Neurose als Lärmfolge III (74)
Nicht-Verhandeln mangels Vorschuß VIII 2
Nichtzulassung e. erhöhten Anspr. VIII 2
Nichtigkeitsklage bez. Beschluß e. Genossensch. XI
Nicht-vermögensrechtl. Anspr. (Lärmabwehr) (71)
Normale Sprache, Phon-Zahl (68)
Notfristen XI C. Tafeln (188f).

Obdachlosen-Einweisung I 4 b, c
Offenbarungseid VII
Öffentlichkeit XI (159, 181)
Öffentl. Rechts- u. Vergleichsstelle – ÖRA – IV
Ort d. Vorlage v. Sachen VII
Örtl. Zuständigk. i. Unterhaltssachen IX
Ortspolizei, Benachrichtigung durch GV vor Zwangsräumung I 4 b, c
Ostzonen-Titel XI C (182)

Pächter als Störer III
Parteibetrieb XI C
Passivprozeß X
Persönlichkeitsrecht V
Pfändung v. Anteilsrechten II
Pfandverwertung II (53)
Phon-Messung III
Post. „Aufgabe zur Post" und Zustellung durch d. P. IX (146) XI (177)
Presseorgan als Gegner VI
Privatgutachter, Kosten III (61). Teiln. a. öffentl. Vhdlg. XI C (181)
Privatrechtl. KostenErstAnspr. I 3
– Immissionsabwehr III aA
Prozeßhandlung, bedingungsfeindlich XI
Prozeßeinleitung I 3. II (49). XI B
Prozeßvergl., Strafandrohung? VI
Prozeßvollmacht IX. Umfang, Tafel (187)
Prozeßgericht, Zuständigkeit i. d. ZV I 1

Räumungstitel, mehrere Schuldner I 3
– Nachr. a. Ortspolizei vor Zwangsrmg. I 4 b, c, d
Redakteur VI
Rechtspfleger XI
Rechtsschutzinteresse IV. XI C.
Rechtsweg, Zulässigkeit XI A, nämlich: Amtspflichtverletzung (163), Beschlagnahme gem. KriegsVO (163), Milchwirtschaftsverband (163),Prozeßabweisung (161), Sprungrevision (162), Streichung aus stadt. Liste d. zu berücksichtigenden Unternehmer (164), Vereinsautonomie (164), Wohnungseigentümer untereinander (164), Zurückweisung an 1. Instanz, wenn diese zu unrecht verneint hat (161)
Reparaturarbeiten, Lärm III (66)
Revision, Zulässigkeit VI
Richterakademie VIII 2
Richterliche Prozeßleitung XI. Darf Ger. neuen Antrag, neuen Klagegrund provozieren? XI
Römisches Recht der Auseinandersetzung II (51)
Rubrum b. ausl. Gegner u. Zweifel an Prozeßvollmacht für ihn IX (143)
Rücknahme e. Klage VIII 2 XI
– e. Strafantrages IV
Rundschreiben unter Bundesbrüdern VI

Sachsenspiegel V
Sachverständiger, Auswahl VII
Sachverständiger Rat vor Klage III (59)
Selbstvornahme (ZPO § 887) I 1, 2
„Sicheres" Verfahren XI
Sprungrevision XI (162)
Symbolische Räumung? I 3 (37)
Schalldämpfung III
Schallpegel III (65–75)
Schankwirtschaft (Lärm) III (65)
Schiff, ZV i. reisefertiges Schiff I 4 a
Schlaf, Störung durch Lärm III (66, 74)
Schmerzensgeld I 3
„Schnodderige Pressenotiz" VI (89, FN)
Schriftl. Auskunft v. Zeugen XI C (172)
Schriftl. Verfahren XI C (177)
Schutzgesetz (§ 11 RPrG) VI
Schwerhörigkeit als Lärmfolge III (74)
Statusprozeß XI
Stillegung e. Betriebes III aA
„Störer" III (59)
„Störpegel" III (65)

Strafandrohung i. ProzVergleich? VI
Strafantrag, Rücknahme als Prozeßziel IV
Strafen i. d. ZV I 1, 2 VI
Straßenlärm III (68)
„Streit mit dem Richter" VIII 2 (134)
Streitwert d. ImmAbwKlage III (71)
Stufenklage I 3. VII (114)

Taubheit als Lärmfolge III (74)
Technische Anleitung Lärm (TAL) III
Technischen Fortschritt f. d. Prozeß nutzen III
Teilung in Natur II
Teilungsverfahren in älteren Rechten II
Termin ohne Kostenvorschuß und ohne AR (133)
Text abzugebender Erklärungen IV. VI
Trennungslinie d. ordentl. Gerichtsbarkeit von anderen Stellen XI

Überlegungsfristen XI
Übernahme e. Vermögens/Nachlasses II
Überschreiten d. Berufungsanträge XI C (181)
Umdeutung e. Antrages? II. III. XI
Umschreibg. d. VollstrKl. I 3 (38)
Umweltschutz III aA
Unterbr. durch Konkurs V, X, XI
Unternehmen als Bestandteil e. Vermögens II
Unbestimmter Klageantrag I 3. (32) III (61, 65)
Unbrauchbare Titel I 1–3
„ungewöhnliche Behauptung" XI (171, FN)
unheilbare Fehler XI. Tafel (190)
unklare Titel I
Unterbrechung (Konkurs) V, X, XI
Unterbringung d. Räumungsguts I 4 d, e
Unterhaltsanspr. Bekl. i. Ausld. IX.
Unterlassungsklage I 2. Neben Klage a. Leistung I 1, 2. V. VI
– Wahlrecht d. Schuldners III
Unterschrift, fehlende XI. Unleserliche XI (185 FN)
Unvertretbare Handlung I 1 (173)
Unverzichtbare Rüge bei unheilb. Mangel XI und Tafel (190)
Urheberrecht an Brief VI
Urkundebeweis XI. (172)
Urkunden i. d. Hand e. Zeugen XI (171)
Urteil, Zustellungsmängl XI C

Ventilator (Lärm) III (58, 65)
Vergleich. Strafandrohung i. Prozeß-Vergl.? VI
– vor dem Strafrichter, VollstrTitel? VI
– auf Rücknahme e. Strafantrages IV
Verhandlungsmaxime XI aA u. B
Verlängerung d. BerufBegrdgsFrist XI C
Verleger VI
Vermittlung d. Erbenauseinandersetzung II
Vermögensrechtl. Anspruch b. Lärmabwehr? (71)
Versäumnisurteil trotz Zweifel an Proz-Vollm. f. d. Bekl.? IX (143)
Verschleuderung e. gebundenen Vermögens II (49)
Vertretbare Leistung I 1
Verweisung nach ZahlBefehl VIII 1. auf Wiederklage VII, VIII 1 2
– an FGG-Richter II (53). auf gr. Gen-Ges. XI C (174)
Verwertung e. Pfandes (ZPO § 825) II
– e. Gegenstandes bei Auseinandersetzung II
VollstrGer. b. ausl. Schuldner IX (149)
„Vorkehrungen" gegen Lärm III
Vorlage von Urkunden, Büchern VII
Vorschußpflicht e. Unterhaltsschuldners hindert AR? IX
– f. Gerichtskosten, keine Verhandlung zuvor? VIII 2
Vorweggenommene Beweiswürdigung XI (171 FN)

Wahlrecht d. Schuldners, bei Lösungsbefugnis VII
– bei Unterlassungstitel III
Wahrheitspflicht d. Parteien XI
Warenautomat, Lärm III (66)
Wärme, Lieferung v. W. I 2
Wäscherei (Lärm) III (62)

Weitere Beschwerde, Anwaltszwang? I 4 d
Wesen d. Gesellschaft setzt s. i. d. ZV durch II
Werkstattlärm III (68)
Wiedereinsetzung VIII 1, a XI C
Widerklage VIII 1 b
Widerruf VI
Widerstand d. Schuldners I 4 e
Willenserklärung, ZV? IV (79)
Wissenschaftl. Fachblatt, Gegendarstellung VI (91, FN)
Wörtliche Wiedergabe e. Erklärung in Klageantrag und Urteilsformel! IV (79)

Zug-um-Zug-Leistungen i. d. ZV IV
Zulässigkeit d. Verhandlung ohne Kostenvorschuß und ohne AR XI
– d. Berufung auch noch in 3. Inst. z. prüfen XI C (181)
– d. Rechtsmittel XI
– d. Rechtswegs XI A
– d. Revision VI
Zurücknahme e. Strafantrages IV
Zusammenarbeit d. Anwälte zw. d. Instanzen X (153)
Zuständigkeit b. ausl. Beklagten IX. f. EVfgg. IX
– f. presserechtl. Anspruch VI
– f. Unterhaltssachen IX
Zustellung an Anwalt XI
Zwangsräumung I 3, 4 b, c, d. ZR im Winter I 4 c
Zwangsvollstreckung in Gesellschaftsanteil II
– e. Titels auf Lärmabwehr III
– gg. Redakteur wegen Gegendarstellg. VI
– gg. Verleger wg. Gegendarstellg. VI

In der Reihe der Beck'schen Sonderausgaben erschien:

Ludwig Reiners

Stilkunst

Ein Lehrbuch deutscher Prosa

101.–108. Tausend der Gesamtauflage, 1971.
XV, 784 Seiten. Leinen.

«Der Verfasser gibt jedem Leser das Seine; dem Anfänger eine erste staunende Ahnung, was Deutsch ist und sein kann, dem Fortgeschrittenen den sicheren, an Beispielen zu lebendigster Anschauung genährten Blick, dem Meisterschüler aber eine Fülle von Köstlichkeiten... Der Reichtum an Wissen ist so überraschend wie der überlegene Witz seines Vortrages... Es ist eine fröhliche Wissenschaft, es ist ein ausgezeichnetes Buch!»
Eugen Roth

«Man hat beim Studium des Werkes das Gefühl, selten einmal in einer so amüsanten, geistreichen, witzigen und zugleich bildenden Gesellschaft gewesen zu sein, und man gibt sich selbst das Versprechen, diese Bekanntschaft für die Zukunft zu pflegen, um sich immer wieder anregen und bilden zu lassen.»
Westermanns Pädagogische Beiträge

Verlag C. H. Beck,
München